破界创生

从清华钱学森班到深圳零一学院的创生教育

郑泉水 著

清华大学出版社

北京

图书在版编目 (CIP) 数据

破界创生：从清华钱学森班到深圳零一学院的创生教育 / 郑泉水著.

北京：清华大学出版社，2025. 2（2025.6重印）. -- ISBN 978-7-302-68355-1

Ⅰ. G40-012

中国国家版本馆CIP数据核字第2025T8A773号

责任编辑： 胡洪涛
封面设计： 傅瑞学
责任校对： 王淑云
责任印制： 丛怀宇

出版发行： 清华大学出版社
  网 址： https://www.tup.com.cn, https://www.wqxuetang.com
  地 址： 北京清华大学学研大厦A座   **邮 编：** 100084
  社 总 机： 010-83470000   **邮 购：** 010-62786544
  投稿与读者服务： 010-62776969, c-service@tup.tsinghua.edu.cn
  质量反馈： 010-62772015, zhiliang@tup.tsinghua.edu.cn
印 装 者： 大厂回族自治县彩虹印刷有限公司
经 销： 全国新华书店
开 本： 165mm×235mm **印 张：** 21.75 **字 数：** 285千字
版 次： 2025年3月第1版 **印 次：** 2025年6月第3次印刷
定 价： 79.00元

产品编号：109615-01

推荐语

陈晔光　中国科学院院士，南昌大学校长

拔尖创新人才的培养是教育的一个永恒话题。郑泉水院士结合自己的成长经历以及从主办拔尖创新培养班中获得的经验，思考、实践、提炼，再思考、实践、提炼，著写了这本书。书中不仅有经验总结，还有人才培养理念的创新，从如何激发学生兴趣、增强创新能力，进而全面提升学习驱动力，提供了很好的模式和范例。这本书不仅是教育工作者的必读书，也是相关管理者和家长们的教材。

郭东明　中国工程院院士，大连理工大学原校长

百年未有之大变局的今天，中国发展对创新人才的需求，从来没有像今天这样迫切。而拔尖创新人才的培养，本质是对学生个性化发展的引导和内生动力的激发，在创新的研究中发现和孕育学生的兴趣、在问题和兴趣驱动下的高效学习，并培养创新能力。一位数十年专注于创新教育的杰出科学家，通过自己清华大学钱学森力学班到深圳零一学院的创新人才培养实践，总结出这本书，将创新人才培养的理念、模式和方法，以及一个个生动的例子展现给大家。

贺福初　中国科学院院士，国家蛋白质科学中心（北京）理事长

新中国的三次跨越，其基本逻辑是：解放劳动力，实现站起来！解放生产力，实现富起来！解放创造力，实现强起来！泉水先生十五年的清华钱班实践与近年深圳零一学院的系统探索为破解创造力解放这一世界难题，积累了不少洞见、创见乃至独见！此书是其首次系统的总结，值得一读。

雷冬冬　上海光华剑桥学校校长

我是通过李茵校长知道了深圳零一学院，并有幸结识了郑泉水院士。聆听过郑院士的演讲，再看院士的这本书，似乎在这个繁杂的世界里，看到了一股清流，看到了一个真正为国家的科技创新做实事的院士。我非常赞同郑院士的许多精辟论点，比如，"创新是时代对学子提出的终极要求"，"教育是支撑创新的基石"，"没有高原，哪来顶峰"，以及"既能帮助学生实现个性化成长（短期）又能支持他们的人生'马拉松'式发展（长期）的创生教育"，等等。这是我看到对"创新教育"解释最为全面的一本论著，也是目前实施"创新教育"天花板级别的教科书。

李斌　蒲公英教育智库创始人、理事长

郑泉水院士把"破界"与"创生"连接在一起，是在创新创造能力培养领域一个天才般的构思，堪称中国教育又一场真正内生于本土，极具当下意义、未来价值的范式革命。从清华钱班到

深圳零一学院，我们看到一种理想的育人生态，在一位科学家的精心匠作下逐渐趋于闭环，已经具备了在学校规模化落地实施的各项条件，实在感到由衷的兴奋。愿本书的出版，再一次敲响面向智能文明时代教育转型的启蒙之钟。

李希贵 北京第一实验学校校长，北京十一学校原校长

郑泉水教授所著这本书的书名一下子就吸引了我，我特别喜欢"破界"这个概念，如果我们不能突破学段、地域、学科和文化的界限，创新就无法发生，而教育正是引领孩子们不断"破界"的创新之旅，我特别愿意向各位同行推荐这本难得的佳作。

李茵 武汉实验外国语学校原校长，第十届及第十一届全国人大代表

这是一本阐释教育新理念和新模式的"实证作品"。郑泉水院士以平实入深刻，从自己和身边人的成长经历入题，引导我们不知不觉清晰地理解了如何以创新为内生动力推动人的成长，如何激发学生内心的创新热情，帮助学生充分发掘潜能，搭建人才"向上"成长的天梯——从某种意义上来说，这里探讨的是如何在教育哲学层面上尊重生命，让学习者的思维得到启迪，并真正基于真实世界的问题去思考未来、定义未来、探索和创造未来。破解时代教育困境，本书堪称高屋建瓴的实践力作，诚挚地推荐给所有对教育创新心有所往的同道者。

田俊 北京十一学校校长

拔尖创新人才培养和教育强国，是摆在当下教育工作者面前必须要思考和回应的命题。郑泉水院士个人成长经历、20余年创新人才培养的实践探索与思考给了我们很好的借鉴和启迪。期待更多教育从业者能看到这本书，了解创新人才的特质和培养规律，更期待学校和社会各界共同营造出适合创新人才冒出的土壤和茁壮成长的生态。

万玮 上海市民办平和学校校长

从清华钱班到深圳零一学院，郑泉水教授探索出一条培养创新人才的有效路径，可行，可靠，可敬，可赞！书中高频出现的诸如"兴趣""激情""个性""内驱"等词汇，正是具备创新潜质的"X型人才"的特征。而教育者的责任，正是要打造包容多元的教育生态系统，如此，创新人才才能茁壮生长，不断涌现。

杨军 加拿大工程院院士，电子科技大学（深圳）高等研究院深思实验室主任

郑泉水院士从 2009 年创办清华钱班，到如今的深圳零一学院，通过高中到大学接续的青年人才创新培养实践，他对数字、人工智能时代人才培养的底层逻辑、发展规律进行了深邃思考，通过长期实践，总结出一套"一中心、双螺旋、三聚变"的人才培养方法论。本书的出版，试图从强调知识习得与认知能力训练的传统培养模式，转向更加强调点燃学生创新激情的创新培养方式，以回答"钱学森之问"，相信一定可以让更多的教育工作者从中获益！

张林 深圳市科技创新局局长

　　党的二十大提出了教育、科技、人才三位一体协调融合发展的要求，郑泉水先生的这部著作给出了具体实施的"清华＋深圳"路径，是他本人数十年求学、从教总结出的一枚硕果。而刚成立三年的深圳零一学院，则是我国教育改革的一棵新苗。当今世界百年未有之大变局加速演进，顶尖人才自主培养能力是大国博弈的"胜负手"。传统的应试教育脱胎于工业革命后学科细分模式下的知识传授需求，已经不再满足数智时代对人才培养，特别是顶尖人才培养的需求。零一学院的大导师、大问题、强兴趣三要素汇聚的 X^3 模式，则有可能探索一条内驱、长期激励的教育新模式。学院本身的机制设定也避免了顶尖人才培养与现行教育体系的冲突，有可能实现模式共存与平稳过渡，在保持我国现有教育体系"高均值"优势的同时，保护顶尖人才"大方差"的特点。虽然是一个关于教育改革的宏大话题，但郑老师的文风亲切、谦逊，一如他每天面对学生的态度，以第一人称的叙述娓娓道来，好像一位长者分享他的人生经历和思考，很适合教育工作者、家长和有好奇心的学生朋友们阅读。

张学记　深圳大学讲席教授，深圳大学原副校长

在现代社会的快速变革中，教育的形式和内容也在不断发展与创新。郑泉水院士的这本书正是对这一时代需求的积极回应。作为教育领域的一部重要作品，本书深入探讨了创生教育的理论基础、实践路径以及在当前教育体系中的应用，具有很高的学术价值和实践指导意义。

书中提出的"创生教育"概念，源于对传统教育模式的反思和对未来教育的大胆设想。作者认为，教育不仅仅是知识的传授，更应该是创造力的培养和心智的启发。创生教育的核心在于将学习者置于知识的生产和创新过程之中，通过实践、反思和创造性思维的发展，促使他们成为知识的积极创造者，而不仅仅是被动的接受者。

在理念的基础上，本书还详细介绍了如何在实际教学中实施创生教育。书中结合丰富的清华钱班、零一学院案例分析，展示了不同教育阶段、不同学科领域如何通过项目学习、跨学科合作、问题导向学习等方式，激发学生的创造力和批判性思维。特别是在基础教育阶段，作者强调了动手实践和体验式学习的重要性，指出了培养学生创新思维的多种途径。

在创生教育的实施中，作者敏锐地意识到现代教育技术的重要作用。书中讨论了如何将数字工具、在线平台和人工智能等技术手段有效融合到创生教育中，使得教育更加个性化、互动化和富有创造性。这些技术的引入不仅为教师提供了更多教学手段，也为学生提供了更加丰富和多样的学习体验。

本书最大的亮点在于理论与实践的紧密结合。作者并未局限

于抽象的理论探讨，而是通过大量的实证研究和教学案例，展示了创生教育在实际应用中的效果和挑战。书中的每一个章节都以实际案例为依托，读者可以清晰地看到创生教育的具体实施过程及其带来的学生学习效果的提升。

总体而言，本书为我们提供了一种全新的教育视角和实践方法，是一本不可多得的教育改革和创新的指导书籍。无论是教育理论研究者、教育政策制定者，还是一线的教育工作者，都能从中获得启发和实践指导。这本书不仅在理论上引领了教育变革的方向，更在实践中提供了切实可行的操作指南，是推动未来教育发展的重要参考。

推荐所有关心教育未来的人士认真阅读和思考这本书的内容，并在实际教育过程中尝试将创生教育的理念和方法付诸实践。

朱华伟 深圳中学党委书记、校长

郑泉水院士洞察教育真谛，提出了创生教育（IME），倡导个性化成长与创新能力培养。本书为教育者和家长提供了培养未来创新人才的新视角、新方法，是激发学生潜能、塑造教育未来的宝贵指南。

破界创新：郑泉水教授与创生教育

高华健 | 清华大学力学与工程交叉研究院院长、兴华卓越讲席教授，中国科学院外籍院士，美国科学院院士

在这个快速变革的时代，我们正面临着前所未有的挑战和机遇。科技的飞速发展，尤其是人工智能（AI）的突破，正在深刻地改变我们的生活、工作和学习方式。这种变化不仅仅体现在日常生活的便利上，更深刻地影响了我们的教育系统和培养人才的方式。在这样的背景下，郑泉水教授所著的《破界创生：从清华钱学森班到深圳零一学院的创生教育》（以下简称《破界创生》，全书同）为我们提供了一种全新的视角和思路，探索了创新与教育之间的紧密联系，提出了一个颠覆传统的教育模式——创生教育（Innovation-Motivated Education）。

郑泉水教授是中国教育界的一位杰出人物，尤其在跨学科的教育改革领域作出了突出的贡献。作为清华钱班和深圳零一学院的创办者，他不仅是一位卓越的科学家，更是一位具有前瞻性教育思想的实践者。在他的带领下，这些教育试点项目不仅取得了显著的成果，也为我们提供了宝贵的经验和启示。

我与郑泉水教授相识近30年。20多年前，当我在美国斯坦福大学和德国马普研究所工作时，有幸接待了郑教授几次来访。同时，我与清华大学力学系的许多老师，包括郑教授，也开始了长期而紧密的合作。在这些宝贵的交

流中，我深刻感受到郑教授在纳米力学领域的卓越贡献以及对学术的执着追求。我们的讨论不仅仅涉及研究进展，郑教授对创生教育的持续专注和对教育事业的热情也深深打动了我。他对创新教育的执着追求，不仅彰显了他在学术上的卓越，也体现了他对教育事业的热忱与贡献。能够受到郑教授的邀请，担任两任清华钱班顾问会主席，我感到非常荣幸。

郑教授的《破界创生》是基于他过去几十年的宝贵经验和深刻思考，对创新教育进行的系统总结和深入剖析。本书的核心思想是"创生教育"，即以创新为内生动力来引领个人成长的教育模式。郑教授在书中详细阐述了这种教育模式如何打破传统应试教育的桎梏，利用科技手段和创新理念，为每个学习者提供个性化的学习路径。创生教育不仅关注学生的学术成绩，更注重学生的全面发展和个性化成长。这种模式强调内生动力的重要性，通过长周期的创新实践，激发学生的创造力和潜力，最终实现从"学"到"做"、从"思"到"悟"的升阶过程。

在郑教授的阐述中，我们可以看到创生教育对传统教育模式的深刻反思和挑战。传统应试教育的模式，往往以考试成绩为唯一标准，忽视了学生的个性化发展和创新能力的培养。而创生教育则强调教育的本质是人的成长，是对学生个性化发展和内生动力的关注。郑教授认为，只有真正关注学生的内在兴趣和潜力，才能真正实现教育的目标，培养出具有创新能力和综合素质的人才。

本书不仅从理论层面探讨了创生教育的理念，还通过大量的实践案例和数据分析展示了这种教育模式的实际效果。郑教授详细描述了南昌大学本硕实验班、清华钱班和深圳零一学院的创办过程，以及这些项目在教育改革中的实际应用和成效。这些案例不仅展示了创生教育的成功实践，也为我们提供了宝贵的经验和启示。

在《破界创生》中，郑教授不仅探讨了创生教育的理念和实践，还深入分析了当前教育领域面临的挑战和问题。尤其是应试教育的顽固生命力，以及它对学生成长的负面影响。这些分析不仅揭示了教育改革的困境，也为我们提供了思考和解决问题的方向。郑教授提出，破解教育难题，必须从本质上回答好教育、创新和人才这三个基本问题，以及它们之间的关系。

书中提到的创生教育模式，强调了教育的长期性和内生性。与应试教育的急功近利形成鲜明对比，创生教育注重通过长期的创新实践，培养学生的深度思维和创造性。这种教育模式不仅关注学生的短期成绩，更关注他们的长远发展。这种长期主义的教育理念，对于培养具有全球视野和创新能力的人才，具有重要的意义。

郑教授在书中还提到，创生教育的成功离不开教育者的共同努力。家长、教师和管理者的思维改变和实践精神，是教育改革的关键。他们需要摒弃旧有的思维模式，积极拥抱创新教育的理念。只有这样，才能真正实现教育的变革，培养出具有创新能力和综合素质的人才。

《破界创生》不仅是对创生教育理念的系统总结，也是对未来教育改革的深刻思考。郑教授通过对创生教育的深入探讨，为我们提供了一个新的教育模式和方向。这种模式不仅具有实践性和可操作性，更具有深远的社会和历史意义。本书为我们展示了一种全新的教育范式，也为全球教育改革提供了新的思路和方向。

作为序言，我希望通过对《破界创生》的介绍和分析，能够引起读者对创生教育的关注和思考。这本书不仅是对教育改革的深入探索，更是对未来教育发展的积极回应。我相信，通过对本书的阅读和理解，我们能够更好地认识教育的本质，理解创新的重要性，并为推动教育改革作出积极的贡献。

总之，《破界创生》是一部具有深度和广度的教育著作，它不仅为我们提供了创生教育的理论基础和实践经验，也为我们指引了未来教育的发展方向。我诚挚地推荐大家阅读这本书，相信它将对我们的教育观念和实践产生深远的影响。

推荐序二
一部战略科学家的行思录

刘彭芝 | 中央文史研究馆馆员，创新人才教育研究会会长，中国人民大学附属中学名誉校长

郑泉水院士的新著《破界创生》，是一部战略科学家的行思录。

无论是自然科学，还是社会科学、人文科学，都需要战略科学家。

朱启钤先生曾主持北平正阳门和长安街等市政工程改造，1929年，他创建中国营造学社，营造学社中走出了梁思成、刘敦桢、单士元等一批继往开来的顶尖建筑学家。因为营造学社，朱启钤先生成为战略科学家。

顾颉刚先生因《古史辨》而闻名史学界，1935年，他创建禹贡学会，禹贡学会中走出了谭其骧、史念海、侯仁之等一批历史地理学特别是边疆史地学的领军人物。因为禹贡学会，顾颉刚先生成为战略科学家。

1986年3月，王大珩、王淦昌、杨嘉墀、陈芳允四位科学家给中央打报告，建议跟踪世界先进水平，加快发展高技术。邓小平同志批示要求宜速作决断，不可拖延。1986年11月，中共中央、国务院正式批转了《高技术研究发展计划纲要》。因为这份影响重大而深远的"863计划"，王大珩、王淦昌、杨嘉墀、陈芳允四位先生成为战略科学家。

郑泉水院士2009年创建清华钱班，在此基础上，又于2021年创建深圳零一学院，蹚出一条跨学科、跨地域、跨学段自主培养拔尖创新人才的成功

路径。因为清华钱班和深圳零一学院，郑泉水院士成为战略科学家。

习近平总书记在中央人才工作会议上指出，要大力培养使用战略科学家，坚持实践标准，在国家重大科技任务担纲领衔者中发现具有深厚科学素养、长期奋战在科研第一线，视野开阔，前瞻性判断力、跨学科理解能力、大兵团作战组织领导能力强的科学家。要坚持长远眼光，有意识地发现和培养更多具有战略科学家潜质的高层次复合型人才，形成战略科学家成长梯队。

党的二十届三中全会指出，教育、科技、人才是中国式现代化的基础性、战略性支撑。必须深入实施科教兴国战略、人才强国战略、创新驱动发展战略，统筹推进教育科技人才体制机制一体改革，健全新型举国体制，提升国家创新体系整体效能。要深化教育综合改革，深化科技体制改革，深化人才发展体制机制改革。

世界已进入大科学时代，我们正处在以中国式现代化全面推进强国建设、民族复兴伟业的关键时期。此时此刻，我们越发需要战略科学家的高瞻远瞩和谋篇布局，越发需要在教育科技人才体制机制一体改革中，加快加大自主培养拔尖创新人才的速度和力度，特别是要着力培养能实现"从零到一"突破的拔尖创新人才。

我们应该在这样的历史方位上，阅读和理解郑泉水院士的《破界创生》，感受与大时代同频共振的脉动，分享在大化中纵浪弄潮的喜悦。

一方面，拔尖创新人才培养要有大视野。创新人才只能用创新的方法来培养，不应该也不可能有单一固定的模式。要提倡"八仙过海，各显神通"，要鼓励殊途而同归、百虑而一致，要相信条条大路通罗马，要形成千岩竞秀、万壑争流的生动局面。

另一方面，培养拔尖创新人才的大视野中要有基本共识，比如，培养拔尖创新人才要在"通"上着眼用功，横的方向上要一体化，打通教育、科技、人才的关节，打通产、学、研的关节；竖的方向上要持续化，打通大、中、小学的关节，打通各学段的关节。各个关节都打通了，才能博而通、通而神，致广大而尽精微。又如，培养拔尖创新人才，一定要有合适的土壤和空气。合适的土壤和空气，就是独抒性灵、不拘一格，就是问题意识和批判精神，就是因材施教、各就各位。有了合适的土壤和空气，有了宽松自由的环境，庭阶之中必有玉树芝兰。再如，培养拔尖创新人才，既要发掘学生的天赋和潜能，更要激发学生的兴趣和热情。行动力来源于心动力，内生动力才是第一动力。这也就是毛泽东主席在《心之力》中所说的，"天之力莫大于日，地之力莫大于电，人之力莫大于心。阳气发处，金石亦透，精神一到，何事不成？"

令人感佩的是，培养拔尖创新人才的大视野和共识，在清华钱班和深圳零一学院的创生教育中，都得到了生动而全面的体现。在拔尖创新人才的发现和培养上，清华钱班和深圳零一学院走的是正道，成绩来之不易，经验弥足珍贵。

李政道、杨振宁之所以能获得诺贝尔奖，既因为他们各自的天赋和努力，也得益于吴大猷、赵忠尧等名师的发现、引导和推荐。经验证明，拔尖创新人才的成长和成就，是由拔尖创新的老师和拔尖创新的学生共同完成的。

苏东坡有一首《琴诗》问得精妙："若言琴上有琴声，放在匣中何不鸣？若言声在指头上，何不于君指上听？"

拔尖创新人才就像一把把好琴，发现这一把把好琴，需要一双双慧眼，拨动这一把把好琴，需要一个个妙指，名师，就是这一双双慧眼和一个个妙指。如果说培养拔尖创新人才是一曲美妙的音乐，那么这曲美妙的音乐就是由好琴和妙指共同演绎的。

读《破界创生》，我们仿佛就是在欣赏一首由好琴和妙指共同演绎的名曲，仿佛就是在观摩一幅教学相长、其乐融融的名画。这一首名曲，这一幅名画，让人回味无穷，让人掩卷长思。

我们可以预期，更应该相信，在拔尖创新人才的发现和培养上，清华钱班和深圳零一学院的创生教育，一定能够从"试验田"上升为"示范田"。

推荐序三
培养顶尖科学人才的探索

唐 杰 | 香港中文大学（深圳）理事，空间经济学与创新
经济学家，深圳市人民政府原副市长

郑泉水院士的新著即将付梓时，接到郑老师微信，希望我能为新书写一篇序，顿感惶恐。我是文科生出身，科学门外汉，为一位中国科学院院士论科学教育的著作写序，实在是有班门弄斧不自量力的感觉。抱着无论是否写序，也要认真学习的想法，认认真真拜读了郑老师的新书。尽管多次听郑老师讲过书中的观点，但系统性地读过后，有了要写一点点文字的冲动，即便深知是些才疏学浅的陋见。

我与郑院士相识缘于李泽湘老师。李老师是机器人领域的权威，既是著名教育家，也是著名投资家。培养了包括汪滔在内的一批机器人与自动化控制人才，也参与孵化了包括大疆在内的国内一批优秀的科技创业公司。当年，李泽湘老师和郑泉水院士商议进行教育改革探索，要在传统的应试教育的体系外，走出一条系统化培养科学拔尖人才与创新创业人才的道路。深圳市对此给予了大力支持。两位先生就如何办好新型科技教育和创新创业培育孵化机构，颇费思量，反复论证。在这种背景下，李泽湘老师将我介绍给了郑院士。

坦率地说，当时我对郑老师在清华大学殚精竭虑创办钱班，在教育界产生的巨大影响有些了解。但我还是更贴近李泽湘老师的观念，即发现培养提

升创业创新团队把握科学问题的能力，建立从科学发现到形成产业技术解决方案的系统观，形成解决创新难点和关键点的方法论，最后是艰难汝成、破茧而出的理念与方法。我相信，推动全社会创新创业教育更为重要。对郑老师发掘培养超常科学创新人才的理念感到很难理解。

在后来的实践中，郑泉水老师和李泽湘老师分别创办了两个教育培训机构。李泽湘老师在创新创业培育孵化方面的进展要更快更显著一些。郑泉水老师则沿着钱班的思路，从小规模试验班，走向深圳零一学院的更大规模更为系统化的试验。在此过程中，我一直以第三者的视角，观摩观察两个创新教育机构不同的发展路径，从他们的实践中梳理我自己对创新增长的认识。

工业革命肇始了人类社会颠覆性创新增长过程，其核心是科学发现与产业技术融合，形成了一轮又一轮的产业革命。人类从蒸汽机时代进入内燃机时代，进入核时代，又进入新一轮以太阳能利用为代表的绿色能源革命时代。与此同时，计算技术的发展使人类开启了无边界创造的 AI 时代。毫无疑问，科学发现是源头，科学发现牵动了这一系列革命性的产业创新过程。在此过程中，高度相关的科学与技术逐渐演化出具有明显独立性的两条路径。

首先是过去三百年，科学发现积累了海量知识，一方面科学发现的速度大大加快，另一方面科学范式也发生了极大的变化。穷经皓首苦读一生也读不完的经典科学发展，可能借助贯穿于科学平行宇宙的"虫洞"，迅速地掌握了最前沿的科学发现进展。假如说，百年前，爱因斯坦穿越了经典的欧几里得几何，经由黎曼几何，跨越了两条直线永远不会相交的假设，构建了相对论，再由狭义走向广义相对论，借助黎曼几何的"虫洞"实现了颠覆性突破，带动了过去百年的科学发现。今天，我们就需要发现新的"虫洞"而直通量子物理的世界。毫无疑问，中国教育应当发现培养一批能够洞穿科学迷雾作出重大科学发现的人才。这可能是郑院士要解决的核心问题。

其次是过去三百年，只有一小部分人类的科学发现转化成了改变世界的重大产业革命技术。简而言之，科学发现不必然演化为产业革命，但重大产业技术的源头一定来自科学发现。科学发现是思想，是认识世界；产业革命是实践，是改造世界。科学成为产业技术、成为实在的物质产品，依赖另一批通过工业工程手段将科学发现转为产业技术的人，完成从科学到产业的惊险跳跃。这是科学与产业技术革命大潮中两类功能不同的人才。

我由此慢慢理解了郑泉水老师与李泽湘老师的一致性与差异性。他们在做同样的探索，在我国经济走向以新质生产力实现高质量发展的创新时代，大力培养高端创新人才。但他们探索的差异又是显著的。实现从科学到产业的惊险一跃，把握产业技术的实现规律，具备强有力的试错能力，养成强大的承担风险的心理素质，搭起一座跨越创新死亡谷的桥，应当是李泽湘老师的探索意义的合适表达。在相当长的一段时间里，我却很难用一句话来表达郑泉水老师探索的目标。尽管现在依然难以准确把握，但发现与培养具有前沿科学洞察力和形成引领性科学发现能力的人才是郑泉水老师的一个追求。

这几年与郑院士接触得更多些，希望通过更多的接触与观察，逐渐消除我曾经的疑惑。

我的第一个疑虑是，在中国，长期以来最深入人心的教育理念是，"一个都不能少"，在电影《一个都不能少》中，十四岁的代课女孩，为了一句嘱托和承诺，千里迢迢地寻找辍学的学生，引发了全社会的强烈共鸣。教育公平的理念可以说是中华民族根深蒂固的认知。在中华民族教育史上，自孔孟及诸子百家肇始，经两汉、隋唐到宋代形成的科举制度，保障开科取试的公平，被历朝历代奉为圭臬。郑老师将钱班从清华引入深圳会影响教育公平吗？在我的观察中，从清华钱班试验到深圳零一学院的规模化试验，出现了如郑老师期望的，经过科学创新教育的学生不是个别拔尖，而是人人冒长的结果。这应当是有效证明了，发现学生潜能，激发学生探索科学的激情，走新型的创新型科学教育的路，并不会显著放大学生成绩的方差。由此可以认为，郑老师的探索具有坚实的科学基础。

第二个疑虑是，教育公平强调的是后天育成，致力于消除遗传因素的影响，致力于消除家庭与社会因素造成受教育的不公平。强调培养战略性科技人才，会不会因为因材施教而成为面对少数人的英才教育？自邓小平同志决策恢复高考以来，中国高等教育有了突飞猛进的发展，不仅是规模，教育质量的进步也非常突出。尽管高考试卷的差异性稳步提高，高考制度的"应试"教育仍广受诟病，"刷题量"而不是创造性思维和创造性能力决定了高考录取的非议也仍然突出，但社会公平性是有目共睹的。创新时代呼唤创新人才，如何平衡教育公平性和创新拔尖人才培养，还值得深入研究。

第三个疑虑是，中国教育特别重视基础是个优势，也存在着明显的弊端。所谓的"死记硬背"的结果是基础扎实而创新动力不足。面向新科技革命时代的科学创新教育，要懂树木，更要能够把握科学森林。要重视基础知识，更要重视对学科体系的完整把握，重视科学图谱中的交叉认知，增强从多视角、多学科突破的能力。因此，合理把握记忆基础知识与贯通学科知识间的平衡应当是非常重要的。在现实中，深化与升华爱因斯坦的伟大发现仍然是物理学界的重要研究领域，但光芒四射的量子力学逐步成长为新的科学发现的主战场。从牛顿经典理论开始，再到爱因斯坦相对论，然后是量子物理学的科学教育范式正在面临挑战。郑院士贯通式科学教育让学生尽可能早地领会前沿创新之美，而不是穷经皓首地强化经典的基础理论。这不由得使我想起苏东坡的名言：博观而约取，厚积而薄发。博观实在是自孔子以降的中国教育传统，关键在于通，在于大通。苏东坡撷取博观定于约取，实在是对学习与认知规律的升华。

行笔至此，将郑院士探索的意义定义为，面对浩如星海的科学发现，以通求约，约而聚焦，产生突破，可能是合适的。

几年来，通过与郑老师比较密切的接触交流，以及作为第三者的侧面观察，我深深体会到，科学创新人才的培养要改变的是教育方式，在保证教育公平的同时，转变教育理念，加大教育体制改革，将创新教育引入基础教育，大大提升本科甚至是高中教育阶段对前沿科学的认识。科学创新人才的产生与发展不是先天的遗传因素决定的，最新最前沿科学知识的提早引入，是启发性和激励性创新教育的内在要求。小学生要背诵乘法口诀，中学生要熟记基本科学定理，强迫性记忆确实枯燥无味，但这些与专业运动员成百上千次重复基本动作形成肌肉记忆一样，能否将简单的运动重复得精准、不变形是专业运动员与业余爱好者的根本区别。在此基础上，突破性创新和创造能力的提高就会成为科学创新或重大科技创新人才脱颖而出的标志。

摆在读者面前的这部呕心沥血的著作，展现了一位科技工作者忘我奉献的拳拳之心，展示了一位术业专攻的科学院院士结合自己的经历，窥探到的科学创新人才培养的规律。值得每一位教育工作者认真品读，值得每一位中学校长品鉴，值得每一位教育管理者揣摩，值得立志于科学创新的中学生、大学生学习运用。

推荐序四
我与零一学院

汤　敏　｜ 曾任国务院参事，零一学院卓越导师，乐平基金会理事长，友成企业家乡村发展基金会副理事长

一、我与郑泉水院士

与郑泉水院士的相识，源自一场偶然的机缘。

2023 年的秋天，我与国务院参事室的一众同人，就"如何选拔和培养拔尖创新人才"这一重大课题展开了深入的调研之旅。我们的足迹遍布北京、上海、南京、深圳等城市，走访了众多大中学校及研究机构，期望能在这一宏大的课题上寻找新的突破。

从"李约瑟之问"到"钱学森之问"，中国教育体系在培养世界大师级人才方面的挑战，始终是我们心中难以释怀的忧虑。回顾历史，我国对于拔尖创新人才的选拔与培养，其实早已起步。改革开放初期，中科大少年班、西交大少年班、东南大学少年班等纷纷涌现；随后，北京八中、人大附中、东北育才学校、西安高新学校等也各展所长，探索超常儿童的特殊培养路径。近年来，更有大家所熟知的由教育部等推动的"拔尖计划"，中国科协与教育部共同实施的"英才计划"，教育部在部分高校开展的"强基计划"，以及很多高校自主开展的拔尖人才培养模式探索。这些项目都在力求打破常规，寻找新的出路。

然而，在调研过程中，我们深刻感受到当前拔尖创新人才培养体系中的诸多不足。首要问题在于缺乏法律法规的坚实保障，使得选拔与培养工作多依赖自发实验与零散化项目支持，容易遭到教育公平性的质疑。

其次，总分制评价体系下，对学霸型人才的过度关注，导致偏科奇才、怪才难以获得应有的重视与机会，这无疑是对创新潜力的一种扼杀。人类历史证明，世界上很多重大创新和社会进步，往往是由一些天才、偏才、怪才所推动的。举几个例子。爱因斯坦从小就在数学上表现出浓厚的兴趣并取得优异的成绩，但对那些需要死记硬背的科目，如文史类不感兴趣，成绩并不好。他在 16 岁时甚至因不满意学校的教育而退学。中国的大数学家华罗庚，初一数学是通过补考才过关的。大科学家钱伟长，当时高考的化学、数学两科加起来才考了 20 分。这样的事例不胜枚举。试想一下，如果这些人才在小学时就被淘汰了，我们的社会能进步到今天这样吗？

此外，我们还注意到，当前的人才培养体系过于偏重理工学科，忽视了社会科学领域的创新人才；同时，地域差异也导致了创新教育的资源分配不均，农村、县城及中小城市的学生往往难以获得参与竞争的机会。

正是在这样的背景下，参观深圳零一学院，就如同看到一股清流，给我们带来了耳目一新的感觉。

一是零一学院以其独特的人才挑选方式——"五维度"测评体系（内生动力、开放性、坚毅力、智慧力、领导力），让我们看到了改革选拔标准的新可能。按他们的话来说，这样挑出来的学生眼睛里都有光。

二是创新驱动的教育模式。它彻底颠覆了传统的以知识传授为主的教育模式，通过进阶研究－精深学习体系，让学生自己发现问题、解决问题，实现个性化和深度学习。学生们不但有院士级导师引领，还能进入各个学科的实验室，甚至是到知名大企业真刀真枪地做创新研究。

三是零一学院的 X^3 聚变理念更是独具匠心。通过具有创新潜力的学生（X

型学子），在解决具有挑战性的问题（X 型问题）的过程中，得到顶尖创新人才（X 型导师）的指导和支持，三个 X 碰到一起，就能产生聚变效应，促进老师与学生共同成长与创新。

四是他们的开放式的、包容式的生态平台。零一学院打破学段、地域、学科和文化的限制，通过线上线下相结合的方式，建立了独树一帜的全国顶尖教育和科研平台。但零一学院又与现存的学校制度不矛盾，还相包容。选拔出来的大中学生平时仍在原来的学校中学习，只是寒暑假和部分周末才线上线下地集中。在不影响正常学习的情况下，零一学院给学生提供了更广阔的学习和发展机会。

最重要的是，零一学院给每一位学生开拓出了一条特殊的个性化成长路径。学院鼓励学生根据自己的兴趣和激情选择研究方向，通过研究实践找到自己的发展道路，实现自我超越。在人才培养上，零一学院创造了两大颠覆：一是培养模式的颠覆，从以知识为中心到以研究为牵引；二是培养逻辑的颠覆。传统的教育是"砌房"逻辑，即首先设计，再打基础，然后一层层地盖楼，每个人都按照统一的标准来培养。而零一学院的人才培养用的是"树长"逻辑，即先有内在和外在的需求，这些需求会牵引着人才在"肥沃的土壤"里生根发芽，然后不断地深入土壤，最终长成一棵参天大树。

进到这样的"奇葩"学校，眼前能不亮吗？

与郑院士的每一次交流中，我都被他的激情所感染，被他倡导的以创新为内生动力来引领个人成长的教育模式，即"创生教育"所折服。为何一个正处在攻克世界级课题关键时期的学者，愿意每天投入超过 50% 的时间和精力，去经营一所很长时间内都不一定能看到明显成效的学校呢？我认为，这是源于他对创新作为国家和民族发展灵魂的深刻理解，对现行教育模式可能摧残创新人才的深切忧虑，对创新教育理念的深刻洞察，以及对创新人才的由衷热爱。在本书的字里行间，我们无时无刻不深切地感受到这些。我坚信，郑院士和他所创立的零一学院如同一盏明灯，照亮着中国教育的未来，必将被历史所铭记。

二、我与今天的零一学院

于是，套句市场上的俗话，我就"炒股炒成了股东"。

在郑院士的盛情邀请下，也在零一模式的极度诱惑下，我很快从一个旁观者转变为零一学院大家庭中的一员，亲历并见证了学院日益壮大的非凡历程。这段经历，如同一段激动人心的旅程，让我深刻体会到创新教育的无穷魅力与深远意义。

加盟零一学院是因为看到了我能发挥作用的一个机会。尽管办了 4 年的零一学院取得了很多骄人的成绩，但选题过于偏重理科方向，而社会创新方向的选题还是一个空白。而我们都知道，社会创新对我国的发展意义尤其重大。很多对社会创新问题感兴趣的学生也应该被赋予机会。我长期从事社会创新方向的工作，又正在清华大学苏世民学院讲一门中国社会创新的课程，我觉得我可以弥补零一学院这一空白。

于是，我就拉了左小蕾博士，银河证券原首席经济学家，也是我太太，一起认领了 2024 年暑期挑战营的九个方向之一的社会创新大导师的任务。我们给出的题目是：如何在人工智能时代大规模培养创新人才和促进社会公平。在这个大题目中又聚焦于两个子问题：一是人工智能时代，数字分身如何帮助解决农村留守儿童和空巢老人的亲情陪伴的问题；二是人工智能时代如何促进项目制学习的推广和创新。这两个问题的重要性和挑战性不言而喻，也符合郑泉水院士的"大问题""真问题"的要求，很快就被学院接受了。

2024 年的暑期挑战营分成两段：前十天的中学生营，后十天的大学生营。我们方向的教师团队包括：嘉宾导师黄荔城、王民盛，菁锐导师崔森、曹仲。整个团队由张立涛老师主理，另外还有郑添元、李嘉宝、吴姗姗、马竞恒、华夏杨五位助教老师。在大家的努力下，这两个班都办得特别成功。一批从全国各地挑出来的 X 型中学生和大学生分成若干个小组，在老师的引导下，他们自己定题目、做调研、捋思路、出方案，每天都忙得不亦乐乎，经常到了深夜还在激烈地讨论。在结题展示时，每个小组都拿出了特别有创意的项目执行方案，很多都完全出乎我们的意料。正如郑院士在书中所精确描绘的：零一学院彻底改变了他们的思维和人生，感觉就像是进了一个"魔法学校"。营员们反馈的来零一学院的最大收获前八项依次是：朋辈交流、开阔视野、科研平台、学习规划、科研经验、物质支持、导师交流、证明自己。

有趣的是，为了实现郑院士在书中的伟大设想："未来可考虑在北京、上海、重庆、武汉、西安、大连等全国或区域最具创新特色的中心城市建设各具当地特色的零一学院群。"我们社会创新方向率先进行试点。零一学院通过公益方式向北京青少年创新学院朝阳分院的一个实验班和福州高新区一中的一个实验班提供技术支持。这两个班用零一学院社会创新班的同一模式进行试点。我在北京朝阳班蹲了整整一天，观察这些初三、高一、高二的学生们是如何创新的。我惊讶地发现，这些在我们眼中还是小孩子的他们有这么多的奇思妙想。他们想出的亲情陪伴和项目制学习办法如真的能够实施，不但会有巨大的社会影响，甚至有可能成为可持续的商业创业项目。

三、我与未来的零一学院

那么未来呢？未来零一学院应该怎样发展？未来中国拔尖创新人才又应该如何培养？

我国教育之内卷，特别是中小学之卷，有人说已经是各行各业之最。学生、家长、老师、学校、国家在教育上投入的资源和精力不谓不高，但效果还是不尽如人意。科技是第一生产力，人才是第一资源，创新是第一动力，教育又是这三个第一的基础。在数智时代，郑泉水院士倡导的创生教育，无疑会开创一个人人创新激情得到充分绽放、人人获得更好成长的开放式的创新教育生态。

话又说回来，教育几乎涉及每一个家庭，关乎着各行各业的未来，任何改革都要慎之又慎。在这方面我是有经验教训的。我是一个经济学家，对教育没有深度的参与。20 年前，为应对亚洲金融危机和国企"抓大放小"的改革的冲击，我与太太左小蕾提出了大学 3 年内扩招一倍的建议。在有关部门的大力推动下，我国大学从每年招生 100 万扩大到了现在的过 1000 万。20 多年的时间，好几千万的年轻人有了上大学的机会。当然，有利就一定有弊。扩招的同时也出现了部分毕业生找工作难，部分学校教学质量下降的问题。每年高考时，媒体上都要辩论一番当年大学到底应不应该扩招。"都是扩招惹的祸"的观点近些年来不绝于耳。当然，我还是认为，扩招绝对是利大于弊的。但与此同时，我也对颠覆性的教育改革持比较谨慎的态度。

我特别赞成中央最近提出的，在重大改革中要"先立后破"。零一学院倡导的以学生为中心的创新教育是对目前应试教育的一次颠覆性的改革。这 4 年的试验证明，这条创新教育的路在零一学院是有可能走得通的。但是，在小范围内成功的经验，大规模推广后能否还能成功？例如，采用"五维度"测评体系的评估方式来代替中考、高考，评价能否客观？成本是否过高？各种层次的大学以这样的方式自主招生，学生和家长是否能接受？现有的教师队伍素质能否承担得起大规模创新教育的任务？对学生来说，过度追求创新会不会让他们好高骛远，毕业后难以找到合适的工作岗位，或者在工作中难以发挥自己的优势？等等。

因此，我特别赞成郑泉水院士提出的"3 个 6 年"渐进式的发展战略。在初创期——第一个 6 年（2021—2027）中，目标是走通一个模式。对大学生，每年在全国各高校录取一定数量的 X 型学子。他们多半时间还是在学籍高校就读，小部分时间汇聚到零一学院和与零一学院合作的 X 型平台上做研究，再配合一些较长周期的在零一学院或到合作企业的实习研究。对中学生，郑院士书中没有给出具体的目标。我建议，在这期间，以冬、夏令营的形式，把中学生的创新培训扩大到若干个有条件的城市。对其中表现突出的少数中学生，也可以提供一些较长周期的实习研究。

在发展期——第二个 6 年（2027—2033）中，关键目标是用好新型举国体制，在 2033 年前创建出一个成本不高的自主、高效率培养和汇聚顶尖创新人才的开放生态平台。多维评估慢慢地被一些学校接受，成为他们自主招生的标准之一。中学生的创新培训也要更大规模地推广，以创新为特点的项目制学习方式应该成为学校教学中的一个重要方式。

在成熟期——第三个 6 年（2033—2039）中，是形成"飞轮效应"的关键时期，目标是影响和帮助数以亿计的青少年成为创新的主人。跨学科、跨地域的创新教育已经融入学校教学中，成为数智时代创新教育全新范式的一个开创者和持续引领者。钱学森所憧憬的创新氛围在校园中已经蔚然成风："在这里，你必须想别人没有想到的东西，说别人没有说过的话。""这里的创新还不能是一般的，迈小步可不行，你很快就会被别人超过。你所想的、做的，要比别人高出一大截才行。这里的学术气氛非常浓厚，学术讨论会十分活跃，互相启发，互相促进。"

在教育的浩瀚天地里，总有那么一些人，以他们的智慧和勇气，引领着我们向未知的领域勇敢前行。郑泉水教授便是这样一位教育的领航者。这本新书，不仅是他学术生涯的璀璨结晶，更是他对教育未来的一次前瞻性展望与大胆构想。在未来的日子里，我期待着零一学院能够继续秉持初心、砥砺前行。愿它如同一座灯塔，照亮更多学子前行的道路；愿它如同一股清流，为中国的教育改革注入新的活力与希望。而我，作为零一学院的一员，也将与零一学院携手同行，在这条充满挑战与机遇的道路上共同探索、共同成长。

推荐序五
给基础教育者以深刻启示的一本书

王殿军 | 国家督学，清华大学数学科学系教授，清华大学附属中学原校长

用了近两个星期的时间，我拜读了郑院士的大作，阅读的过程中有一种酣畅淋漓的感觉，如果用两个字形容，就是"痛快"！

我在清华大学数学科学系任教的时候就和郑院士认识了。我们都来自农村，年轻时候的成长经历很相似。求学时代都得益于那个特殊时期被下放的大学老师和知青，在我们心里埋下了从事科学和教育事业的种子。喜欢打篮球，因此体魄强健精力充沛。中学基本是自学的，高考考上的也不是传统意义的名校。类似的经历，使我们交流起来有不少共鸣。

郑院士在研究中有独到的眼光和方法，在清华大学的学术成就非常突出，成就令人瞩目。他是我心目中的杰出人才，但他并不是按照传统模式培养或者成长起来的人才。在清华大学教书的时候，我就对他比较关注，但是我们之间的交往并不多。和郑院士的交流能够进一步深入，是因为他在清华创立了清华钱班。他在大学组织的清华钱班研讨活动，作为清华附中校长，我总是积极参加，以期全面了解他的思路。我对郑院士关于创新人才应该具有什么样的潜力、素质、能力，如何发现、如何培养的研究，非常佩服。郑院士的思想对于我探索在清华附中如何培养学生的创新能力，如何培养创新人才，

有很大的帮助。

与郑院士的交流使我在中学探索创新人才培养方法的信念更加坚定。经过多年实践，清华附中建立了自己的拔尖人才培养模式。为了探索创新人才的培养路径，我曾对美国拔尖创新人才培养体系进行过比较多的研究，与美国一些专家和学校有比较深入的交流，主要是为了学习他们的创新人才培养理论体系和实践体系。2014年4月18日，清华附中与美国托马斯·杰斐逊科技高中在中国驻美国大使馆签订了合作协议，双方在设立共同研究课题、建造联合实验室，以及课程及教师的交流方面进行相应的合作。

作为特别关注学生创新能力培养的校长，我很敬重郑院士。教授们一般把主要精力都放在自己的科研课题和研究生的培养上，而郑院士一直致力于研究基础教育和高等教育的衔接贯通，致力于培养拔尖创新人才。郑院士本身就是这样的人才，但他不满足于只有自己成为这样的人才，他希望培养更多像他一样优秀的创新人才，甚至超越他，成为具有世界级顶尖竞争力的人才。这样的教育境界和情怀让人赞叹！郑院士在自超滑科学技术研究方面已经作出了世界级的成果，可以说是功成名就了，他完全可以在自己原有的领域里，带着自己的学生，走熟悉的路径，做自己的课题。然而他却不断努力不遗余力地寻找中国拔尖创新人才的选拔培养路径，这一研究充满挑战，因为现实的体系结构不太支持这种贯通培养。他的努力是不是很好地解决了这个问题，还有待时间的检验和研究的论证。但是在现行体制下，他用最大的努力克服目前我国教育体系对于拔尖创新人才培养的不利因素，是非常值得钦佩的。

欣慰的是，历年选拔进清华钱班的学生，不少来自清华附中，他们大部分出自清华附中高研实验室。清华钱班每年招生也就30人，2018级有四位同学都来自清华附中，郑院士说这在钱班历年的招生中是绝无仅有的，这说明我在清华附中建立的创新人才培养体系培养的学生，很符合郑院士所期待的那种具有创新特质的人才标准。

郑院士注重培养人的发散性思维、批判性思维，注重培养勇于尝试敢于创新的精神。创造力旺盛、善于提出问题、敏锐地捕捉问题的人，是郑院士格外重视的。我国的传统教育更强调知识，郑院士不是特别关心知识积累，他最在意的是学生能够敏锐地捕捉问题，大胆地提出问题。他说本科生甚至高中生的创造力可能比硕士研究生、博士研究生要好，年龄越小培养创造力越好，但是要注意保护学生的好奇心和想象力，不然长大后创造力就没了，这是把人才培养当成一个链条来思考。

郑院士把拔尖创新人才培养这件事情当成一个重大课题来研究，努力地寻找规律，他不仅在理论上给出一个模型——五维度（MOGWL）测评体系，而且通过自己和团队的工作，努力培养五维度全面发展的人才，非常了不起。创新人才五维度测评体系有重大意义。传统的人才选拔标准是考试分数，五维度标准打破了单一靠分数的评价方法，这是最了不起的。郑院士这些年的实践检验证明，这套测评体系显示出其更适合选拔拔尖创新人才的特质，还是比较切合中国实际的。

郑院士探索在研究中培养学生的学习能力和创新水平，打破了现有的培养模式。他提出把国内外有成就的科学家纳入培养体系，全世界的导师资源都是培养学生的资源，让学生向大师学习，跟着他们研究真正的科学难题，提升学生的学习能力和创新精神。这些资源本身就不太好找，怎么样把这些资源汇集在一起，变成有效的教育资源，非常富有挑战性。郑院士很好地应对了这个挑战，令人赞叹。

郑院士认为创新应该是发自学生内心的，是学生自主的行为。学生必须积极主动地去思考，要有内驱力的调动，激情的点燃，不只是简单的好奇，还要拥有持续的兴趣，要有"打破砂锅问到底"的执着劲儿，这是创新人才独特的精神。目前项目式学习在欧美很受重视，这种学习不是给学生讲理论知识，也不是解答作业题、考试题，而是带着学生研究连导师都不知道如何解决的问题。在解决问题的过程中，把学生各方面的能力调动起来锻炼出来。项目式学习的目的不是完成一项任务，而是整个思考过程、研究过程。无论在清华钱班还是在零一学院，郑院士对学生的培养都是研究型的，有时候可能是小组合作学习，有时候可能是独自研究，但都以问题为导向，以锻炼创造力为目的，而不是以研究出成果为目的。郑院士的做法让我印象非常深刻。

郑院士认为现在的基础教育是补短板的教育，但是创新是扬长的教育。根据多元智能理论，学生在某些方面可能特别有潜力，那我们的教育应该帮他把强项培养出来，但在传统教育里，我们的培养体系、评价体系、选拔体系都不适合这种教育。这些年来，郑院士一直在努力让每个学生去找到自己所长，把自己的潜力挖掘出来，工作卓有成效。也许对郑院士来讲，最大的挑战就是这套体系怎样和传统教育体系兼容，能够有更多的生存空间和发展空间。我希望他的这套体系未来能够使更多的孩子受益，也希望有更多的教育有识之士共同参与进来，让郑院士探索的人才培养模式波及面更广一点。

郑院士认为，如果真正把孩子的能力培养起来了，拥有了问题意识、解决问题的能力、高阶思维能力，那么应对传统教育的挑战就是降维打击。这点我特别认可，我在清华附中的实践也证明了这一点。清华附中的许多孩子在做高研实验室项目的时候，在研究上而不是在传统的强化训练上花了很多精力，但是这些孩子的高阶思维能力，解决问题、分析问题的能力大幅度提升之后，用比别人少的复习时间、训练时间，在高考中取得了非常优异的成绩。创新人才培养就是以发展能力为主导的教育，这种教育与应试教育的评价体系并不冲突。但是很多教育工作者、家长和学生把二者对立起来，认为顾了应试教育，就顾不了创新能力培养。其实创新教育和应试教育并不矛盾，而是相互促进的。虽然我们国家选拔学生用的是单一分数，但是面对考试，应试教育并不是唯一可以选择的道路，创新教育也能很好地完成应试教育的任务，而且还能培养学生的创新能力。这是郑院士的做法对基础教育的重大启示。

《破界创生》是能给基础教育界的有识之士深刻启示的一本书。我希望有更多的基础教育工作者，尤其是基础教育的校长们能够认真研究郑院士的人才培养理念和模式，在中小学大胆地开展创新教育，培养出既考试成绩优异又能具有创新能力的人才，为国家的人才储备、未来发展作出卓有成效的贡献。

前　言

肇始于 18 世纪 60 年代的工业革命，颠覆了人类的生产方式，深刻重塑了教育范式、生活方式，并重构了社会结构，成为国家兴衰的分水岭。如今，人工智能（AI）的迅猛发展，特别是以 ChatGPT 为代表的通用人工智能技术（AGI）的横空出世，再次标志着人类站在划时代的关口——从工业时代迈向数智时代。这一变革无论在速度、深度还是广度上都远超以蒸汽机、电力和信息技术为代表的三次工业革命，为各国的发展和人类未来带来了前所未有的挑战和机遇。尤其是教育领域，正经历着深刻的冲击与变革。

从挑战来看，过去 200 年，教育的核心任务在于培养低阶思维能力，以适应工业时代对大量有知识和技能的熟练劳动力的需求。然而，数智时代的到来使 AI 技术迅速取代许多低阶思维能力场景，教育亟须转向个性化培养高阶思维能力，尤其是想象力和创造力。未来社会将分化为创新者、智能机器人和可能被技术淘汰的"边缘人"，这一转型迫在眉睫。

从机遇来看，未来低阶思维能力的培养可以逐步交由 AI 技术完成，甚至高阶思维能力的开发也能够越来越多地依赖 AI 技术辅助。这一技术进步将大幅降低优质个性化教育的成本，推动其广泛普及。无论对学习者还是教育者而言，这都意味着教育模式将从应试导向的枯燥与机械，转向个性化的学习与教学的乐趣与艺术，带来从痛苦到畅快的全新体验。

这样的时代变革不仅挑战着传统教育体系，也为教育的未来创造了无限可能。我们既需要未雨绸缪，也需要抓住机遇，在数智时代的浪潮中重新定义教育的意义与价值。

这个转变的基础，是广大家长、教师和教育管理等广义"教育者"思维的转变。然而，最难的恰恰是思维的转变。有两种途径可以有效地帮助人们的思维转变：其一，明白并相信必须改变的规律，包括底层逻辑和改变途径；其二，看到甚至体验到震撼的事实。但真正的聪明人，是能从自己尤其是无数他人的"失败"经历中学习的，因此，迎接这个大转折，最有意义的是重塑教育的底层逻辑。为了实现这一目的，首先需要回归教育的本质、创新的本质和人才的本质。

教育的本质在于促进更好的成长，尤其是思维的成长。

人身体的成长大约在 20 岁便趋于稳定，但思维的成长则是一个更为漫长而复杂的过程。正如古语所言："十年树木，百年树人。"与动植物不同，人类思维的成长受到基因、外因和内因的共同影响，内因涉及自我意志、内在驱动力、情绪调节等多种心理机制。

工业时代的教育体系更强调基因和外因的重要性。然而，本书表明在数智时代，"三因"的重要性排序需要彻底颠倒：内因应被置于首位，超越外因和基因。这一转变凸显了个人内在动力在成长中的核心地位。

创新的本质是提出问题、解决问题，为社会创造出价值。

对创新思维成长而言，内因的关键性远高于外因和基因，根本原因在于创新本身的挑战性、长期性以及意义感。

首先，创新的挑战性要求个体具备强大的内在驱动力。传统的学习和工作多是在已有框架下进行，而创新则意味着打破常规、走出舒适区，甚至面对失败的可能。这种冒险需要高度的好奇心、自我激励和不畏惧困难的精神，仅靠外界的激励或基因的优势难以持续支持。

其次，创新是一个漫长的过程，通常需要经历多次试验、失败与调整才能取得突破。外在的支持如环境资源、团队合作固然重要，但真正让人坚持下去的，是内心对目标的热爱与执着。内因帮助创新者在孤独、挫折和重复中找到力量，支撑他们走完这条崎岖的道路。

最后，创新的意义感来源于内心深处的价值认同。真正的创新往往承载着超越个人利益的使命感，例如为社会带来改变或推动人类进步。这种意义感无法简单地由外在环境赋予，而是源自个体对世界的深刻理解和对自身价值的清晰认知。

因此，创新不仅是一场智力上的冒险，更是一种心灵深处的探索。外因和基因虽然可以提供基础条件和某些优势，但只有强大的内因才能驱动个体在未知中勇往直前，将模糊的愿景变为真实的创造。

创新有大有小，人人天生具有好奇心，故人人皆可创新。然而，颠覆性的"从 0 到 1"创新者则须在无人区中艰难跋涉，勇敢穿越死亡谷。只有极少数极富天赋、非常努力、非常幸运的人，才能克服这些挑战，实现真正的从 0 到 1 创新。

人才的本质不是天赋，而是为社会创造出巨大的价值。

真正的人才不在于智商多高、多会学习，而是那些能将知识应用于实践、为社会创造出巨大价值的人。

创新人才尤其需要具备开放性、坚韧不拔的精神、从不断试错和失败中学习的智慧和领导力，才能在数智时代中引领创新潮流。我将这些特质概括为"内生动力、开放性、坚毅力、智慧力、领导力"。

从教育、创新和人才的本质出发的数智时代的教育，将会是什么样子呢？

2009 年创建的清华大学钱学森力学班（简称清华钱班）和 2021 年创建的深圳零一学院的创新理念和实践，让人们隐隐看到了一种数智时代全新教育范式的曙光——我们将其称为"创生教育"（Innovation-Motivated Education，IME），指的是"以创新为内生动力，牵引人成长的教育"。创生教育的核心本质在于将内生动力放在了第一位，真正将学生的个性化成长作为教育的中心。

创生教育的试点，不仅在清华钱班，也在普通高校南昌大学于2008年创建的本硕实验班取得了成功。清华钱班和南昌大学本硕实验班毕业的学生在麻省理工学院、斯坦福大学、清华大学等顶尖大学和华为技术有限公司等企业赢得了卓越声誉。我亲眼见证了两个本硕实验班的一个又一个学生迸发出内心磅礴之力，最终成为时代弄潮儿。

改变观念往往极为困难。正如有人所说[①]："当思想改变你的思想，那是哲学；当上帝改变你的思想，那是信仰；当事实改变你的思想，那是科学。"这句话启发了我：教育变革必须基于实证研究和科学逻辑，而非空谈理念。这也正是我撰写此书的初衷——通过一生积累的案例与理论，帮助更多教育者突破思维边界，实现"破界"成长。

改革开放40多年来，中国经济飞速发展，年均增长率接近9%，教育是这一成功的基石。恢复高考、开放留学政策以及20世纪90年代的大规模扩招，培养了大批知识型人才，使我国的顶尖大学、科研机构和科技企业跻身世界一流。然而，在数智时代，教育体系面临全新挑战，过去的成功经验反而成为阻碍创新和转型的思维惯性。

作为1977年恢复高考后的首届大学生，我亲历了这一伟大变革。40多年来，我跨越了工程、数学、力学、材料科技、界面科技，以及创新人才培养的研究与实践等多个领域，跨界探索促使我在教育领域多次实现思维"破界"。创立清华钱班、南昌大学本硕实验班和深圳零一学院的实践和思考，让我逐步深入洞察教育规律与人才培养的内在逻辑。这些经历不仅让我体会到教育变革的艰难与复杂，也坚定了我推动创新教育的信念。

本书分为三部分：

第一部分：孕育新"物种"。该部分通过三位主人公的故事，揭示创生教育的大概线索。第一章以清华钱班2016级学生毕恺峰本科学习以来的成长经

---

① 李·斯莫林（Lee Smolin）：《物理学的困惑》，长沙：湖南科学技术出版社，2008年。

历，展示创生教育的强大威力。第二章回顾了恩师黄克智先生对创生教育的深刻启发。第三章则以我 32 岁前的成长经历为主线，讲述创生教育的种子孕育。

第二部分："温室"里发芽。第四章至第九章深入探讨清华钱班的创建与发展：从初心理念（第四章）到学习思维向研究思维的转变（第五章），从精深学习法的创建与实施（第六章）到师生关系的重塑及多维评价体系的构建（第七章），再到创新生态的形成（第八章）。上述五章分别描述了我的第一次到第五次教育思维的破界。第九章总结了清华钱班模式的核心逻辑及其推广价值。

第三部分："大地"上成长。第十章至第十二章展望创生教育的未来发展方向。第十章探讨将创生教育从清华园扩展至更广阔教育领域的重要性；第十一章介绍深圳零一学院的成立与创新实践，展示创生教育在更大范围内的初步探索成果；第十二章提出"创生天梯"概念，描绘其对现有教育体系的有力补充，展望在数智时代培养创新人才的宏伟前景。

总之，创生教育是一种全新的教育模式，以个体内生动力为核心，推动个性化成长，适合几乎所有人。短期来看，它能激发学生的创造力和学习兴趣，助力学生更快速、更健康地成长；长期来看，它能为学生的未来人生持续提供动力，帮助个体的自我实现和自我超越。这种教育模式已经从清华园萌芽，并在深圳这片充满创新活力的沃土中逐步扎根，正在引起全球范围内的广泛关注。

创生教育突破学段、地域、学科和文化的界限，利用人工智能和现代科技，推动教育向更加开放和包容的方向发展。希望这种创新教育实践能为全球教育变革提供新的思路和方向，最终为人类命运共同体的可持续发展贡献独特的历史力量。

郑泉水

2024 年 12 月定稿于深圳

英文高频缩略词和中英文对照表

APRIL: Advanced Progressive Research for Intensive Learning　　进阶研究 – 精深学习

PBL: Project-Based Learning　　项目制学习

CRC: Course-Research-Community　　课程 – 研究 – 社群（培养模式）

IME: Innovation-Motivated Education　　创生教育

MOGWL: Motivation, Openness, Grit, Wisdom, Leadership　　内生动力、开放性、坚毅力、智慧力、领导力（"五维度"测评体系）

ORIC: Open Research for Innovation Challenge　　开放创新挑战性研究

OWL: Open Wisdom Lab　　开放智慧实验室（又称"猫头鹰"实验室）

SRT: Student Research Training　　大学生研究训练

PSRT: Preliminary Student Research Training　　初阶版学生研究训练

ESRT: Enhanced Student Research Training　　增强版学生研究训练

SURF: Senior Undergraduate Research Fellowship　　高年级学生研究员计划

TEEP: Tsien Excellence in Engineering Program　　（清华大学）钱学森力学班

X-Camp:　　颠覆性创新挑战体验营

X-Challenge:　　颠覆性创新宏大挑战（X 型问题）

X-Idea:　　交叉创新挑战性问题

目 录

第一部分 孕育新"物种"

第一章 "种子"与"土壤" 　2

1 天才，还是废材？ 　3

2 6次破格 　4

3 "土壤"之于"种子" 　6

4 启示和思考（1~5） 　8

第二章 恩师黄克智与我 　14

5 不拘一格荐人才 　15

6 堪为学术领路人 　17

7 力排众议帮改革 　18

8 启示和思考（6~7） 　20

第三章 我的成长与南昌大学 　22

9 父母的身教和我独特的中小学经历 　23

10 1977—1993："最好"的教育 　27

11 老师们眼中的"天才" 　30

12 启示和思考（8~10） 　35

第二部分 "温室"里发芽

第四章 清华钱班的初心、定位和理念 　40

13 初心：源于2002年和2007年的两次震惊 　41

14 清华钱班的基本理念与冠名 　46

15 钱班初创："他山之石" 　54

16 启示和思考（11~13） 　59

第五章　"化蛹成蝶"：向创新思维转变　　**62**

17　"永久"不破的泡泡和创新思维的"化蛹成蝶"　　63

18　破局：进阶研究体系的"闭环"　　72

19　"动物园"理念　　75

20　启示和思考（14~15）　　84

第六章　精深学习和"大树生长"模式　　**87**

21　"单科主义"和"虹吸"导师　　88

22　学习逻辑的颠覆：从"建楼"到"生长"　　92

23　一万小时理论——再论精深学习　　101

24　启示和思考（16~17）　　104

第七章　顶尖创新人才培养的第一性原理　　**106**

25　"零"摩擦的世界与"根"技术　　107

26　源头创新及人才成长的土壤　　110

27　本科生"领导"博士生和 X^3 聚变概念的萌芽　　113

28　启示和思考（18~19）　　118

第八章　钱学森之问的答案：创新生态　　**122**

29　朋辈学习和师生陪长生态　　123

30　敢于挑战：钱班创新文化建立的几个故事　　129

31　清华钱班和本硕实验班：人人个性化冒长　　135

32　启示和思考（20~22）　　139

第九章　清华钱班模式的底层逻辑和普适性　　**142**

33　底层逻辑和"1-2-3秘诀"　　143

34　通识与精深：X-书院　　149

35　钱班模式的通用性　　156

36　启示和思考（23）　　161

第三部分 "大地"上成长

第十章　破解"钱学森之问"的最大挑战　166

37　2017年"钱班创新挑战营"的震惊和反思　167

38　选择：多维度测评还是教育资源？　173

39　实现多维度测评的路径思考　179

40　启示和思考（24~25）　182

第十一章　零一学院：构想、初探和发展战略　185

41　世界顶尖大学　186

42　深圳零一学院：理想化 X^3 聚变生态的试点　194

43　三年初探和"3个6年"发展战略　197

44　启示和思考（26~27）　206

第十二章　痛快成长的第二通道　208

45　内生动力的本源和成长节奏　209

46　第二通道：成长"天梯"　216

47　让人人享有创生教育　220

48　启示和思考（28~30）　223

附件　227

附件1　郑泉水院士：二十年跨界创新的反思与建议　228

附件2　接受自己的不完美　243

附件3　拥抱变化的探路者　251

附件4　人生的两点间　直线不是最短　260

附件5　聚在水木一团火，散自钱班满天星　270

附件6　从星星之火到燎原之势：拔尖创新人才培养的范式探索　285

启示和思考总录　297

后记　299

致谢　301

第一部分

孕育新"物种"

在这一部分，我通过倒叙的方式讲述了我亲历的三个故事，试图勾勒出"创生教育"这一新生事物孕育过程的主线轮廓。这三个故事的主要场景分别发生在清华大学、南昌大学和深圳市，涉及的三个主人公跨越近一个世纪：我的恩师黄克智先生（1927—2022）、我本人（1961—　）和我的清华钱班 2016 级学生毕恺峰（2000—　）。我们之间的联系不仅缘于江西人和清华人的共同身份，还在于在创生教育探索中留下的深刻足迹。

　　在过去的 20 多年里，我请教过上百位卓有成就的人士，交谈过上千位学生和助手，他们的经验与智慧共同孕育并验证了创生教育的理念与实践。

　　正如爱德华·诺顿·洛伦茨（Edward Norton Lorenz）提出的"蝴蝶效应"——一只小小的蝴蝶在巴西上空扇动翅膀，可能引起一个月后美国得克萨斯州的一场风暴——创生教育这一小小的新生事物，是否也能在教育、科技和人才中引发"蝴蝶效应"？它需多久才能产生，又会引发多大的影响？让我们拭目以待，并共同努力推动这场变革的到来。

第一章
"种子"与"土壤"

　　"深爱人才，圳等您来！"深圳为何能在短短 40 年内，从一个边陲小渔村跃升为世界级大都市，并被誉为中国的创新之都？其中一个根本原因就是深圳始终拥抱来自五湖四海、具有创业家精神的人才，营造了一个有利于人才尽情施展与发展的生态环境。

　　2017 年，深圳市立法将每年的 11 月 1 日定为"深圳人才日"。本章第 1 节至第 3 节即为我在 2023 年"深圳人才日"上所作的同名演讲稿。

1 天才，还是废材？

在我们过往的经验中，因为"蝴蝶效应"，天气预报离准确还远着呢。但2023 年 7 月 6 日《自然》（Nature）正刊发表的一项华为技术有限公司有关气象预测的研究成果引起了世界范围的广泛关注[①]。他们利用自主研发的盘古气象大模型预测天气变化，相较于传统数值预报，不仅大大提高了准确性，更是将预测速度提升了一万倍。实现这项重大突破的第一作者，是一位年仅 23 岁、2020 年才从清华大学钱学森力学班（简称清华钱班）[②] 本科毕业的毕恺峰同学。

大家可能会想，这般天才少年出自中国顶尖大学，并没有什么特别的，天才少年在清华应当比比皆是才是。但背后的真实情况远远比常理想象中要曲折得多。我是清华钱班的创办首席教授。毕恺峰是 2016 年进入钱班的。他大一的时候，有一次专门找我问道："郑老师，我每门课的考试，不是很费劲就能通过，但考后不久，学过的就交还给老师了，这有什么意义呢？我感到非常困惑。"我鼓励他，按照钱班的学习方法，大多数同学都能很好地解决这个问题。

但是到了大三末尾，毕恺峰在学业上的表现不佳[③]，犹如一颗没有遇到合

---

① 这是华为历史上首次作为唯一署名单位在《自然》（Nature）期刊上发表的研究论文，题为 "Accurate medium-range global weather forecasting with 3D neural networks"。2024 年 2 月 29 日华为这项有关气象预测的研究被国家自然科学基金委员会发布为 2023 年度"中国科学十大进展"之首。科学网新闻：本科毕业生一作发 Nature，独立完成 9 成工作量（https://news.sciencenet.cn/htmlnews/2023/7/504367.shtm）。

② 清华钱班是创设于 2009 年的"清华学堂人才培养计划"首批四个试点班之一。我有幸担任清华钱班的首席教授，负责该班的创建与发展至今。钱班的英文名为 Tsien Excellence in Engineering Program，简称 TEEP，Tsien 取自钱学森（Hsue-shen Tsien）之姓。

③ 大学毕业近一年后，毕恺峰在我的邀请和鼓励下，为了启迪学弟学妹们，分享了他曾经迷茫痛苦的身心历程："进入大学之后，没有明确的目标，也没能找到适合自己的兴趣点；做过一些研究，但是都没有坚持下去。初入大学的热情逐渐被磨灭——人在不知道自己要做什么的时候，总是倾向于什么都不做。没有明确的目标，不专心于做一件事，加上自制力低，大学生活中做的事情越来越少——直接后果就是开始逐渐不去上课，不写作业。自制力高的学生也许可以靠着自制力扳回正轨，自制力低的学生的生活也许就会从此越来越糟。于是生活中的事情急剧变少，大量的时间被游戏填充，没有明确的、每天要做的事情，将会逐渐打乱生活作息——睡得越来越晚，起得越来越晚，自然也就进入负循环——越来越难开始做事情（上课、科研等）。"

适土壤的"种子"，迟迟不见"萌发"，找不到学习的意义和热情，不清楚自己应该朝着哪个方向努力，每天睡到日上三竿，浑浑噩噩，有多达 1/3 的必修学分没有修完，最后被迫退出钱班。大家都觉得照这个趋势下去，他恐怕很难大学毕业，很可能就废掉了，被当作一颗不发芽的"坏种"。

2　6 次破格

但幸运的是，他是清华钱班的学生。2019 年年初，我去拜访华为 2012 实验室总裁何庭波女士，介绍了钱班通过"大问题"点燃学生激情，帮助学生找到方向所取得的显著成效。不久，华为选派了 20 多位专家，到清华专门给钱班学生介绍华为的挑战性问题。这是华为第一次到大学面向本科生介绍真实的科研问题。毕恺峰幸运地抓住了这次机会，并促使我们在钱班作出了 3 次破格。

第一次是破格允许他去华为完成由钱班创立，并仅限钱班学生参与的为期 6~9 个月的实习计划——高年级学生研究员计划（Senior Undergraduate Research Fellowship[①]，SURF）。毕恺峰很幸运地遇到了前来介绍挑战性问题的华为专家谢凌曦博士。谢博士受钱班黄轩宇同学的案例（见第七章）启发，提出了一个他特别想做，但周边一帮博士研究员都不敢做的人工智能（AI）难题。没想到，毕恺峰不仅对这个难题感兴趣，还表示特别希望去尝试。但当时毕恺峰已经离开钱班，失去了去华为实习的资格。谢博士和毕恺峰多次表达希望钱班破格，我了解到这个情况后，作出了破格的决定。

由于是破格，钱班项目组负责 SURF 的老师陈民教授等，一直特别关注毕恺峰在华为的表现。几个月后，我听到陈民报告说，毕恺峰到华为实习后，像变了一个人，眼里重新亮起了光，犹如一颗快熄灭的火种再次被点燃了，

---

① 高年级学生研究员计划，是从钱班第一届（2009 级）创设至今的一门跨度 6~9 个月的离校实习必修课程。实习地须是钱班认证过的国际一流的大学、研究机构、企业等。凡不在认证之列的，须钱班首席特批。

研究接连取得突破。这让我和钱班教师团队非常高兴,随即作出了第二次破格的决定,毕恺峰因此成为钱班创建至今唯一被劝退出钱班,又被钱班主动邀请返回至钱班"大家庭"的同学。

第三次破格发生在毕恺峰实习期即将结束时。钱班的 SURF 曾有一个硬性规定,即大四最后一个学期开学前,在全球做 SURF 的学生,必须返回至清华完成最后一个学期的学业。谢凌曦博士和毕恺峰再次找到钱班项目组,申请允许毕恺峰最后一个学期留在华为。因为他的研究取得了重大进展,一旦返校,因保密条款约束,研究就无法继续推进了。于是我们再次破例特许他留在华为。奇迹发生了,最后一个学期,毕恺峰不仅超乎寻常地完成了研究,而且很好地补修完了之前所拖欠的学分,顺利从钱班毕业,加入华为,彻底迎来了新生。

有趣的是,我们了解到,毕恺峰至今虽在华为工作仅 3 年,却也获得了 3 次破格。第一次发生在 2020 年夏天,毕恺峰被华为破格录用,是所在 AI 部门大几百研究人员中唯一的本科生。

入职华为后,毕恺峰很快获得了第二次破格:由于为公司在 AI 领域商业应用上实现了破冰,解决了关键技术难题,取得了突出成绩,本科毕业的他,"半年内,破格升两级",升至华为体系中博士毕业生的级别。

这次破格,使得毕恺峰被允许从 2020 年年底起,涉足他自主提出的 AI 气象预报这一挑战性问题。当时的气象学界都认为该领域异常艰难,据说连华为创始人任正非先生在听到这个项目时,也认为"不可能"。但华为内部有鼓励挑战"不可能"的文化,公司最终还是抱着试一试的态度,在华为云人工智能领域首席科学家田奇博士的支持下,允许毕恺峰开展盘古气象大模型的研究。自此,这位年轻人将"不可能"的任务变为可能,通过盘古大模型在 1.4 秒内完成了 24 小时全球气象预报。

于是,23 岁的毕恺峰,在华为再一次得到了破格晋升。

3 "土壤"之于"种子"

这个发生在清华钱班学生背后的故事，让我们有机会"透视"到华为之所以成为中国非常具有创新力的公司背后的一个关键原因——为潜力人才成长提供了极好的"土壤"！进入华为的有志年轻人，就像种子落到了丰沃的土壤里，好的"种子"自身具有无限的生机和潜能，在华为良好的人才环境中，他们能快速生根发芽、苗壮成长。

清华钱班则是另一片规模虽小，但异常丰沃的"土壤"。实际上，像毕恺峰这样苗壮成长、脱颖而出的学生，在清华钱班并不是个例。比如，在细胞组学方面作出开拓性贡献，从入门到作为第一作者在《科学》(Science)上发表文章只用了两年的钱班 2013 级胡脊梁同学（第六章）；研发出世界上首台微米级大小的超级微发电机，于 2022 年获得科技部首届颠覆性技术大赛最高奖的钱班 2016 级黄轩宇同学（与毕恺峰同班，第七章）；提出了一种新的计算架构，相比现有顶尖芯片——英伟达(NVIDIA)显卡芯片，计算速度提升了三千倍，2023 年以第一作者将论文发表在《自然》(Nature)正刊的钱班 2015 级陈一彤同学等[①]。这些创新天才苗子的涌现，可能都离不开钱班执着坚持的一个核心教育理念：鼓励学生找到自己内心真正的激情所在，即"兴趣—擅长—意义感"交汇的事（见图 1）；创造一个好生态以支持学生们全力以赴追求梦想。

当前教育面临的一个巨大挑战是，绝大多数具有高潜创新天赋的"种子"，长期被刷题、应试、评价等所埋没，因"缺氧"，难以消化吸收环境中的养分或养分不足，最终被浪费掉了，未能成长为"参天大树"。

---

① 2023 年，从全清华 6 万名本科生和研究生中选出的清华大学学生最高奖学金——特等奖学金共 20 名获奖者中，有 3 名获奖者分别是钱班在读本科生蒋玉骅和本科毕业后留校读博生陈一彤和黄轩宇同学。

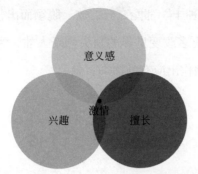

图1 激情——长期主义成长和创新的灵魂

大家知道历史上有很多著名人物都曾是做题的"废材"。比如，据说毕加索小时候连"1+2等于几"都一直弄不明白[①]；民国时期国立清华大学第一任校长罗家伦、大文豪钱钟书、应用数学与力学大师钱伟长、现代明史研究的开拓者吴晗等都是偏科非常严重的"废材"。按现在的高校招生标准，他们根本上不了清华、北大，但他们取得的成就使得没人能否认他们是天才的事实。这些案例说明，被我们陈旧的教育观念所错判的许多应试"废材"，在正确的引导下，都可能成为创新的"天才"，而这正是我们国家的教育理念迫切需要改进的地方。

过去40年，深圳是一个实现梦想的地方，是中国最丰沃的创新"土壤"。为了实现"创生教育颠覆应试"的梦想，我和几位共创钱班的核心骨干来到深圳，在深圳市委市政府的大力支持和推动下，于2021年创办了世界上首个零一学院（X-Institute）。在清华钱班15年的拔尖创新人才培养模式和经验的基础上，我们立足深圳，力求帮助更多年轻人找到自己心中的热情，鼓励他们探索深圳进入"非跟随"或"无人区"科创企业的重大挑战性问题，吸引全球顶尖导师深度参与培养，让他们真正成长为国家和人类需要的创新栋梁。

11月1日是"深圳人才日"，希望通过我们继续共同努力，培育更好的"土

---

① 贺亚莎：《接纳孩子：犹太人的家教制胜之道》，哈尔滨：黑龙江科学技术出版社，2011年。

壤"，让每一颗创新"种子"都能充分绽放、脱颖而出，点燃更多有梦想、有热情的年轻人，培养更多改变世界的顶尖创新人才，为国家建设成为世界重要人才中心和创新高地作出应有的深圳贡献。

谢谢大家！

4　启示和思考（1~5）

启思 1　激情，是开启潜力爆发和茁壮成长的金钥匙，是第一关键要素

应试教育，尤其是经历过高三"刷题"模式的学生，容易失去了学习的激情，这从他们"眼中无光"就能看出来（详见第十章）。更令人遗憾的是，许多学生把大学生活变成了"高四"到"高七"，迷茫成了他们的普遍状态。据统计，很多学生都感到困惑。这种迷茫常常引发焦虑和忧郁，甚至导致许多学生无法正常毕业。2008 年，我毅然向清华大学请缨创办清华钱班，最大的动因就是在 2007 年，清华航院本该正常毕业的 90 余名学生中，竟有 10 多名未能顺利毕业。

清华钱班或创生教育理念的首要目标，就是帮助每一名学生找到自己独特的激情所在，从根本上解决迷茫问题！钱班通过师生共创的"进阶研究"体系（详见第五章），成功帮助大多数学生（逾 70%）在 3 年内找到了自己的激情。例如，2013 级的胡脊梁同学在大二找到了自己的激情（详见第六章），2016 级的黄轩宇同学在大一就找到了（详见第七章）。之后，他们都进入了"痛快"的学习与成长之路。

相比之下，2016 级的毕恺峰在大三结束时依然处于迷茫和痛苦之中，未能找到自己的激情，甚至面临无法毕业的风险。然而，最终点燃他激情的并非清华教授们提出的挑战性问题，而是来自华为科技公司的一个挑战性项目。短短 4 年内，他由 2019 年时眼看不能毕业的大学生，到 2021 年被华为破格晋升到博士毕业生待遇，再到 2023 年获得中国十大科技进展的第一名。

毕恺峰的经历不仅展示了激情和挑战如何激发个人潜力，更彰显了坚持和努力的力量，让他从谷底反弹，成为科技领域的佼佼者。

启思 2　生态，是呵护创新型学生生存和鼓励创新型学生爆发的第二关键要素

除了激情，毕恺峰的故事还提到了钱班对学生的宽容和 3 次破格，以及华为对他的 3 次破格，这些都体现了"生态"对他的深远影响。为了进一步说明"生态对成长可能产生巨大影响"的观点，我再举自然界的一个例子。1997 年，*BioScience* 刊登了一项研究观察[①]：两棵同种〔西黄松（Pinus ponderosa）〕、同龄（250 岁）的树，彼此相隔仅 30 千米。但由于周边的生态环境不一样，一棵树长到了 37 米高，另一棵树才只有 7 米高。

毕恺峰的案例生动地展现了基因（天赋）、内因（激情）和外因（生态环境）三者的交互作用，以及它们所能带来的巨大力量。固然毕恺峰拥有极好的天赋，这帮助他进入清华并加入钱班，而钱班本身也提供了良好的生态环境。即便如此，到大三结束时，他依然处在"废掉"的边缘。这说明，对于一个人的成长来说，能否找到并点燃内在的激情才是决定性因素，其影响远远超过外部环境的作用。认识到这一点，对于如何真正做好教育至关重要。毕恺峰的案例深刻揭示了创新人才成长三大关键要素之间的正确顺序：**内因大于外因和基因**，而应试教育实际上采用了错误的顺序：**基因大于外因和内因**。

然而，不少家长和教师往往将他们以为有意义的事强加给孩子，这恰恰反映了他们对个性化教育缺乏理解。这种强加也常常是导致孩子压力过大、痛苦和抑郁的根源。

继续深挖启思 1 和启思 2 的背后，我们可以进一步归纳出以下三条重要启思。

---

① Ryan M. G., Yoder B. J., "Hydraulic limits to tree height and tree growth," *BioScience* 47, no.4 (1997): 235-242.

启思 3　找到激情很不容易，需要宽容和从容

每个人通常都有多方面的兴趣，但既感兴趣又擅长的领域就少多了。而那些既感兴趣又擅长，还觉得特别有意义，从而充满激情的领域，往往就只有极少的一部分（见图 1）。回顾钱班过去 15 年间培养的 400 多位学生的发展情况，2~3 年的时间里，大多数学生只能找到"热爱"——也就是既感兴趣又擅长的领域。而要找到自己独特的激情，往往需要更长的时间和多次试错经历。

因此，真正"以学生为中心"并深谙教育真谛的教育机构和教师，会以足够的耐心和责任心，对学生的探索和试错给予更大的宽容和鼓励。只要时间足够长（如 6~7 年），最终的效果就会超出期待——虽然进度因人而异，但"所有人"都能充分释放他们的潜能。

值得指出的是，把握好节奏至关重要，可以起到事半功倍之效。与长周期的内生动力源泉——激情（passion）相比，兴趣和志向（简称志趣）是一个更直观但相对短暂的动力。对小孩而言，培养兴趣已经足够；对青少年，则需更多关注志趣；而对于进入成长关键期的青年而言，如果不突出找到激情，是否就会为时过晚？

启思 4　要让人才脱颖而出，破格是必要的和可能的

当学生找到自己的激情后，会进入一种激发的状态，投入大量的时间，疯狂且持续地努力，不仅不感到疲倦，反而倍感快乐。在这种状态下，学生的知识水平和能力会以难以置信的速度提升[①]。对于这些在飞速成长后"脱颖而出"的学生，应该及时给予"破格"的认可，这才是不断催生拔尖创新人才所需要的土壤。

---

① 这是创生教育令人激动的一个重要方面；在第二部分和第三部分，将提供多个支撑案例信息。

从实践角度来看，像华为这样具有自主权的机构，或者像清华钱班工作组这样具备良好声誉的团队，如果被赋予一定分量的推荐权，是可以实现这种"破格"认定的。

启思 5 科技企业的大问题，往往更能点燃创新的激情

2019 年，中国的发展已经到了一个新的阶段。一家科技企业（华为）竟能吸引近 1/3 清华钱班的学生，使他们放弃公费前往国际名校进行半年研学的机会，转而选择进入企业实习。

自 2020 年以来，我们在深圳的 4 年里，见证了深圳的创新生态和越来越多"非跟随"型、"进入无人区"的创新型企业的崛起，这标志着深圳已经进入了能够大规模吸引拔尖创新人才的全新阶段。

深圳零一学院的一大优势和主要任务，就是在清华钱班成功实践的基础上，不断提升从这些企业提炼源头问题，并将其拆解为不同难度的子问题的能力。通过这些挑战性问题，激发高潜力创新型学生的激情，牵引他们成长。同时，学院还从全球吸引卓越的导师资源，并反哺那些"出题"的企业。

后记

毕恺峰与华为的故事，一定程度上折射了"两个大变局"：工业时代到数智时代的大转折，以及国际关系格局的重塑。

2018 年，我和团队在清华创立的"自超滑技术"刚开始探索产业化，就被深圳市政府通过"一事一议"引入坪山。这一决定的背后，时任深圳市坪山区书记陶永欣的远见、勇气和担当，以及深圳市副市长高自民对"自主创新"必要性的深刻认识，起到了关键作用。高自民副市长当时原话的大意是，2018 年 4 月美国政府制裁中兴的事件，迫使我们必须开始进行"自主性"的源头技术与源头产业的创新了，自超滑技术还处在基础研究阶段，对其产业

化不要期待过急，得有连续支持 10 年的心理准备。

2018 年美国制裁中兴的事件，也让我警醒到，对之前一直要求的钱班学生需出国完成 SURF 的安排，得"未雨先绸"作出调整。虽说科学没有国界，但技术却有边界，而鼓励学生自主选择发展方向的钱班，天然孕育了一批如毕恺峰这样的学生，他们对技术的热爱远胜于对科学的执着。由于上述考虑，我联系了具体负责自超滑项目落地深圳的时任深圳市人民政府副秘书长吴优。下面是 2019 年 2 月 22 日上午 10:05 我发给吴秘书长的微信内容：

> 吴秘书长：转眼春节就过去了。我明天（23 号）一早去深圳，27 号回北京。主要参加 25 号的坪山创新大会，以及 23~24 日超滑研究所内部研讨会。您知道我还在负责清华钱班，钱班是清华大学（以及全国）唯一的以工科基础定位的拔尖人才培养计划。建班 9 年多来，每年的招生都是全校前三以内。毕业去向极好，如现在 MIT 就有成群的钱班毕业生。但去企业的极少。我非常想安排学生去国内最顶尖的一些企业实习（可以最长 9 个月）、今后工作。华为无疑是最优先推荐的。不知道您是否方便引荐一下，我可以 26 号专门去拜访一次何庭波总裁，时间可以比较充分。我相信她一定会非常感兴趣。如果等到 27 号，怕是无法展开讨论。

当日 13:10，吴秘书长告诉我，与何总的会面安排在 26 日中午。此事也充分彰显了深圳市政府官员的高效工作作风。

后面就是一连串持续至今出乎意料的惊喜（见图 2）。

钱班–华为模式
挑战性问题（华为）
+
卓越导师组（华为+清华）
+
顶尖学生（清华）

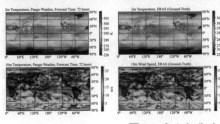

华为盘古气象大模型：
中长期气象预报精度首次超过
传统数值方法，
速度提升10000倍以上，一作
在《自然》（2023）刊发
6次破格：钱班三次+华为三次
2023中国十大科技进展之首

毕恺峰
（清华钱班2016级）

图2 钱班与华为合作背后的故事和惊喜

- 2019年5月，华为派出20多位专家专程到清华，为钱班学生介绍并讨论华为的"挑战性问题"。这是华为首次直接面向本科生分享其核心技术挑战。

- 出乎意料的是，这次交流吸引了近1/3的钱班学生放弃了出国实习的机会，改为前往华为技术公司。这让我真切地意识到，中国的产业已发展到世界顶尖水平，能够吸引"最具创新天赋"的学生投身其中。

- 更令人意想不到的是，这一机缘推动了毕恺峰及其后续故事的发生。

- 这一系列事件，最终促成了首个零一学院的创立！

- 在过去4年中，已有20余位钱班毕业生，包括从清华大学和斯坦福大学等完成博士深造的优秀学子，加入华为工作。清华钱班与华为的合作，也成为企业与高校深度合作的典范。

第二章
恩师黄克智与我

"泉水老师，您忆黄克智先生一文 [1] 的开篇，讲您来清华的来龙去脉，亲切有味，感人至深，又给校史中增加了一段值得永久流传的故事！"

——彭刚，清华大学副校长、教务长

---

[1] 本章前 3 节引自《郑泉水院士：记恩师黄克智先生育我的二三事》，2022 年 12 月 12 日在线发表于"力学与实践"。次日，该文由《清华大学·新闻》全文引载。

刚过耳顺之年的我，有逾 30 年的时间是作为黄克智院士的学生和同事，何其有幸。他的做人做事风格对我影响至深，他是我的人生楷模和指路明灯。先生虽已驾鹤西去，但精神光芒永存。在此追忆先生与我的二三事，以纪念他对我人生的影响，深切缅怀他伟大的人格，以永久激励自己并启迪更多后人继承他的精神。

5　不拘一格荐人才

先生是作出举世公认学术成果的科学家，也是师生心目中真正的"大先生"，而先生多次不拘一格对我进行提携，深刻改变了我的学术生涯，使我受益终身。

我与先生的结缘，最早要追溯到 1985 年。当时，我从江西工学院（现南昌大学）本科毕业后已留校任教 3 年，工程力学团队代表学校申报首个硕士点；先生则是国务院学位委员会力学学科评议组负责人，他在大学前，生长于战乱时期的江西。据先生本人于 2022 年回顾，他和时任评议组秘书的杨卫院士（也是先生之前的研究生，读研究生之前曾在江西工作过一年半）在审阅申请材料的时候第一次注意到了我。1986 年，先生和杨卫师兄共同举荐我破格晋升为江西工学院副教授；1987 年 7 月，我有幸成为江西省最年轻的副教授。随即，我作为江西工学院代表之一，参加了由黄克智先生、唐立民先生和杨卫师兄主讲，在江西庐山举办的一次力学讲习班。这是我第一次见到黄先生和杨卫。我听了他们的多场讲座，对两位的学识十分敬佩。于是我向先生提出可否跟着他读博。先生当即应承，但建议我不必再专门花时间去读博，直接申请博士学位就好。随后，他立即着手为我向清华大学申请当时刚刚开始试行的在职博士，并指导我按清华博士学位论文的要求，将之前的研究成果整理提升为一篇博士学位论文。1989 年年底，我顺利通过了资格考试和论文答辩，获得了清华大学博士学位，成为清华大学第一位外校来的没有本校在读经历，而经资格考试和论文答辩直接被授予博士学位的人。

1990 年，凭借自身的研究成果、先生等人的大力举荐，以及力学界一批长辈、知名学者的大力支持，我荣获了首届中国力学学会青年科技奖（全国共 4 位）和第二届中国青年科技奖（全国共 100 位），在全国青年科技工作者中脱颖而出。

拿到博士学位后，我马不停蹄地踏上了前往英、法、德三国为期三年半的访问研究之旅，在本构方程张量函数统一不变性表示理论方面，取得了全球公认的决定性进展，结果成为创建和构筑现代力学学科的关键基础之一。1992 年年底，当先生得知我正在考虑回国还是继续游学时，他多方努力，使得我迅速决定回国服务，并于 1993 年 5 月携全家成为清华人。为了解除我的后顾之忧，他克服了多项不可想象的困难，包括直接帮我认证为清华教授（时年 32 岁，成为清华最年轻的正教授之一）、在清华大学从头开始构建我的档案、帮我解决非独生子女入学问题以及其他入职落户可能遭遇的困难，等等。直到 2005 年，我才从学校对先生的一篇采访报道中得知，早在 1991 年，在当时由于历史原因，学校内部有大批老教师没有晋升教授、论资排辈严重的情况下，先生向学校建议将年轻教师和老教师分成两队晋升，由此促进了全校设立破格晋升制度，为清华发展作出了重要贡献。

1994 年，先生时任中国力学学科旗舰学术刊物《力学学报》和 *Acta Mechanica Sinica* 主编，力荐我成为常务编委之一，是编委中最年轻者，这使得我一举站上了与全国力学界大咖"同台演出"、展示才识的"最高平台"。日后的发展一再证明，这一提携对于我这个来自不知名小地方的"小娃娃"的快速成长，有多么重要！

世有伯乐，然后有千里马。黄先生对年轻人不问出身、不拘一格地发掘，尽心尽力地培养和提携，是"大先生"崇高风范最生动的诠释。先生对我的种种付出与照顾，深刻地影响着我的教育观念和行为，令我时刻不忘在力所能及的情况下破格举荐青年才俊。等我自己多年后亲身承担起一些改革和举荐的推进工作时，才切身体会到先生当年多么不易，也尤为感佩他的付出和魄力。

6　堪为学术领路人

我虽然很遗憾未得到先生对常规博士生的全程指导，但有幸以他亲密同事和弟子的双重身份，30 年间通过他身体力行对我的潜移默化，得到了他的若干"真传"。

记得我在担任《力学学报》和 *Acta Mechanica Sinica* 常务编委期间，先生作为主编创建了每月全体常务编委当面集体审稿制度。这项创新的制度，为加快审稿速度、提升审稿质量等，起到了关键作用，使得两刊在全国乃至全球力学界的学术声誉有了飞跃性提高。在集体审稿会上，面对所有副主编和常务编委，无论年资长幼，先生都是直截了当、尖锐深刻地提出问题。他崇尚科学、专注问题本身，我们都发自内心地尊重他。多年后，当我出任中国固体力学旗舰学术双刊《固体力学学报》和 *Acta Mechanica Solida Sinica*（2007—2011），以及力学旗舰学术双刊《力学学报》和 *Acta Mechanica Sinica*（2011—2015）主编时，也大力推进了多项创新举措，聚焦问题、不拘情面，推动四刊迈上了新台阶，算是没有辜负先生的教诲和力学界同人的托付。

先生另一项让我想学习却没有完全学到手的珍贵特质是他的舍得与专注，是他能保持终身学习并不断攀登新的科学高峰的精神和态度。先生立足国家发展需要，紧跟国际先进水平，在 50 岁前专注于板壳力学的研究，50 岁后专研断裂力学，60 岁潜心探索智能材料相变力学，70 岁开拓应变梯度塑形理论，75 岁开始纳米管力学性能的研究，85 岁进军页岩油气开采本构与断裂力学。在每一个领域，他都做到了舍得与专注，通过全力以赴，通过自律和天赋，在极短的时间内冲刺到世界前列，做到极致。与先生相比，我没有达到他那种程度的专注和自律，这是我需要不断警醒自己、修炼自我之处。但可告慰先生的是，在时代的不同机遇和使命下，得益于先生的鼎力支持，我做到了更长的坚持（20 年磨一剑）和更深的原创。

7　力排众议帮改革

自 1993 年和先生成为同一个教研室的同事，转眼间，近 30 年过去了。记忆中，先生似乎从未主动要求我做什么，而每次向他汇报工作，我从他那里得到的都是倾听、尊重和支持。师母陈佩英倒是每次都会提一些直截了当的批评和充满善意的建议。

我最早深刻关注到教育问题是在 2002 年，当时系里一名大三的学生告诉我，他感觉整个班里可能就他一人对做学术还有些兴趣。这件事对我触动很深，我向先生表达了拟毛遂自荐担任固体力学研究所所长，以期推动固体力学本科和研究生教学改革的想法。先生爽快应允并大力支持，其间帮助我做了大量的协调工作。之后的两年时间内，他又协助我组织全所 40 多位老师每周进行教改深入研讨，并一次不落地全程参与。2004 年，我感到改革使命基本完成，遂坚决辞去了所长之职不再续任，回归心属的学术，因为从 2002 年开始，自超滑技术发展陷入了难以忍受的困境，我必须花费更多心力在学术研究领域。

然而，到 2007 年，院里 90 余名本该毕业的学生中有十几人未获得毕业证，这一情况再次深深触动了我的内心。历经 3 个月的研讨，2008 年，我向时任主要校领导建议设立一个"创新人才培养特区"，也就是现在的钱学森力学班（钱班）。先生再次亲自出马，与余寿文老师、过增元院士和我一起，与校领导沟通，最终促成了钱班的设立。之后，先生又与美国科学院和工程院院士、哈佛大学的 John Hutchinson 教授共同领衔钱班首届顾问委员会，直到钱班一步步发展起来。

图3　左起：杨卫、黄克智、余寿文、郑泉水。团队培养全国优博13人，成果《固体力学重点学科建设与高水平博士生规模培养》1993年获全国普通高等学校优秀教学成果特等奖

其实，我和一帮志同道合者做创新教育和源头创新，在起步和早期阶段遇到过不少争议和非议，中间遭遇多次"死亡之谷"。如2005年，我第一次参加院士推选，落选后，周边不少好朋友、好同事都力劝我先把其他事情放一边，专心做好参选院士这件事。我跟先生讲，院士的头衔固然重要，但是眼下如何尽快让钱班和自超滑取得决定性突破，更为紧迫，机不可失，我更愿意把时间聚焦于这两件事，而不是分散精力。先生听完后告诉我：既然你如此认定，我会坚定支持。这种支持，在钱班发展过程中遇到困扰，先生主动提出帮助解决时看得到；在我最初成立清华大学微纳米力学与多学科交叉创新中心，专注的自超滑技术研究不被看好，先生出面担任中心顾问时看得到；在我于母校（由江西工学院等合并而成的南昌大学）创办了高等研究院，先生本不在外兼职，却愿意做研究院的兼职顾问时看得到……是先生和师母共同的信任和坚定不移的倾力支持，给了我一路攻克难关、奋勇前进的动力和勇气。

如今回过头看，我越发深刻地体会到，先生不求名、不求利，以赤诚奉献之心选拔和培育人才，彰显的是人才培养的真谛。他懂得放手，不直接提要求，不过多"指点"；而当你有需求的时候，他永远是你坚实的后盾，给予你无私的支持。钱班和深圳零一学院的核心理念是：帮助每一位学生找到自己最想做的事，做造福人类、改变世界的事，创造环境、全力以赴地支持学生去追求梦想。这一理念是我从先生身上学到的。我自己是这种教育模式和理念的受益者，也希望身体力行地把这种精神更好地继承和发扬下去，让更多人受益。

得知黄先生仙逝的消息，我十分悲痛，30余载的点滴过往历历在目，先生的音容笑貌犹在眼前，先生的谆谆教诲还在耳畔，我与他却从此再不能相见。受教于先生门墙之内，令我终身受益；先生的恩情令我终生难忘；先生的风范令我终生敬仰；先生是我一生的贵人。谨以此文献给先生，以表达我对他的缅怀和感激之情。先生虽已离我远去，他的精神却永存于我心间，化作一股无形的力量催我奋力前行。今后，我唯有用心把事做好，以告慰他老人家的在天之灵。

8　启示和思考（6~7）

启思 6　培养人才的普遍方程式：发掘—破格—放飞—榜样—支持

从得知黄克智先生于12月6日仙逝，到12日为先生送行，这篇仓促撰写并发表的短文《恩师黄克智与我》，可谓一场深情厚谊的爆发。

这篇短文展现了伟大的人格：前辈对后辈人才的"发掘—破格—放飞—榜样—支持"这一完整链条，或许，这正是"培养"人才的普遍方程式吧？

作为中国科学院和中国工程院两院院士张维先生的弟子，黄克智院士培养出了一批卓越人才。他的教育理念和半个多世纪的实践，是一个值得持续深入挖掘的"宝藏"，并且是"创生教育"思想的重要来源之一。

启思 7　真正好的教育，是爱与善意的传承，让我们行动起来吧

教育的本源可从生物需求、情感驱动和社会责任三方面理解。基因延续

促使人类通过教育提升后代的生存能力；父母对子女的深切爱意构成教育的情感基础，推动知识与价值观的传递；社会责任则使教育超越家庭层面，成为维系社会发展的重要力量。这三者共同塑造了教育的复杂性与深远意义。

在我与黄克智先生逾30年的交往中，他所展现的爱与善意，就超越了血缘和遗传的界限。这种博大的爱心与善意，也是能够被发自内心地传承的，这正是我2008年创办南昌大学本硕实验班、2009年创立清华钱班，以及2021年成立深圳零一学院的初心所在。

让我倍感欣慰的是，钱班在十年间似乎已经形成了博爱与善意"一到千"的传承。我不禁梦想着，借助零一学院等平台，以及数智技术的力量，能在有生之年看到这份传承从千到百万、再从百万到十亿地扩展和延续。

要实现这种发自内心的传承，单靠"教书"是远远不够的。按"道、法、术、器"的划分，"教书"只是较低层次的"器、术"，"育人"则是无止境的"法、道"。与黄克智先生相比，这对教师的素质提出了极高的要求。

事物总有两面性——1966—1976年的十年"文革"，虽然带来了社会的混乱和"中断"，但也促使人们对中国悠久历史中的政治、经济与文化进行了一次深刻反思。这种反思催生了邓小平同志所开创的改革开放政策，并取得了巨大成功。在这一过程中，涌现出一批像我这样的人，他们"摆脱"了传统教育和应试教育的束缚，具备了创新创业的精神，并在关键时刻每每得到"幸运"的眷顾。

要颠覆应试教育，我们尤其需要越来越多认同教育应该回归本源的志同道合者加入我们的行列。只有汇聚更多力量，发挥大家的聪明才智，才能形成一个不断拓宽的创生教育绿洲，为更多学生提供更广阔的发展空间和更多机会。

我在此发出热情的呼吁：历史的机遇给了我们这一代人，但时间已经不多了。为了我们的未来世代，加入创生教育事业，让我们赶紧行动起来吧！

第三章
我的成长与南昌大学

在整个中小学阶段，我花在玩耍上的时间远远多于学习上，因为当时正值"文革"时期，高考制度被取消。然而，我有幸成为1977年恢复高考后的首届大学生。在我成长的关键时期（1977—1993），江西工学院（现南昌大学）为我提供了当时"最好"的教育，也为本书所探讨的"创生教育"理念埋下了种子。

9 父母的身教和我独特的中小学经历

父母

> 虽然父母没有上过学，但他们一直鼓励我按照"自己所想"
> 成长，从未给过我任何压力。他们对我人格塑造最深远的影响是：
> 勤劳忘我、善良正直、乐于助人以及自主自立。

我出生的家庭非常普通：父亲郑孟太 1923 年 9 月 2 日出生在江西省余江县郑家村，是家中老大，有三个弟弟一个妹妹；同年 8 月 2 日出生的母亲刘荷英，因外公过世外婆改嫁，9 岁时到我祖父家做童养媳。因父亲逃壮丁，我祖父在 1948 年受民国政府迫害致死。父母辗转逃到江西省金溪县浒湾镇定居后，我和我的两个哥哥和一个妹妹，都在该地出生并接受中小学教育。我是整个郑家村历史上第一个上大学的人。

父亲是手艺精湛、远近闻名的理发师，直到 81 岁因病去世前不久仍在工作。然而，在我成长的年代（1961 年出生至 1978 年上大学），普遍的贫困让理发手艺再好的父亲也不足以支撑全家生计。从我记事起，父亲经常凌晨三四点出门，步行二十几里砍柴，自己家用一些，其余运到 45 里外的抚州集市贩卖。我眼角的一个疤，就是一次父亲砍柴归来，我跑去接他时摔伤留下的。

为了养活一家人，父亲还自己开垦了七八块分散在方圆 10 余里的荒地。近处种蔬菜，远处种粮食，中间种经济作物。我经常跟随父母到菜地，帮忙挑水、浇水、运菜。蔬菜收成好时，除了自家食用，多余的送人或换点钱。这些记忆中，父亲的勤劳与坚韧深深影响了我。

2024 年 7 月 21 日，母亲安详离世，距离她 101 周岁生日仅差 12 天。为她送行时，无数回忆涌上心头，其中一个画面让我泪流满面：少年时，我和父亲拖柴去抚州市区的路上，遇到一段很长的陡坡，母亲特地赶来帮忙推柴上坡。

过了大坡，她便独自踏上七八里山路回家。那时天还没亮，才凌晨三四点，我站在路边，看着母亲矮小瘦弱的身影渐渐消失在夜色中，既满怀担忧，怕她途中遇到野兽或坏人，又深深佩服她的勇敢和坚强。这份记忆，至今刻骨铭心。

受父母的影响，我很早就学会了自立自强。初中时，我找到了一份"临时工"——为父亲的理发店供水。每天挑四五担水，每担4分钱，一年能攒下四五十块钱。这让我不仅支付了自己的学费、书籍和零用开销，还能帮妹妹分担学费，感受到自立与助人的乐趣。上大学后，我继续勤工俭学，夏天做苦力搬砂石，整个大学期间都没用过家里的钱。

父母是我一生的榜样，他们用坚毅、勤劳和善良影响了我。家门前是浒湾镇集市的交通要道，母亲常留过路讨水喝的人在家吃饭。酷热的江西夏天，父亲用推拿、刮痧和针灸救治了无数中暑者，却从不收费，只说"一支烟就好"。他让我明白，帮助他人是不求回报的。从小，我就帮远邻的老太太挑水，一挑就是几年。初二时，我救起了一位溺水的县文化局干部，被推举为全县好人好事讲用团唯一的中学生代表，在各乡镇巡回报告十余天，这是我助人的一次"风光"经历。

父母的无条件支持更是改变了我的人生。家境贫困，初中后家里曾考虑让我退学打工，但初一时，我因画作被《江西日报》刊出而被寄予厚望。此后每年，我都受邀参加绘画集训班。父亲相信画画是一条出路，鼓励我认真学习和钻研绘画，让我拥有一技之长。他们的支持让我完成了中学学业，并走向高考与大学的新起点，为人生开启了全新的篇章。

上大学后，父母叮嘱我专心学习，不必操心家里的事情。大学毕业后的十多年里，我的工资一直不高，但即使生活拮据，父母始终坚持不要我的钱。许多年后，我和妻子接他们来北京照顾。尽管那时我已是清华教授，但未能让他们在经济上过得更富裕，我心中深感愧疚。然而，父母从未向我要过钱，也从未施加压力。他们的支持与理解让我没有被家庭负担所压垮，而是勇敢地追求更远大的目标。

父母的教育和支持给了我三大财富：

第一，独立性。他们鼓励我自主成长，帮助我培养了独立思考和解决问题的能力。在没有外界压力的情况下，我得以自由探索兴趣与潜能。

第二，自信心。父母的信任与支持让我充满自信，这种心理资本使我能勇敢追求目标，应对生活中的各种挑战。

第三，适应性。在自由探索的环境中成长，我学会了适应多变的环境，并习惯于自己找到解决问题的道路，从而更从容面对变化与挑战。

父母用无声的力量和无条件的支持，塑造了我，也成就了我的人生。

近视

从小学三年级开始，我出现了严重近视，但直到上大学，我都没有戴眼镜。高度近视且没有眼镜的直接后果是，我无论坐在教室的哪个位置都无法看清黑板，只好自学。虽然开始是被迫的，但我很快就在其中找到了乐趣：自学使得我可以逃课，按照自己的节奏安排学习进程。

开始逃课后，我的生活变得丰富多彩：

篮球运动：我几乎每天都会打两三个小时的篮球，在整个四年初高中阶段，我都是县学生篮球队的一员，每年学期中间还要花一个月外出参加篮球比赛[①]。

绘画兴趣：我也是县青少年绘画队的成员，每年脱课集训半个月。

搭建积木：我经常把自己锁在家里安静的楼上，长时间搭积木，用军棋和自己削制的小木片，搭建尽可能跨度大且美观的"拱桥"。当时我最大的梦想是建一座桥能跨过家后门直面的江西省第二大河——抚河。

这些经历在不知不觉间，铸就了我强健的体魄、空间想象力和极度专注力。

总体而言，独特的青少年成长经历赋予了我独立思考的能力、自信的态

---

① 因高度近视看不清楚远处的篮筐，我一直主打防守和抢篮板的后卫。

度、强大的适应能力、健康的体魄、丰富的空间想象力以及持久的专注力。这些优势在我后续数十年的创新成就中发挥了关键作用。例如，即使在年过花甲时，我的身心状况仍然能够支撑我每天工作超过 12 小时，这也是我敢在 2021 年再次创业，创办零一学院的基础。当然，母亲赋予我的长寿基因，也让我更有信心去面对创业所需的高强度工作，持续 10 年甚至 20 年。

老师

我于 1968 年 3 月上小学一年级，1973 年 7 月结束小学阶段，其间经历了三个学期的五年级。这段特殊的经历源于"文革"期间学校教育名存实亡，直至 1973 年邓小平首次复出，部分恢复教育。1977 年他再次复出后，迅速恢复高考，我成为恢复高考后的首届大学生，1978 年 3 月正式入校。

钱学森曾回忆一生中深刻影响他的 17 人，其中除父母外，包括 1 位小学老师和 7 位中学老师，可见中学老师对人生成长的重要性。

由于"文革"的特别，中小学老师对我的影响自然也是特别的。有一件冥冥之中对我产生深远影响的事值得一说。历史典故"临川才子金溪书"赞誉的是江西临川地区（现抚州市）的人才辈出和金溪县浒湾镇雕版印刷业的繁荣[①]。这一典故或许也影响了我的家乡浒湾镇：在"文革"期间，浒湾镇唯一的中学——浒湾中学吸引了一批下放的优秀大学老师。他们在我少年时期的心里，种下了从事科技和教育事业的种子。

其中，我的班主任、毕业于南京工学院（现东南大学，原中央大学工学院）的物理老师徐林生，给予了我特别的关注。徐老师在我整个高中两年中，

---

① 这一典故中的"临川才子"指的是历史上出自江西临川地区（现抚州市）的文学家、思想家等杰出人物，如晏殊父子、曾巩、王安石、陆九渊、吴澄、危素、汤显祖、李绂等。这些人物在文学史、哲学史甚至政治史上都有重要影响，他们的才华和成就使得临川这个地方名声远扬。而"金溪书"则特指临川地区金溪县浒湾镇木刻印书。浒湾木刻印书始于明代中期，盛于明清两代，浒湾镇更是成为中国明清时期四大雕版印刷基地之一。这里的印刷业非常发达，出版了大量书籍，对文化的传播和保存起到了重要作用。

不仅让担任班长的我全面管理班级，还常常邀请我挤住到他不到30平方米的家中，与他夫妇及三个孩子共同生活。徐老师的慷慨和信任让我获得了极大的自由和自信，并让清华和北大这两所顶尖大学占据了我的心智。十余年后，这种植入心智中的梦想引导我一步步进入了这两所大学，成为我人生的重要转折点。

但让我不时感到惆怅和沉思的是，我的中学高中部在我毕业后不久便"随风飘去"——被撤销了，许多优秀的老师也被调走。好老师对孩子们的成长至关重要。今天的我，在不影响主要责任的前提下，能为家乡的孩子们做点什么呢？

10　1977—1993 :"最好"的教育

一路的"意外"和"破格"

1977年12月恢复高考时，16岁的我成为全县唯一考上大学的高中应届毕业生，进入了江西工学院（现南昌大学）土木建筑工程系。尽管有这份幸运，但我梦想中的"清北"使得我感到不甚满足。原因之一是我的数学成绩只得了38分。在考完数学后，我知道自己考砸了，心里十分痛苦。考前仅有两个月的备考时间，我偶然找到了一本残缺的几何题集，这本由日本人编写的书让我迷上了几何，整天沉浸其中，其他科目则被我三心二意地应付。然而，当我拿到高考试卷时，却发现没有一道几何题目。好在"皇天不负苦心人，只是偶尔开玩笑"。

成绩不佳促使我在进入大学以前加紧补习数学，逐渐拓展到了本科尚未学习的内容。对我来说，自学充满了挑战与乐趣。高考的38分反而"成就"了我在大学班级里成为"永远"的数学第一名。同学们遇到难题都会来找我，考试中我几乎都能在一半时间内交卷并获得高分。自学带来的自由，没有仅用在体育运动和画画上，我开始思考——"我未来到底去做什么"。

我选择报考土木工程专业，是因为儿时的一个简单梦想——在家乡的河

27

流上造一座桥。然而，上大学后我发现土木工程领域对数学的发挥空间非常有限，因而开始转向力学。与此同时，我"遇见"了我的一生"导师"——阿尔伯特·爱因斯坦。

偶然阅读爱因斯坦的传记，我发现他也是自学成才，曾因专注而时常丢三落四，第一次考大学失败（我自己是候补进的大学），他的大学当时很一般，大学毕业时全班倒数第二，等等。这些对照，激励我开启了我的学术人生。实际上，爱因斯坦影响了我一辈子：他的选择、思维方式、教育理念等。他不仅是我追求卓越和高深学问的精神导师，也促使我从大三开始，仿照他追求物理统一场论的做法，致力于统一"连续介质场的力学与物理"，即"理性力学"。

为了这一研究，我自学张量分析。由于江西工学院当时没有指导老师，我主动联系北京大学数学系的郭仲衡院士，意外地收到了回信，他称我为"中国第一个看懂了他所著的《非线性弹性理论》的人"，这给予了我很大的鼓励和自信。在郭先生的激励下，我报考了他的研究生，但又一次出现了"短板"——政治不及格，只考了35分。

幸运的是，从大一数学老师开始，老师们逐渐注意到并传开了有我这么一个"天才"，并给予了我一系列破格待遇：提前考试、免修课程、直接给予成绩、请我给老师们上课等。尤其是德高望重的杨德品教授，给予了我极大的支持和推荐。远在辽宁的戴天民教授和在上海的钱伟长先生，也多方支持和推荐。1983年，在郭仲衡先生和杨德品教授等的帮助下，我最终圆了一段北大梦——以在职硕士生的身份进入北大数学系跟随郭先生学习了一年半。回到江西工学院后，在湖南大学副校长熊祝华教授等的举荐下，1985年湖南大学直接授予我硕士学位。随后，我继续在江西工学院（1985年更名为江西工业大学）任教；1987年，在清华大学黄克智先生和杨卫教授等的举荐下，26岁的我成为江西省最年轻的副教授。

问题是最好的老师

俗话说，"问题是最好的老师"，在我自 1987 年至今的成长经历中，这句俗话得到了最好的印证。相对而言，真实的好老师反而常常只是配角。或许，这正是教育真谛中常被忽视的又一关键所在。现实中，人们往往过于关注稀缺的"好"教师资源——这是内卷的根源之一，而忽视其实随处可见，甚至由自己定义的"最佳"教师——问题本身。

由于学校研究资料的匮乏，从 1985 年 1 月回到江西工业大学（现南昌大学）直到 1990 年 1 月出访英、法、德前的几年，我每年都要前往北京，在国家图书馆"泡"上一到两周。1987 年，我在国家图书馆发现了当年刚出版的 J. P. Boehler 主编的 *Applications of Tensor Functions in Solid Mechanics* 原版图书。这本书真正开启了我的科研人生走向世界的大门，引导我成为一个小领域的世界级顶尖专家。

宇宙中最普遍的现象是物质的运动。自 1687 年牛顿发表《自然哲学的数学原理》以来，人类在短暂的 200 年里好像就走完了科学大发现时代，完成了对运动"第一性原理"的认识，概括为五大基础力学：牛顿力学、热力学与统计力学、电动力学、量子力学、相对论。科学随之进入了基于这五大基础力学的"应用"科学阶段，其中一个重要分支是研究由"无数"原子构成的物质体系的运动（也称"物质场论"或"连续介质力学"），主要包括气体运动（如龙卷风）、液体运动（如江河流水）和固体运动（如各种机械的运动）等的力学。应用力学由此成为连接科学与工程技术的主要桥梁[1][2]。

五大基础力学本身没有空间方向性，气体和流体的特性也没有空间方向性。然而，绝大多数固体的力学或物理特性却有空间方向性，也称为各向异性。例如，所有晶体都是各向异性的，而木材顺纹方向的强度甚至可达横纹方向

---

[1] 郑泉水：《论创新型工科的力学课程体系》，《力学与实践》（2018）40(2)：194-202。

[2] 杨卫、赵沛、王宏涛：《力学导论》，北京：科学出版社，2020 年。

的 50 倍。Boehler 教授于 1978—1979 年提出了一个大胆猜想：描述固体的力学或物理特性的关系（本构方程）可以通过引入某个或多个张量（各向异性的"特征张量"）作为中介，而统一成各向同性的形式。他将这个猜想称为"空间各向同性原理"，但因为缺乏证据，一直无法证实或证伪。

我立即意识到，解决这个猜想是实现"统一"连续介质场论的一个"小切口"。经过 7 年持续而专注的努力，以 1994 年发表长逾十万字的 *Theory of Representations for Tensor Functions— A Unified Invariant Approach to Constitutive Equations* 为标志，我建立了现代连续介质力学和物理的本构方程统一基础，站到了世界应用力学领域的一座高峰峰顶，并获得了包括国家自然科学奖二等奖（2004 年，第一获奖人）在内的多个国内外学术荣誉。

陪伴我这段科学征途并分享荣誉的，还有 1990—1993 年访欧期间的两位主要合作教授——当时张量函数理论领域全球最权威的学者 A. J. M. Spencer 和 J. P. Boehler。直到他们分别于 2008 年和 1998 年去世前，我们始终保持联系，亦师亦友，不时欢聚在世界各地（见图 4）。

图 4　在我的成长"第二通道"中，对我产生最为深远影响的 7 位老师

11　老师们眼中的"天才"

从 1978 年 3 月进入江西工学院（现南昌大学）到 1993 年 5 月入职清华大学，除在北京大学求学的一年半（1983 年 9 月至 1985 年 1 月）和在欧洲

合作研究的三年多（1990年1月至1993年5月），我有整整10年在江西工学院度过。这10年间，我遇到了许多愿意为我打破规则、开辟免修通道的老师，以及甘为人梯、助我发展的先生们。

这些老师不仅在我的求学路上铺桥搭路，更在我毕业后与他们的长期联系中，始终关怀我的成长与事业。当他们得知我正在写一本关于创新教育模式的书时，几位老师主动提出要为书中提供素材，以佐证他们眼中的"天才"学生在灵活培养中的成长故事。

为此，我的教育学编外学生王金羽博士专门采访了两位年事已高，但依然精神矍铄、思路清晰的恩师——冯恕老师和杨德品老师。他们的回忆和见解，成为我书稿中最珍贵的内容之一。以下是王金羽对两位老师的采访稿。

冯恕老师

> 冯恕老师谈起郑泉水老师时脸上一直带着温暖的笑容，对她而言，遇到这样一个"与众不同"的学生完全是意料之外，更是教学生涯里的最大惊喜。也许正因如此，几十年后回忆起往事来，桩桩件件都依然清晰。

"文革"期间，冯老师和其他很多老师都被下放到了农村，直到拨乱反正。1977年恢复高考后，听说录取的人中最小的一个来自金溪县，冯老师一下子就留意了起来，因为自己当年正是被下放到了金溪县。她向系里的人打听这个孩子的情况，听说叫郑泉水，收到录取通知书的时候正在拉板车给供销社运货。"他是很能吃苦的一个孩子。"

大一开学后，郑泉水这个名字就在系里传开了。教授高等数学的老师来教研室跟大家讲这一届学生年龄参差不齐、知识背景也差很多，但是单单有一个学生很有高等数学天赋，不仅比别人学得好，而且到了大一下学期已经开始自学了。冯老师负责教授大二的材料力学，是工业与民用建筑系学生们最"怕"的三门课之一。77级大二一开课，冯老师终于见到了这位被系里老师们暗暗关注了很久的学生，"他瘦瘦的，带着很深度数的眼镜，一开口有比较浓的家乡口音"。

第一次课堂测验，冯老师正在教室里来回走动监考，发现有一个人不仅没做卷子，反而在专注地看着一本很厚的英文书。"我说，郑泉水你怎么不答卷子？他说，老师我会做的，请留20分钟给我。"教室里很安静，其他同学都在紧张地答卷、奋笔疾书，冯老师也不好说什么，决定就留20分钟给他好了。"结果给我震撼了，这个孩子果真与众不同！我们为此在教研室开会，大家看他卷子也答得很对，拿他没办法。"冯老师没想到，半个月后，更意想不到的事发生了——"他来跟我说，他想免修，不来上课了。"冯老师和教研室的老师们都没有碰到过这种情况，立刻跟系里打了报告。最后系主任杨德品决定说："既然他有这个要求，我们就试试看吧。"于是，教研室的老师们一起为这位头一个提出免修要求的学生出卷子。"考完了我们批他的卷子，他全答对了。"冯老师还清晰地记得，大家"鸡蛋里挑骨头"地发现最后一个答案少写了单位（kg），所以这张卷子只有98分，不是满分。冯老师拿着这个结果跟系里汇报，第一份免修申请就此被批准。回忆起这一段，冯老师认为："他的格局不同，他能够免修材料力学，是因为他看透了这门学科的本质，而且融会贯通。"冯老师介绍，通常情况下，课程都是一节一节地讲，学生也是一部分一部分地吸收，很少有学生能够自己把要素联系起来，直穿本质，如此与众不同。

不再上课之后，冯老师依然关注着这位系里的"天才"。最开始可能是因为他的特别，慢慢地又被他的善良和孝顺打动。"当时泉水的妈妈在老家生病头疼，他家那个地方医疗条件很差，他就把他妈妈接到南昌来治病，一路抱着他的妈妈，让他妈妈躺在他的怀里。这个孩子很重感情。"经由冯老师的回忆，我们能看到尽管生活有些贫苦却一直乐观孝顺、从未被打倒的少年，一个被上天眷顾、有着惊人天赋的才子。

"他的思维非常开放，图书馆里的书他一本一本如饥似渴地看，对外语也很专注。而且他很全面，不是书呆子，各方面都很活跃，体育好，身体棒棒的，跟其他人的关系也好，会用他的思维去启发同学。"

冯老师还讲到了一件趣事，刚留校任教（指1982年2月本科毕业后直接留校任教）的郑泉水被学生投诉听不懂他上的习题课。"因为他当时的研究已经深入理性力学，不是一般的力学了，他对学生的要求也按照他的思维，跳出教材去学，但是学生不懂呀！"不一般的学生需要不一般的老师，相应地，不一般的老师可能也需要不一般的学生吧。

2023年7月，中央电视台《开讲啦》节目播出郑老师作为主讲人的一期，冯老师在家中看电视，惊喜地看到了自己的学生。"我无意中看到的，没有从头开始，但是他的想法、为人处事，他的一些动作，还跟他小时候一样。"或许在老师的眼里，无论多大的学生也是像小孩子一样的。

杨德品老师

在采访冯恕老师时，她提到杨德品老师更了解郑泉水老师。经由冯老师和杨老师女儿的帮忙，此次采访通过电话完成。年过九旬的杨老师条理明晰地回忆往事，不时还会开怀大笑。很多故事在冯老师的访谈中已经有所提及，杨老师的访谈专列三件最特别的事：免修，"破格"提副教授，"放"去清华。

杨老师清楚地记得，77级学生们入学没多久，大家就发现了一个与众不同的学生。"他入校以后我们很快就发现他了，一方面是他学习非常用功；另一方面他的天赋很好，所以很多课我们都不用他上了。"在此以前，并无免修的先例。根据冯恕老师的回忆也能发现，系里很是谨慎，出了考核方案来对"天才"特事特办。作为系主任的杨老师认为，不用上课就可以给这个学生更多自由的时间用来钻研、做研究了，是好事。"他对力学、数学非常感兴趣，我通过教学也发现他的确属于天才。"结果也证明了杨老师的培养不负众望，郑泉水这个名字开始伴随着高水平的研究论文频繁出现于学术期刊、学术会议，并逐渐名扬海外。"他后来去国外访学，那些著名学者、大教授们也对他很感兴趣，很尊重他。"

本科毕业后，郑泉水老师因其出众的学术表现得以留校任教，开始做助教。五年后的 1987 年，他被破格评为副教授，为当时江西省第一人，所以《江西日报》为此事做了重要报道。公众不知道的是，在职称评审的校长办公会上，因为越过"讲师"直升"副教授"的"破格"，杨老师险些得罪校长。

忆起这些，杨老师朗声大笑起来。杨老师认为，学校没有理由不通过这个合理的提案，学术水平的评价是公正的。时隔近 40 年，让人不免感叹，这样为托举人才不惜"代价"的系主任、尊重同行评议结果终为"破格"开绿灯的校领导、没有过分僵化的体制机制，三方合力才让青年才俊得以早早冒尖。

1993 年，为了让从海外访学归国的郑泉水老师得到更好的发展，杨老师写信给清华大学的黄克智先生。黄先生本就有意将爱徒引进清华大学力学系，收到信后更是毫无顾虑地行动起来。杨老师回忆，自己因此事也受到了校领导的批评，"他们说我把这样好的人才放走了，但我是考虑泉水的发展，留在我们学校的话，很难得到发展"。杨老师语气里有着对学生成长无尽的关怀之情，他说自己是一名老师，最关注的就是人才培养，对培养好的学生更是格外有兴趣、有动力，想尽一切办法也要创造最好的条件给学生，这是自己的职责所在。杨老师的言语简单质朴，仿佛自己所做一切皆是理所应当，但闻者为之动容。且不论杨老师豁达的性格为了学生发展毫不担心自己是否会得罪领导，单说免修、"破格"提副教授、"放走"人才去更好的平台发展，对于一个年轻人而言都足以改变现状、改变命运的轨迹，也难怪逐渐塑造了郑泉水老师与众不同的人才培养理念。

访谈进入尾声时，杨老师引用了千古名篇《师说》："'传道授业解惑'，如果做不到，怎么算教书育人呢。"中华文脉流淌千年，韩愈用笔写下"道之所存，师之所存也"，杨老师亦是用自己的行为"书写"了此道。

12 启示和思考（8~10）

启思 8 "短板"出"长板"，家贫也能出英才

创新人才的一大特质是"敢于选择，善于舍得"，强化长板，通过合作弥补短板。我因短板的限制而专注于发展长板，这或许也是一种辩证。

过于强调补短板的教育，不仅违背了人性和成长规律，还人为地制造了痛苦和"内卷"。真正的全面成长是德智体美劳的平衡发展，身心健康，而不是去弥补天赋与擅长之外的短板。后者往往是对"全面成长"的一种误解。

家贫无疑是短板，但它依然可以转化为长板，这取决于父母如何看待和引导。因为创办清华钱班和零一学院，我有幸了解到数十位国内杰出人士的成长经历，其中不少人是我的同龄人。他们的家庭背景各不相同，但他们父母有一个共同点，即"**鼓励孩子自主成长，并对社会充满友爱**"。

写到这里，我突然想起李茵校长，她在国际化基础教育领域取得了卓越成就，并曾任两届全国人大代表。一年前，她不经意间对我说了一句话，深深地触动了我的心灵："什么是英才？那是既有资源，又愿意奉献给社会的人。"

启思 9 "好老师"遍地有，就看你是否会问问题

问题能激发我们的好奇心，驱使我们去寻找答案，从而促使我们不断学习和成长。问题强化了我们的批判性思维，帮助我们找出问题的根源。问题还能激发我们的创造性，从而解决问题。每次成功解决问题都能增强我们的自信，从而使我们敢去面对更重大、更艰难的挑战，并不断进取、快速成长。

然而，在现实中，中国的许多家长和学生过于关注争取稀缺的"好"教师资源，这也成为"内卷"的根源之一。他们往往忽视了随处可见，甚至可

以个性化拥有的"更好教师"——提出问题。之所以会出现这种情况，可能是家长和教师们不喜欢孩子和学生提问，担心他们的问题挑战了自己的权威或面子。他们没有意识到，"问题"本身往往是比传统老师更好的"导师"。

与此相对照，犹太民族——一个人才密度极高的群体——的做法截然不同。孩子放学回家时，他们的父母不会首先问成绩如何，而是问孩子向老师提了什么问题，甚至问他们是否提出了难倒老师的问题。

如果家长们能够真正理解上述两条启思所传达的道理，并勇敢地付诸实践，他们的焦虑可能会减少，对家庭财富的依赖也会减轻。这样的环境下，尤其是在有多个孩子的家庭中，孩子们的成长可能会更加健康和全面。独生子女反而没有这种优势。

如果更多的年轻人能够具备这些认知，是否能在一定程度上缓解甚至根本扭转我国新生儿数量日益下降的严峻趋势呢？

为此，在第二部分和第三部分中，我将进一步梳理出更多有说服力的案例，以及背后的逻辑与方法论，帮助人们加深对创生教育理念的理解和认同，进而更容易地将其付诸实践。

启思 10　千里马常有，伯乐难做到

韩愈的《马说》中有言："千里马常有，而伯乐不常有。"这句话意在指出，才华横溢的人并不稀缺，但识别和赏识这些人才的慧眼却非常难得。借用这句古语，我深感"千里马常有，伯乐难做到"更能贴切表达我在南昌大学的感悟。"千里马常有"指的是，出类拔萃往往很容易被发现。突出自己的方法有两种：一是做到独一无二，二是比他人表现得更加卓越。这两种方式通常都不难被识别。

然而，真正难能可贵的是"伯乐"的存在。他们不仅需要具备识才之慧眼，更需有提携、引领和赋予机会的胸怀与担当。这类伯乐极其稀有，而我非常幸运地遇到了不止一位。

在我的学生生涯中，有许多特别的老师（如徐林生、爱因斯坦、冯恕、杨德品、熊祝华、郭仲衡、戴天民、钱伟长、杨卫、黄克智、A. J. M. Spencer、J. P. Boehler 等），与他们的关系多非传统意义上的师生。我上冯恕老师的材料力学课不到一个月便通过了考试，知识的积累主要靠自学；杨德品老师从未要求我听课或参加考试，但仍给予我最高成绩。我甚至在湖南大学获得了硕士学位，却多年后才首次踏上那片校园。

尽管如此，这些老师在我成长中的作用远超知识传授者或研究指导者的范畴。他们的信任和引导对我的发展产生了深远影响，帮助我开阔视野、提升自我，成为我人生中不可替代的伯乐。

后记

本章参考了王金羽博士在《水木清华》（2023 年第 2 期）上的采访稿《郑泉水：有志者事竟成》，以及她于 2024 年 9~10 月的补充采访。金羽是我的编外学生，其博士学位论文《研究型大学拔尖创新人才培养：基于清华钱班的质性研究》（2022 年 10 月）由清华大学李曼丽教授指导，是清华第三份关于清华钱班的博士论文。为深入研究钱班，她自 2020 年起沉浸式参与我的实验室，与学生共同学习并列席钱班工作组会议，还深入参与了零一学院的教学与创新教育研究。

第二部分

"温室"里发芽

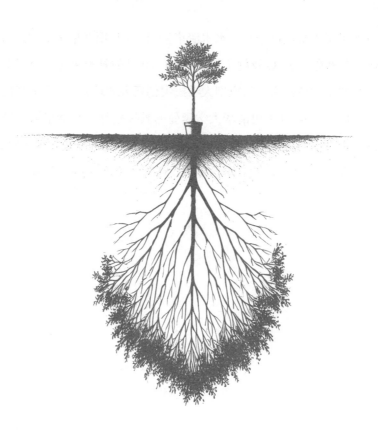

自 2009 年创办清华钱班以来，在清华大学的坚定支持和国家"基础学科拔尖学生培养计划"的持续资助下，我组建了一个集培养、研究与管理于一体的项目团队——钱班核心工作组。我将自己的大量时间和精力投入其中，以科学研究的态度、方法和思维，通过细致的观察、严谨的验证与大胆的突破，借助教育学、心理学和脑科学，深入探究破解"钱学森之问"这一极具挑战和意义重大的课题。我们的使命是**发掘和培养有志于通过科技改变世界、造福人类的创新人才，探索回答"钱学森之问"的路径。**

在第二部分中，我回顾了在清华钱班项目组与全体师生共创钱班创新生态的过程中，我的教育思维所经历的五次重大跃迁，或称"破界"，这些跃迁分别体现在理念的全新抉择（第四章）、创新思维的转变（第五章）、研学方法与体系的重塑（第六章）、师生关系的倒置（第七章），以及创新生态的逐步形成（第八章）。每一次跃迁，都伴随着清华钱班学生们成长和成长方式的一次飞跃，并带来新的发现或创造。第二部分以钱班的底层逻辑和应用推广结尾（第九章）。

第四章
清华钱班的初心、定位和理念

从本章开始至第九章，清华钱班的全貌将逐步呈现在读者面前。本章首先回顾钱班的起源与初心——这一成立于 2009 年的教育试验田，其实可以追溯到千禧年初的探索。接着，我将解读钱班的核心教育理念，以及它与钱学森先生深厚的渊源。最后，通过分享我在世界顶尖大学的探访经历与思考，阐述钱班如何借鉴并迭代这些大学的古老智慧和先进经验，形成独特的教育模式。

13 初心：源于 2002 年和 2007 年的两次震惊

1993 年的困惑和小小"教改"

1993 年刚加入清华时，我对本科生和研究生的特点知之甚少。几年后，我逐渐注意到一个显著差异：本科毕业于清华的研究生存在缺少动力的现象，甚至带有些许疲惫感，而外校生则充满干劲。作为导师，带缺乏动力的学生确实让人头疼，有时甚至觉得自己成了"学生的孙子"。

为应对这一现象，我做了一次小小"教改"，即在招生中采取了一个策略：每年在清华和外校的本科生中各招收一半研究生，以平衡智力与动力的差异。这一策略效果显著，逐渐成为常态。

然而，当时有同事对我这个做法表示不解："泉水，你的生源很好，清华的本科毕业生报名跟你读研的不少，为什么不都选他们？却去招收不如清华的高校的学生？"

我感到很难说服他们，但我知道中外顶尖大学的研究生招生政策有不小差异。例如，哈佛大学、普林斯顿大学、斯坦福大学、麻省理工学院和加州大学伯克利分校等世界顶尖大学，通常不允许或极少允许本校本科生直接留校读研。而在中国，清华大学和北京大学等顶尖高校的大部分本科生则倾向于留校继续深造。

我认为，这种差异背后主要有两个原因：

第一，学术环境的短期导向。在一些高校，教师更倾向于将学生视为科研的"劳动力"，以协助自身完成学校对他们的短期业绩考核。这种考核直接影响到教师的晋升和职业发展，甚至是生存。相比之下，学生的长期成长和未来成就可能被视为与教师的个人利益关系不大。

第二，对天赋的过度迷信。一些人认为，天赋是决定科研成功和人生成就的核心因素。这种观念可能导致对学生潜力的发掘和培养重视不足，从而削弱了激励机制。

然而，清华与外校的本科毕业生在读研时动力的明显差距究竟来自哪里？我未能从学生口中获得确切答案，只能不断猜测。我曾推测清华本科毕业生因学习环境变化小、挑战性不足，容易产生倦怠，进而导致动力不足。而外校生怀揣进入清华的梦想而来，本身就是一种激励。此外，外校生通常在本科阶段成绩相对优异，往往是班级的佼佼者，因此更具自信和动力。

随着时间推移，我逐渐意识到，清华本科毕业生的问题并非简单的学习厌倦，而是在入学不久便产生了迷茫，导致动力不足——当不知道该往哪个方向发展时，又如何努力向前奔跑？

到 2009 年创办清华钱班前，我还注意到另一明显差别：2000 年之前，我的研究领域相对传统①，这时本科毕业于清华的研究生表现更佳；而 2000 年后，我开始挑战源头创新，在创新研究中②，外校生更能取得突破。

上述差异是否具有普遍性？其深层原因是什么？又该如何在这种"客观存在"中扬长避短？这些问题的确耐人寻味。今天，我基本上可以判定，出现上述创造力差异的根本原因还是动力差异，因为决定创新的关键因素在于"基因、内因、外因"三者中的内因，其次才是外因和基因。

然而，上述观察和思考只是带来了我思维的"渐变"，真正引发我"突变"的，是随后的两次经历：2002 年和 2007 年的两次深刻震撼。

2002 年的震撼和走进教改"死胡同"

2002 年，一位即将成为我研究生的清华本科生赵治华告诉我，他们班上

---

① 2000 年前，我的研究致力于如何在前人开辟的领域（连续介质力学、张量、细观力学等）里做得"最好"，登上某个山峰的峰顶。

② 2000 年后，我放弃了传统研究，转向进入"无人区"。我从纳米尺度和原子分子间相互作用的视角，聚焦于固体与固体界面之间和固体与液体界面之间的奇妙运动现象、规律、原创技术和应用，开创了有广阔应用前景的"自超滑"技术和"极端疏水"技术（参见附件 1）。

可能只有他一人仍然对科研保持兴趣。这番话让我既感到震惊，也深感作为教师的愧疚，并激发了我立即采取行动的决心。为了推动教学改革，我毛遂自荐，担任了固体力学研究所所长。该所的教师人数约占工程力学系4个研究所教师总人数的一半，当时有四十余位老师，且素以精心培养学生而闻名。

在黄克智院士、副校长余寿文教授、系主任杨卫院士等的大力支持和参与下，我与全所同事们每周开会研讨，系统地进行了本科生和研究生的教学改革，持续了整整两年。我们重点考查和比较了杨卫院士留学过的曾是世界固体力学中心的美国布朗大学，以及哈佛大学、剑桥大学等的相关课程体系，并对毕业生做了广泛调研。杨卫的一句话"我们本科生的基础打得不错，但代价太高"，我至今记忆犹新。

经过这些努力，教改取得了初步成效。2003年4月，顾秉林院士出任清华大学校长，上任后来到固体所调研教学改革。我猜测，这次调研对顾校长在2009年大力支持我创办清华钱班也产生了积极影响。2004年我接替杨卫出任系主任，以为过去两年的努力已解决固体所的主要教学问题，便将重心回归科研。

然而，我们对教学改革的困难和长期性的认识还远远不够，当时错误地将学生动力缺乏的原因归结为课程体系过于老化，忽略了问题的本质。事实证明，这种判断只是停留在表面，未触及根本——我们的教改方向注定"失败"，最终走进了"死胡同"。

为什么是"死胡同"呢？从历史角度看，直到19世纪，人类的知识量约每50年翻一番；20世纪中叶，这一周期缩短至20年；而今天更是不到一年。以课程体系和教学方法为核心的改革，可能难以适应这样的知识更新速度，注定难有长远发展。

那么，为什么许多老师和教育管理部门今天还在坚持这些没有希望的改革呢？我认为，这或许源于思维定式导致的"成功与失败互为因果"现象。除了我们熟知的"失败是成功之母"，还需补充一句"成功是失败之因"。我和固体所同事为何会投入如此热情于本质上没有前途的教改方式呢？也许因为在我们成长的年代，大学教育和知识资源相对稀缺，许多人因此受益并取得成功。我们自己的成功经验让我们"坚信"这些方法同样适用于当代的大学生们，忽视了环境的巨大变化——1999—2003 年，大学生和研究生的总规模成十倍扩张，加之信息技术的飞速发展，曾经稀缺的资源已变得触手可及。

2007 年的震撼和形成共识的"失败"

到 2007 年，又出现了一个令我感到震惊的事件，使我的教育认知实现了第一次"破界"，即意识到我们之前的本科教改可能已经走入"死胡同"。这个事件是当年清华航天航空学院应届 90 多名本科毕业生中，有 14 人未能获得学位。究其原因，我痛苦地发现，尽管有固体所 2002—2004 年所做的艰苦教改努力，但本科生普遍的迷茫现象依然存在，甚至更为严重了。

稍感安慰的是，2002—2004 年固体所的研究生教改取得了较大成功。我们的研究生教改主要打通了过去曾经细分为 6 个相互间不太来往的教师小组间的壁垒，实现了不同研究方向的教师之间的密切交流和合作，大大加强了与外部学科，尤其是微纳米科技的学科交叉。结果是我们培养出 13 名全国优秀博士生，占据全国力学界"优博"奖项的近一半，成为一种"现象"。

上述 2007 年事件促使我开始深度思考自己曾经在种种"阴差阳错"和"例外破格"中接受的"最好"教育（见第三章），是否能解决学生的迷茫问题？是否适合大部分学生？我决心一试。

这是一个极有争议，但极富意义的大难题。但凡要解决这类大难题，不仅需要带头人的远见、勇气和坚毅，还须具备另外两大条件：志同道合的团队和"充足"的资源。

团队方面，我首先想到的是我时任系主任的工程力学系及所在的航天航空学院——当时我还兼任航院学术（和教学）委员会主任。我希望在全院骨干老师之间达成共识，形成团队。然而，虽然航院的多数同事都踊跃并持续参加了 3 个月的每周讨论，大家却始终达不成基本的一致。主要分歧点是许多老师希望增加自己专业方向的课时，但这势必大幅增加学生的总课时，偏离了我"激发学生内生动力"的教育理念。

这次挫折让我深刻体会到，成功的变革往往发生在体系外的边缘，因为在体系内，不仅需要改变大多数人的固有认知，还很可能触动他们的既有利益。意识到这一点后，我当即决定暂时放弃在航院内推动改革的尝试。

机遇、项目团队和艰难选择

几个月后，新的机会出现了。校党委书记陈希问我，能为我做些什么？我记得自己在 1993 年加入清华时，时任校党委副书记的陈希老师曾到我家，询问我是否有任何学校和他能帮助解决的问题。这种关怀与当下高校中普遍存在的"行政化"领导风格大为不同，陈希老师和其他清华校领导很好地继承了梅贻琦校长的精神——始终把服务教师，而非指挥教师，作为自己的责任。

我提出了两个建议：一是支持我牵头创办一个教育改革试点；二是建立一个多学科交叉研究试点。在陈希书记、顾秉林校长和陈吉宁常务副校长的支持下，2009 年，清华设立了钱学森力学班（TEEP），成为"清华学堂人才培养计划"①的 4 个创始班之一；2010 年，又成立了清华大学首个交叉研究试点

---

① "清华学堂人才培养计划"（简称"学堂计划"），最初由姚（计算机科学班，首席教授姚期智院士）、钱（钱学森力学班）、数（数学物理基科两个班，分别由丘成桐院士和朱邦芬院士出任首席教授）共 4 个实验班所组成，这是坊间广泛流传的笑称——清华"摇钱树"班的出处；次年，化学实验班（首席教授张希院士）和生物实验班（首席教授施一公院士）也加入进来了。不久，教育部"基础学科拔尖学生培养实验计划"（简称"拔尖计划"1.0）开始实施，钱班成为全国 66 个实验班中唯一一个不是单一学科（数学、物理、化学、生物、计算机科学），而是跨多个学科（工科基础）的实验班，是"特区"中的"特区"。

机构——微纳米力学与多学科交叉创新研究中心（CNMM）。这两个组织均突破了航院的界限，不仅吸引了力学系和航院的教师，还汇聚了材料、物理、化学、生物、微加工等领域的专家，以及北大和中科院的学者。

钱班秉持"以学习者为中心"的教育理念，注重尊重学生的兴趣和选择，同时提供跨学科的广泛学习机会。这一核心理念得到了学校众多院系负责人和老师的广泛支持。创建之初，钱班便突破了院系之间的壁垒，初创单位涵盖了航天航空学院、机械学院和土木水利学院，包括工程力学系、航空航天系、机械工程系、精密仪器系、热能工程系、汽车工程系、土木工程系及水利水电工程系等。

可能正是由于 TEEP 和 CNMM 的长期共存、跨学科性和相互作用，才逐渐形成了"清华钱班"的培养模式，并且开创了"自超滑"这一核心技术，开启了超级微发电机等多个具有无限前景的未来产品的大门，这是后话。

14　清华钱班的基本理念与冠名

初创基本理念 [①]

2010 年 10 月 11~12 日，钱班举行了首届顾问委员会会议，邀请了来自哈佛大学、麻省理工学院、加州理工学院、剑桥大学等世界顶尖学府的 7 位著名学者，以及国内近 10 位院士参加。图 5 展示了我代表钱班工作组所做的报告中的两张 PPT，反映了我们当时对中国高等教育问题的基本认识以及办好钱班的基本理念。

值得特别提醒的是，尽管从一开始，我们对标国际顶尖名校制定的钱班理念看上去既先进又周全，但这些在实践中却显得有些"纸上谈兵"。面对实

---

① 郑泉水：《简记钱学森力学班之成立》，载魏宏森主编《钱学森与清华大学之情缘》，北京：清华大学出版社，2011 年，第 209-213 页。

际问题时，我们依然不可避免地陷入了课程体系的"死胡同"。在钱班创办的头两年，我和工作组的同事将主要精力投入课程体系的设计与内容的讨论。然而，回头来看，这些努力的绩效不高。事实上，到 2015 年，我们对这一体系进行了全面改革，大幅减少了那些过于关注知识梳理与传授的内容，见第六章。

中国高等教育问题

- "第一是课程设置中，讲座式为主，而小组讨论的方式很少，这样严重影响了学生的收获。第二点，中国高校让学生选择专业的时间太早了。学生在18岁的时候，还不了解大学课程，更谈不上感兴趣，这时候就让他们选择专业，并灌输就业的观念，这限制了他们的视野。"

　　　　　　斯坦福大学校长约翰·汉尼斯

- "各国应根据国情来采取自己的教育方式，目的是一致的，就是使学生可以分析问题，有思辨的能力，而中国最缺的就是敢挑战权威的学生。"

　　　　　　牛津大学校长安德鲁·汉密尔顿

清华钱班理念

- 选材：兴趣、阳光、自信、抱负
- 先教学生"为人"，再教学生"为学"
- 授人以"渔"，而非授人以"鱼"
- 创造一种有利于创新性杰出人才脱颖而出的环境

- 致力于为钱班打造这样一个平台和氛围：
  - 引导学生深耕基础
  - 鼓励学生自主学习、个性化发展
  - 注重全面素质培养（批评精神、沟通能力）
  - 搭建更高的今后发展平台

图 5　中国高等教育问题和如何办好钱班的基本理念

钱班的老师们

相较之下，钱班初创期我们另一项主要精力的投入——寻找"好"老师，则显得格外有价值和有成效。我和钱班课程负责人陈常青教授、项目主任朱克勤老师等，在黄克智先生和曾任清华大学负责教学的副校长余寿文先生等的引荐指点下，在全校范围内物色数学、物理、化学、生物和人文社科等领域的"好"教师。通过逐一面谈，寻找教学水平高、理念一致的教师，前后花费了一年多的时间。

对"好"老师我们设立了一个"反传统"的评判标准：不看所教学生的考

试成绩，而是关注有多少学生因为这位老师而主动转到他的学科方向。这一"标准"背后的核心理念在于考查教师是否能激发学生的热情。同时，我们鼓励教师注重培养学生的创新思维。这些举措有效调动了教师的积极性，促进了教学相长，真正为钱班学生打下了扎实的知识基础。

下面是一段2023年4月12日微信记载的我与长期任教钱班化学基础课的李强教授之间的一次对话，经他允许，得以公开：

郑泉水：您认为课堂教学评价有意义吗？您更愿意给钱班还是其他班上课？为什么？

李强：课堂教学评价，是每一位清华老师难以回避的一个问题。从管理角度而言，似乎只要标准选择的面面俱到，反馈的信息就能确保不容置疑。这或许简化了管理的难度，但常常也难免会与制定制度的初衷不一致。

与钱班同学接触的这些年中，使我感受最深的是他们在课堂上爆发出的学习动力。无论这种动力起源于什么基础，他们对于课程学习的认真程度，对于学习过程的专注程度是校内其他同期学生少有的。无论是小班开课还是大班教学，在化学课上最有辨识度的，基本都是钱班同学。

和多数老师的感受相同，教学的过程不只是对学生的单向输出，学生的反馈和参与，也是增强教师自身获得感的重要源泉。在为钱班同学开课的这些年中，对于大学化学课程设计的许多理念，基本上都是通过他们的努力参与而得以实现的。很大程度上，钱班的大学化学课程教学，在帮助同学完成各自的培养计划的同时，也成就了对课程本身的教学研究和探索。

郑泉水：之所以有今天的钱班，一个重要原因是钱班的老师有一个放飞自我教学的环境和理念；渐渐形成对参与老师和学生的文化（相互信任）。

这个讨论，可以公开吗？我安排一次对你我的访谈？

李强：这可能要归功于钱班团队多年来致力于营造的一个良好的传统和氛围。如果您觉得这些内容大家可能会感兴趣，我也很愿意和大家分享自己的观点。

2024 年 9 月，清华钱班迎来了成立 15 周年的里程碑。在统计中发现，这个每年仅招生 30 人的小班，却有多达 20 位教师至少连续 10 年以上担任钱班的核心工作组成员和核心课程教师，这展现了钱班教师团队的长期投入和深厚实力。

清华大学于 2017 年设立了"新百年教学成就奖"，这是学校教学成就评选的最高荣誉，用以表彰在教学领域作出卓越贡献的教师。该奖项每两年评选一次，每次不超过 10 名获奖者。在历届获奖名单中，钱班教师表现尤为突出。例如，在 2021 年的获奖名单中，近一半的获奖者在钱班担任课程教师。这一现象不仅反映了钱班教师教学的卓越性，也体现了学校对钱班育人理念和成效的充分认可。

钱学森先生与清华钱班

2009 年 5 月 21 日，清华大学正式启动了"清华学堂人才培养计划"，并将校园中最具历史意义的建筑——清华学堂，专门划拨给该计划使用。首批实施单位共四个：数学实验班、物理实验班、钱学森力学班和计算机科学实验班。

2009 年 9 月 5 日，钱班在逸夫技术科学楼隆重举行了开班仪式。

而就在不到两个月后的 2009 年 10 月 31 日，中国"两弹一星"元勋、航天之父钱学森先生逝世。

冥冥之中似有天意，98 岁的钱老在去世前，见证了他最深的忧虑开始得到回应：长久以来，中国尚未有一所大学真正按照培养科学技术发明创造人才的模式来办学。而如今，清华大学通过"清华学堂人才培养计划"的实施，特别是以钱学森冠名的实验班的设立，正式开启了系统性探索回应"钱学森之问"。

清华大学选择以"钱学森"命名力学班，成为学校历史上首个冠名班级，这一决定背后有着深厚的缘由[①]。

1934 年钱学森毕业于上海交通大学后，考取了清华大学第二届留美公费生，在清华大学一年，直到 1935 年夏赴美国麻省理工学院就读硕士学位。清华大学为他精心安排了出国前的培训，包括为钱学森安排了四位指导老师，分别是在国内负有盛名的航空专业教授王士倬，航空委员会的钱昌祚、王守竟，以及设计并制造了中国第一代飞机的王禹朋先生。

1936 年，钱学森转入加州理工学院继续学习，师从著名的航空科学家冯·卡门（Theodore von Kármán）教授，3 年后获得了博士学位并留校任教。不久，钱学森成为加州理工学院最年轻的终身教授。钱学森在加州理工学院任教期间，清华大学多次拟聘他回校任教，至今，清华大学档案馆仍保存着梅贻琦校长发给钱学森的聘书。钱学森本人也很想早日回国报效祖国，但由于时代环境的特殊性和种种迫不得已的原因，一直未能成行。直到 1955 年，钱学森才得以冲破重重阻力返回祖国。

1954 年，我国制定了《1956—1967 年科学技术发展远景规划纲要》，增添了数学、物理、化学、生物、力学学科等基础研究方面的内容。为推动力学学科发展规划的实施，以钱学森为组长的力学学科领导小组建议从重点工科院校毕业生、青年力学教师及部分相关科研院所的青年科技人员中挑选优

---

① 魏宏森：钱学森与清华大学之情缘，《清华大学学报》（自然科学版）2008 年第 48 卷第 11 期。

秀人才培训。经国务院批准，高教部和中国科学院联合于 1957 年在清华大学创建了工程力学研究班和自动化进修班，编制隶属清华大学，共招收了三届学生。钱学森引领着进修班的建设，亲自讲授"水动力学"和"宇航工程讲座"。他的治学风格和渊博的专业技术知识对学员产生了不可估量的深远影响。这项工作为我国工程力学事业的发展奠定了坚实的基础，同时也直接推动了清华大学工程力学系于 1958 年的创立。

除了历史缘由，更关键的是，我深感认同并由衷敬佩钱学森先生关于工程科学或技术科学的思想、他非凡的实践成就，以及他对中国创新人才培养的深刻思考与真切关怀。2008 年，学校决定创建力学实验班后，我专程拜访了钱学森在加州理工学院任教期间的博士生，同时也是其回国后长期合作伙伴的郑哲敏院士。郑先生于 2013 年荣获国家最高科学技术奖。我向郑先生汇报了以钱学森的技术科学思想办一个教学特区的设想，并希望能够以钱学森命名力学班。郑先生高度肯定了这一构想并给予支持。随后，受学校委托，通过郑哲敏院士的引荐，我与钱学森的儿子钱永刚老师进行了两次深入的面对面沟通，详细阐述了这一计划和办学理念。钱永刚老师充分理解并赞成了这一命名方案，并将设想告知了钱学森本人，最终得到了钱老的首肯。

下面是作为清华钱班首届顾问的钱永刚老师应邀专为清华钱班师生所撰写的珍贵材料：

钱学森的主要贡献及教育思想

作为享誉海内外的杰出科学家，钱学森在应用力学、航天工程、系统工程等领域作出了开拓性的巨大贡献。他提出的开放复杂巨系统概念和"从定性到定量综合集成方法"的理论及其实现形式，是他晚年最具亮点的学术创新。

他的教育思想由两个部分组成，前者是技术科学教育的思想；后者是大成智慧教育的思想，即广义的通识教育思想。他认为，21 世纪的中国公民应该受到全方位的教育。大成智慧教育的核心就是通过对整个现代科学技术体系结构的学习和理解，打破各学科的界限，集理、工、文、艺于一身，贯通古今，培养出能掌握马克思主义哲学，一方面有文化艺术修养，另一方面有科学技术知识，既有"性智"又有"量智"的新型人才。

（2017 年 7 月 24 日钱永刚致清华钱班首席教授郑泉水）

钱班的工科基础定位

清华钱班的理念和过去 15 年的做法，与钱老的教育思想在大方向上高度一致，但出发点和节奏上则显著不同。我是带着开放性思维去不断学习和领会钱老教育思想的精髓，同时根据自己的观察和实践，不断进行批评性思考，并付诸行动的。下面简要解释一下钱班教育理念与钱老教育思想的同与不同。

在技术科学教育思想方面，二者是高度一致的。尽管钱学森力学班的名称含有"力学"，但从开班伊始，钱班对外宣传的定位就是"工科基础"，而不是当下多数人理解的单独学科概念下的力学。"工科基础"的含义是：将技术科学理解为理科与工科之间的桥梁（见图 6）——理科为工科的底层基础，而技术科学为工科更直接的基础，或应用基础[①]。中国科学院院士群体划分为六大学部，分别为数学物理学部、化学部、生命科学和医学学部、地学部、信息技术科学部和技术科学部。后两个学部对应的都是技术科学。

因此，钱班从创立伊始，就为创生教育的实施留有了充分的想象和发展空间，即不限制学生的选择。同时，又有了一个坚实的出发点，即清华大学工程力学系，以及全校深感力学重要的一批其他院系的优秀老师。

---

① 清华钱班的名（力学班）与定位的实（工程基础）出现差异的起源，在于"工科基础"作为一个宽泛的概念，包括了相当跨学科的内容，而非传统意义上的单一学科，因此与当时要求明确学科定位的办班规定有所冲突。有趣的是，对这种特例，大家都采取了默许的态度。

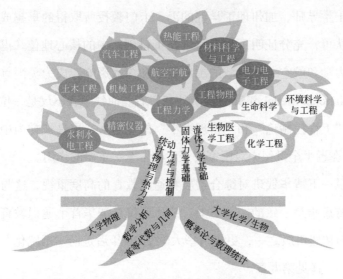

图 6　工科基础或技术科学，连接基础学科与工程技术学科的桥梁

　　2018 年，我发表了《论创新型工科的力学课程体系》一文，较系统地论述了为什么创新型工科需要构筑在技术科学或工程科学的基础上。文中提到，当时清华大学共有 9 个工科学院，其中 8 个将力学列为工程基础课，且有 8 个院系领导自愿参与了钱班的初创。到钱班 15 周年庆时，钱班毕业生研究生深造的方向，覆盖了清华几乎全部的工科，以及数学、物理、生物等多数基础学科，乃至管理、经济、金融、心理等，尤其在各工科表现出突出的创新思维和创新能力。这些事实在一定程度上说明，2009 年按照钱老的技术科学思想，将钱班定位于工科基础的远见和正确。

　　另一个支持清华钱班定位于工科基础的关键因素是人才的培养和成就。力学作为一门"本源性"学科的特点，使得它成为孕育工科卓越学者和领袖的重要沃土，无论是在中国还是全球范围内均如此。在加州理工学院、麻省理工学院、清华大学等顶尖学府，机械工程、航空航天、汽车工程、土木工程、材料科学和能源等多个领域的系主任中，力学教授的身影尤为常见。这一现象进一步彰显了力学学科在工科教育和学术领导力培养中的独特价值。钱学森及其博士生导师、加州理工学院的冯·卡门教授所取得的卓越成就以及受到的高度认可，充分证明了技术科学在工科创新中的核心地位。冯·卡门因其在应用力学和航空工程领域的杰出贡献和深远影响，成为美国首位国家科学奖章（National Medal of Science）的获得者。而钱学森不仅是一位杰出的力学家，是"工程控制论"和"物理力学"的奠基人，更是被誉为中国的"航天之父"，在近半个世纪中对国家安全发挥了至关重要的作用。

最后说一下清华钱班对综合素质和通识教育的高度重视，这与钱老的大成智慧教育思想是一致的。事实上，钱班不仅是清华首个通识教育书院——新雅书院的初建班级之一，更是清华大学 2020 年后走向"书院化"的重要推动力量之一，详见第九章。

15　钱班初创："他山之石"

钱班虽然于 2009 年成立了，但我感到我对全球顶尖大学的人才培养体系的认知还急需补课。遂于 2010—2012 年，密集出访了欧美各具特色且享誉世界的 20 余所著名大学，并向长期在法国求学和任教的何其昌教授和曾在剑桥大学三一学院（Trinity College）担任过住宿辅导教师的同事陈常青教授等反复求教。有 5 所大学的教育体系给我留下的印象最深刻，也深深地影响了我在钱班的人才培养理念和教育实践，分别是：加州理工学院的培养体系、麻省理工学院的多学科交叉、巴黎综合理工学院（巴黎高工）的实习制度和剑桥大学与哈佛大学的"书院制"。

加州理工学院的培养体系

美国加州理工学院的培养体系是钱班早期构建课程体系的主要参考。钱学森先生曾在加州理工攻读博士并长期任教，对该校的人才培养和创新氛围给予了极高评价，因此，我对该校的访问特别留心。Kaushik Bhattacharya、

Ares Josakis、G. Ravichandran、叶乃裳（Nai-changYeh）等加州理工的著名教授也在我访问期间和往来书信中分别向我做了详细解说，后来，Bhattacharya教授和乃裳受邀成为钱班首届和第二、第三届顾问会成员，对钱班的发展给予了长期的宝贵指导；黄克智、余寿文和叶乃裳三位教授，荣获钱班老师最高荣誉——钱班十周年杰出贡献奖。

英才化的选拔模式：加州理工每年仅招收 200 余名本科生，通过小规模办学和高师生比，实现"英才教育"，确保学生享有顶尖资源和个性化关注。钱班也采用类似理念，优中选优，为学生提供高水平的教育支持。

贯通性的课程体系：加州理工课程兼具深度与广度，其独特的课程编码，为本科生冒尖成长和研究生跨学科深造提供了便利。即第 1~100 号为本科课程，第 201~300 号为研究生课程，第 101~200 号则供本科和研究生共同选择。每学期学生最多允许修 4 门课程，且课程难度高、投入大。此外，其通识教育要求理工科与人文学科学生互修课程，拓宽知识面。我在钱班中借鉴了这种高强度与跨学科融合的课程设计理念。

研究导向的学习环境：加州理工的本科生广泛参与校园及顶尖实验室的项目，尤其是其"暑期本科生研究员"（Summer Undergraduate Research Fellowship）计划给我留下深刻印象。我将这一模式与巴黎综合理工的实习经验结合，在钱班设立"高年级本科研究员计划"（Senior Undergraduate Research Fellowship），对钱班学生的发展以及在全球顶尖高校和企业形成卓越口碑帮助极大。

麻省理工学院的多学科交叉

麻省理工学院（MIT）机械工程系（MechE）的多学科交叉特色为钱班"工科基础"理念提供了宝贵经验。2010 年 5 月，钱班成立不到一年，我前往波士顿访问 MIT 和哈佛大学，并与 MechE 的十余位教授深入交流，包括系主任 Mary Boyce、前任系主任 Rohan Abeyaratne 和继任主任陈刚（Gang Chen）。Abeyaratne 和陈刚教授还分别成为钱班顾问会的首届和第二届成员。我的这次访问为钱班毕业生前往 MIT 深造提供了指导，并拓展了钱班毕业生的深造方向，使其覆盖 30 多个领域。

MechE 涵盖了广泛的充满活力的学科领域，包括机械学、设计与制造、控制、仪表与机器人、能源科学与工程、海洋科学与工程、生物工程、微纳工程等，几乎覆盖清华大学的半数工科学院，这使得 MechE 成为 MIT 最吸引学生、招生人数最多、毕业后发展最好的院系之一。

访问期间，我不仅关注课程体系，更思考如何预计到未来的发展主流去培养创新人才。这促使我颠覆传统知识中心模式，转而聚焦未来导向的培养：

第一，MechE 的成功让我认识到多学科交叉、社会需求驱动的重要性，并在课程中加强数理基础，鼓励学生以研究为牵引探索交叉学科。

第二，我预判科技创新将从第三次工业革命的主流——信息（INFO）与通信技术，加速向纳米（NANO）材料与制造、生命（BIO）医学与健康等进军，形成"3O"融合的未来技术主流。这一思路贯穿了钱班课程体系的设置及 10 年后创办的深圳零一学院。

我们还在导师邀请中重点聚焦于上述领域，持续引领科技前沿探索。

巴黎综合理工学院的实习制度和生态型教师

法国拿破仑时代在政治、军事、法律、制度以及教育领域的变革，都深刻影响了人类历史的进程。最具特色的是在高等教育领域建立的精英化、国家导向为特点的"大学校"（Grandes Écoles）体系，其中巴黎综合理工学院（École Polytechnique，简称"巴黎高工"）和巴黎高等师范学院（巴黎高师）这两所由拿破仑于 1794 年推动创建的最早的"大学校"，对 19 世纪法国在科学研究、工业革命和技术创新方面成为全球中心起到了关键作用。

1991—2007 年，我先后 4 次赴法国学术访问，累计逗留约一年。2010—2012 年，我顺道考察了"大学校"体系的 4 所学校，除巴黎高工和巴黎高师外，还有我大女儿就读过的法国南锡国立高等矿业学校，以及以极高的师生比给我留下深刻印象的国立巴黎高等矿业学院——每年仅招 100 名学生，而教师人数竟高达千人。我在法国的 3 位密切合作者——Jean-Paul Boehler 教授、何其昌（Qichang He）教授和 David Quéré 教授，为我深入了解"大学校"精英教育体系和法国国家科学研究中心（CNRS）提供了重要支持。

巴黎高工的学生需完成 3 类实习：第一学年为期两个月的研究机构和企业体验；第二学年结束后的 3~12 个月技术实习；以及毕业前的 6 个月实习。这一制度保障了学生实践机会的质量，也吸引企业精英授课并资助科研项目。

受此和加州理工"暑期本科生研究员"计划启发，我在钱班设立了 6~9 个月的"高年级本科生研究员"（SURF）计划，帮助学生在全球范围探索深造方向和资源，显著提升了钱班的国际声誉。自 2019 年起，SURF 计划还与华为合作，将实习机会扩展至顶尖企业，短短 5 年已有逾 20 位钱班毕业生加入华为工作，包括本科直接入职的毕恺峰（见第一章）和完成博士学位后的张泽（见附件 4）。

"大学校"的高师生比和开放性的师资——如法国国家科学研究中心、全球高校教授以及企业专家，启发了钱班和零一学院的全球化师资建设，进一步建立起立足本土并吸引全球顶尖师资的创新人才培养体系。

剑桥大学和哈佛大学的"书院制"

剑桥大学的"书院"（College）制和哈佛大学的"书院"（House）制，对钱班最终发展成一种全新的"书院"模式——"X-书院"（详见第九章）及其创新生态产生了深远的影响。

2010 年 5 月访美时，我拜访哈佛大学的 John Hutchinson 教授和锁志刚

（Zhigang Suo）教授。这两位都是美国科学院和工程院两院院士、清华钱班的首届顾问会成员。志刚和我还在 2011—2015 年共同担任中国力学旗舰英文期刊 *Acta Mechanica Sinica* 的主编。这次访问让我近距离感受到哈佛学生的自信与活力，他们的特质与加州理工和麻省理工的学生不同，更具领袖气质。钱班致力于培养兼具创新精神与领导力的学生，我希望他们能展现同样的热情与自信。

哈佛大学的学院制体现了多样性和选择的丰富性，使得学生在同一个书院内能够跨学科接触来自不同背景、志趣的同学。这种氛围对于培养学生的包容开放、交流能力和宽广视野至关重要。

与剑桥大学的联系则主要通过三位学者：自 2009 年起与我共同创建钱班并长期担任课题体系负责人的陈常青教授（现任钱班执行首席教授），钱班顾问委员会首届成员 John Willis 教授和第三届成员 Norman Fleck 教授。常青曾在剑桥大学最负盛名的三一学院担任过住宿辅导教师，John 曾长期担任全球固体力学最具影响力的学术期刊 *Journal of the Mechanics and Physics of Solids* 的主编，而 Norman 是全球力学界最高学术组织 IUTAM（国际理论与应用力学联合会）的现任主席。2012 年，我还专程访问了剑桥大学，重点考察卡文迪什实验室和三一学院，其间住在 John 教授家中。

我在剑桥大学的访问中感受到"书院制"的优势，尤其是导师制度对学生成长的重要性。剑桥的"书院制"核心在于师生互动和多元社群，通过书院组织不同专业的学生共享生活、住宿，建立深厚的友谊和支持网络。基于这些经验，钱班设立了新生导师和班主任等岗位，加强师生联系，同时通过活动设计强化学生的归属感和社群意识。如今，钱班学生已展现出强烈的归属感和互助精神，表明这种模式卓有成效。

16 启示和思考（11~13）

启思 11 初心与使命的力量是无穷的

2002年，我决定投身教学改革，未曾料想这条如此复杂之路，却最终促成了清华钱班和深圳零一学院的创办，以及长达20年的教育、科技、人才"三位一体"探索。这一年也成为我科研生涯的转折点。回顾这些挑战和应对方式，希望能帮助更多年轻人少走弯路。

1993年回国任教清华大学后，我的研究从应用数学与力学基础扩展到材料本构关系研究。凭借1989—1998年的成果，我和黄克智完成的"张量函数表示理论与材料本构方程不变性研究"项目获2004年国家自然科学奖二等奖。然而，临近40岁时，我开始反思：若沿当时的研究方向，未来的"天花板"已显而易见（详见附件1）。尽管研究的是非均匀介质理论，我逐渐意识到，材料的强韧性与功能性创新才是关键。获得美国国家科学奖章、被誉为"现代航空航天之父"的冯·卡门和被誉为"生物力学之父"的冯元桢（Yuan-Cheng Fung）等的成就也启示我，力学研究的真正价值在于推动世界改变。

因此，我决定探索纳米力学这一全新领域，迈向无"天花板"的研究。当时纳米力学尚未真正出现，我算是先驱者之一。自2002年起，我逐渐发展出自超滑和极端疏水两大技术。自超滑指两个体表面无润滑剂接触滑移时磨损为零、摩擦系数为零的奇妙状态，而极端疏水将这一现象延伸到固–液界面。尽管这些源头技术的诞生经历了漫长的"死亡谷"，但今天可能正处于一系列颠覆性产品爆发，甚至催生全新行业的前夜。

与此同时，我将大量精力投入人才培养模式改革，坚守20年如一日。许多同事对此难以理解，但初心和使命的力量让我坚持。初心是信念，使命是责任。当坚守初心并明确使命，这种力量能带来巨大潜力和韧性，助我们克服困难，达成目标。

钱班的创办背后，是我在两次中科院院士评选失利后的"非理性"选择。2005年和2007年，我均在中科院院士评选中失利。2009年，尽管再次被推荐，我却已将心力完全投入钱班和自超滑技术的探索，不再关注院士评选。这一选择得益于妻子骆淑萍和恩师黄克智的坚定支持。

2007年的经历让我更加坚信：突破体系边界、激发学生内生动力是教育改革的核心。这种信念，让我在理想主义与坚毅中坚持至今。

启思 12　颠覆性创新要从志同道合者"小众"开始，不要期盼大家都支持

在2024年9月的钱班15周年庆活动上，我们表彰了20位至少连续10年担任项目组核心成员或核心课程讲师的教师。他们的长期坚持和共同理念，是钱班模式成功的关键所在。再回顾钱班初创前后的经历，一条重要启示是：在推动涉及众人的创新时，开始时就试图说服多数人改变固有观念大概率是枉然的，而应致力于汇聚一小批志同道合的伙伴。事实是，钱班秉持的"以学生为中心"、激发学生内生动力来引导成长的教育理念，与高校中普遍存在的"以教师为中心"、以知识传授为核心的传统教育方式，两者的理念差别太大了。

党的二十大精神，尤其在2024年9月全国教育大会后，激发了全国各地大学、中学乃至一些社会教育机构对创新人才培养模式的探索热情。然而，值得特别关注的是，外部热烈的氛围无法代替内部驱动的力量。要实现真正的颠覆性创新，必须建立一支志同道合的团队，以共识将团队凝聚在一起，坚定不移地推动发展。

任何一种颠覆性创新在起点上都难以赢得所有人的赞誉或认可，但只要方向正确，小范围的试点最终可以带来大的突破。这一过程需要耐心和坚持，专注于小规模、深层次的实验，逐步积累成果，以此撬动更广泛的变革。

启思 13 几乎所有取得杰出成果的人都具备三要素：非常聪明，非常努力工作，非常幸运

这条启思源于查理·芒格（1924—2023）在他 99 年人生历程中的最后一次访谈。芒格不仅是一位成功的投资家，更是一位智者。他的话让我深有共鸣。结合前几章中提到的亲身经历，我想进一步分享一些思考。

的确，在关键时刻得到"贵人"相助是一种幸运。但我们也可以深入思考：为什么"贵人"会选择帮助你，而不是别人？你是否主动寻求过"贵人"的帮助？

在清华的经历中，我看到许多本科生每天忙于刷题和提升平均学分绩点，却忽视了许多对成长至关重要的机会——例如，那些"听君一席话，胜读十年书"的顶尖讲座和交流活动。他们也很少主动接触校内的大教授和专家，错失了可能改变人生轨迹的宝贵机遇。

第五章

"化蛹成蝶"：向创新思维转变

本章将分享我第二次教育思维"破界"的经历。当时，我提出要解决的主要问题是：每一位进入清华本科的学生都非常聪明，而每年新进入钱班的 30 名天之骄子，未来在学习成绩上必然会被排成从第 1 名到第 30 名。从钱班第一届学生开始，我就极力想要避免这种潜在的"内卷"甚至恶性竞争的风险。那么，是否有一种根本性的办法，可以让每位同学都成为"真第一"呢？

17 "永久"不破的泡泡和创新思维的"化蛹成蝶"

首届钱班的招生就非常成功, 不仅钱班本身的招生成绩进入了全校的三甲, 也带动久居下游的航院招生进入了前10%。但这带来一个"幸福的烦恼"——我不能容忍如此优秀的钱班30名学生, 出现第1名到第30名的排序。我首先采用了一个"鸵鸟"规定, 即对学生每门课的考试成绩, 都要求任课老师不得告知。

但有没有根本性的办法, 让每位同学都成为"真"的第一呢?

大道至简, 理论上存在一个(我不知道是否还有其他)根本性且普适性的办法, 那就是从事人类未知的研究, 而非重复已知的问题。在别人从未探索过的领域, 你是第一个到达或取得成果的人, 你自然就会成为真正的第一。

"永久"不破的泡泡

2001年获得诺贝尔物理学奖后, 卡尔·威曼(Carl E. Wieman)转而专注于教育领域, 提出了"用科学的方法去学习"等理念[1], 并成为美国总统的教育顾问。他观察到, 学生在课堂上学到的知识与他们成为卓越物理学家的能力几乎没有直接关系。他认为, 在研究型实验室中工作两三年的效果远胜于在教室里待上十六七年, 学生们更容易成为技术娴熟的物理学工作者。

钱班首届顾问、美国麻省理工学院的 Rohan Abeyaratne 教授将威曼教授的教育研究成果介绍给了我。在给2009级和2010级钱班学生讲授材料力学课程时, 我用威曼教授的结论、爱因斯坦以及我自己本科时发表论文的案例, 鼓励学生们主动到教授的实验室中进行实践, 尽管我对这些举措并不抱太大希望——本科生的研究似乎很难推进。我至今还清晰地记得我看到的钱班第一个学生的自主实验, 是2009级的一位同学的简支梁应变片测变形, 他在王

---

[1] Carl Wieman, "Why not try a scientific approach to science education," *Change: The Magazine of Higher Education*, Volume 39 (2010), Issue 5, 9-15.

习术副教授办公室浇注了简支梁，搞得办公室里一股刺鼻的塑料气味久久不能散去。这种研究究竟有什么意义呢？我反问自己。

出乎意料的是，2009级中有近10位学生先后来到我的实验室。我让他们选择自己感兴趣的研究课题，但绝大多数学生在做了2~3周后就离开了。其中，一位叫杨锦的学生引起了我的特别关注。他选择了一个实验问题：观察混在管道水流中的微纳米颗粒是否会聚集到管壁处。这是一个与高效开采石油相关的固–液界面技术问题，最初是我的一个异想天开的构想。

杨锦坚持每周参加我的组会，与研究生们一起，报告他的研究进展。几个月后，他报告说在实验中注意到了一个奇怪的现象：水流中添加了微纳米颗粒的表面出现了一些持续了2~3个月的气泡，而水泡通常会很快破裂。经过近半年的努力，我们发现并验证了一个使水泡"永久"不破的机理。

我将这个故事汇报给了校长陈吉宁，他听后非常感兴趣，建议将这个"永久不破的泡泡"展览到校史馆。不久，在2012年8月16日举行的2012级本科新生的开学典礼上，陈校长分享了这个案例。他说道①：

> 青年时代是最具创新活力的阶段。大学的重要任务就是激发学生的好奇心、想象力，培养学生的批判性思维。这些都是事业成功不可或缺的素质。在这里，我想给大家讲一个故事。小时候，大家都会对五颜六色的肥皂泡充满好奇，你们也会遗憾地发现这些泡泡只能维持几秒钟。但你们的师兄、航天航空学院的杨锦同学，上学期参加本科生研究训练计划时，用微纳米颗粒做了一种"永久的泡泡"，到现在这个泡泡已经维持了几个月，它很可能成为世界上存在时间最长的"泡泡"。

① 引自陈吉宁校长在清华2012级本科新生开学典礼上的讲话，清华新闻头条（2012-08-16）。

陈校长用这个故事鼓励学生积极参与"本科生研究训练（SRT）计划"。

从学习到创新的思维转变，是一个"化蛹成蝶"的过程

尽管杨锦的最大泡泡仅有拇指大小，但根据我们发现的机理，理论上泡泡可以达到脸盆般的大小。于是，我们决定首先制造一个大泡泡，然后再将其展览到校史馆。受到校长讲话和报道的激励，许多学生参与其中，但绝大多数学生在两三周后就退出了。半年后，随着杨锦去加州理工学院开展本科生研究实习并留在那里攻读博士学位，这项工作看似陷入停滞。

就在这时，钱班一名叫薛楠的 2011 级学生带来了突破。薛楠和杨锦一样，课余时间基本上就泡在我的实验室。他最初尝试从理论上研究杨锦的泡泡问题，但其研究方法和结论一度只是个大练习，常常是一堆推导和计算，对背后的力学或物理却知之甚少。尽管受到我多次"冷嘲热讽"，他依然坚持不懈。大约半年后，他突然有所突破，揭示了一个普遍性的机理，完美解释了水面漂浮颗粒不能自动组装的原因。这项成果发表后，被美国化学学会 40 多种期刊的 400 多位编辑选为当天唯一的研究亮点，是清华大学首次被选为该亮点的论文，并登上了清华新闻头条（2015 年 1 月 6 日）。

通过这两个钱班早期学生的案例，我突然意识到，从对"已知"（课本）知识的学习状态，到针对"未知"的研究，需要思维的转变，就像化蛹为蝶，这一过程需要时间，急也没有用。这个结论也印证了之前我指导过 10 多位本科生毕业论文经历所留下的印象。

影响深远的国际顾问委员会评估

尽管清华大学早在 1996 年设立了 SRT 计划，但 10 多年过去，这一计划在学生中依然未得到足够重视。一些学生将其视为一项可有可无的课外活动，甚至认为其中存在"水分"。即使在钱班，这一状况也未见显著改善。2013 年 9 月 2 日，钱班国际顾问委员会在其评估建议报告中特别指出了这一问题。鉴

于该评估报告对钱班的后续发展产生了深远影响，并从国际顾问的视角呈现了钱班在经历第一个完整 4 年周期后的基本情况，现将报告中文译文呈现如下，英文原文附后：

2013 年清华大学"钱学森力学班"（TEEP）
顾问委员会报告

撰稿人：叶乃裳，美国加州理工学院物理学教授

● 背景

清华钱班（TEEP）创建于 2009 年。该计划每年从约 3330 名清华新生中选拔最多 30 名"最优中选优的学生"，为他们提供跨学科教育环境中的独特学习机会。TEEP 的"核心理念"包括以学生为中心设计课程，促成对学生和教师均有益的活动，以及提供一个开放的教育网络，使学生能获得丰富的思想资源和挑战，并接受来自具有多学科专业知识且热爱高等教育的国际导师的指导。TEEP 还强调学生的"国际化"，并支持积极的国际交流项目，包括海外访问教授在清华大学开设的课程以及 TEEP 学生的短期海外研究机会。TEEP 的最终目标是培养具备创新技术和工程领域领导潜力的天才学生，尤其强调将力学作为一门"工程科学"，以连接基础科学与工程。

● TEEP 的现状

自 2009 年成立以来，TEEP 已在清华大学内 8 个系（工程力学、航天航空、机械工程、热能工程、精密仪器、汽车工程、土木工程、水利水电工程）开展校内研究和教育活动，并在国际交流项目中与来自 16 所著名大学 / 机构的 35 名海外教授合作。TEEP 的两个重点领域为课程设置和国际交流。此外，一个名为"开放智慧实验室"（OWL）的新项目于 2012 年 8 月启动，旨在通过提供 TEEP 学生全时的暑期研究体验来支持其学习。

为 TEEP 学生设计的现行课程体系包括 6 个"模块"：①人文与社会科学，

②数学，③自然科学，④力学，⑤实践与实验，⑥8个合作院系各提供一个专业模块。该课程体系的目标是为学生提供均衡的知识和创新能力，提供优质的教学和研究体验，并通过国际合作提供海外研究机会。

在清华钱班（TEEP）负责人郑泉水教授及多位参与该计划的清华教员的努力下，今年 TEEP 培养出首批天才毕业生，取得了多项显著成就，主要包括：

（1）TEEP 的首轮国际交流项目获得了多位海外导师（包括加州理工和哈佛的教授）对部分 TEEP 学生出色的研究表现和敬业精神的高度评价。

（2）由史静寰教授和陆一博士对 TEEP 学生进行的深入研究显示，与其他清华大学工程类学生相比，TEEP 学生具有显著优势，包括：

○学习兴趣和抱负；

○受到教师的关注及与教师的互动；

○积极和合作的学习态度，如课堂提问、参与讨论以及与其他学生合作完成课程及研究项目；

○自主学习能力、深度思考能力、判断及分析问题的能力；

○发现问题并探索解决问题途径的能力。

（3）2010—2012 年，多达 13 名 TEEP 学生在国际、地区和校级科学竞赛中获得主要奖项。

● **未来改进建议**

虽然 TEEP 无疑丰富了部分优秀学生的研究和教育体验，但作为一个实验性项目，仍有进一步改进的空间。根据我们的观察、史静寰教授和陆一博士的研究报告，以及顾问委员会成员与 TEEP 学生在工作坊中的面对面交流，我们提出以下建议供未来改进参考。

首先，虽然课程重点在于硬核技术课程，但现有课程体系似乎不足以培养学生的"软技能"和自信心，以至于学生似乎不够重视领导力发展、沟通能力、外语水平、对社会和全球问题的关注、与 TEEP 以外学生的互动以及通过通识教育与人文知识丰富人生。可能需要重新审视课程体系的设计以解决此问题。

其次，大部分 TEEP 学生仍然将重心放在课程学习上，进行研究的努力有限。此外，学生对学习各种必修课程的目的往往不清楚。可能的改进措施包括创建适当计学分的研究课程（如毕业论文课程）并改进教学方式，通过解释课程内容在知识和技术中的应用来激发学生的兴趣。此外，可以开设由国际专家讲授的前沿研究和技术的暑期课程，以拓宽学生视野，激发学习兴趣。

最后，学生需要更好的职业发展指导，特别是那些不打算从事纯研究或进入学术界的学生。除了教师的进一步指导外，如果 TEEP 能够与工业公司建立学生实习项目，并邀请那些通过了科学家或工程师训练，但在学术界和研究以外的领域取得成功的社会人士进行讲座，将对学生有益。

2013 Advisory Board Report on Tsien Excellence in Education Program (TEEP)

By Nai-Chang Yeh, Professor of Physics,

California Institute of Technology, USA

● Background

The Tsien Excellence in Education Program (TEEP) in Tsinghua University was established in 2009. The program selected up to 30 "best of the best students" for 3330 freshman entering Tsinghua each year, and provided them with unique opportunities to be educated in an interdisciplinary environment. The "core ideas" for the TEEP include to design programs centered on students, to enable activities mutually beneficial to the students and teachers, and to provide an open education network that offers students pools of ideas, challenges and international supervisors with multidisciplinary expertise and great enthusiasm for higher education. The

TEEP also emphasizes "internationalization" of students and sponsors active international exchange programs that include courses offered at Tsinghua University by overseas visiting professors and short-term overseas research opportunities for TEEP students. The ultimate objective of the TEEP is to nurture talented students into future leaders in areas of innovative technology and engineering, with particular emphasis on the field of mechanics as an "engineering science" that bridges between basic science and engineering.

- **Current Status of TEEP**

Since its establishment in 2009, the TEEP has engaged 8 departments (Engineering Mechanics, Aerospace, Mechanical Engineering, Thermal Engineering, Precision Instrument, Automotive Engineering, Civil Engineering, Hydraulic and Hydropower Engineering) within Tsinghua University for on campus research and educational activities, and has also involved 35 overseas professors from 16 reputable universities/institutions for the international exchange program. There are two areas of emphasis under the TEEP: curriculum and international exchange. Additionally, a new program OWL (Open Wisdom Lab) inaugurated in August 2012 has aimed at supporting students' learning through research by offering full-time summer research experiences for TEEP students.

The current curriculum designed for TEEP students consists of 6 "modules": 1) humanities and social sciences, 2) mathematics, 3) natural sciences, 4) mechanics, 5) practice and experiments, and 6) special module from one of the 8 collaborative departments. The objectives for the curriculum are to impart balanced knowledge and innovation capacity to students; to offer excellent teaching and research experiences for students; and to provide overseas research opportunities for students through international collaboration.

This year the TEEP has graduated its first group of talented students and has had a number of noticeable achievements under the leadership of Professor Quanshui Zheng and the hard work of a number of Tsinghua faculty members involved in the program. These achievements are summarized below:

[1] The first round of TEEP international exchange program has drawn high compliments from a number of overseas mentors (including Caltech and Harvard) for the excellent research performance and dedications of some of the TEEP students.

[2] An in-depth research report on the TEEP students by Professor Jinghuan Shi and Dr. Yi Lu has found the following significant strengths of the TEEP students relative to other engineering students at Tsinghua University:

○ Learning interest and aspiration;

○ Attention from and interactions with teachers;

○ Active and collaborative learning attitudes, including asking questions and contributing to discussions in class, working with other students on course and research projects;

○ Self-learning ability, ability to deep thinking, judgment and analysis of problems;

○ Ability to find problems and to explore means of solving the problems.

[3] From 2010 to 2012, as many as 13 TEEP students have won major awards in international, regional and institutional scientific competitions.

● **Recommendations for future consideration**

While TEEP has undoubtedly enriched the research and educational experiences of a crop of talented students, being an experimental program itself, there is certainly room for further improvements. Based on our own observation, the research report by Professor Jinghuan Shi and Dr. Yi Lu, and the face-to-face interactions between the advisory board members and the TEEP students during the workshop, we would like to provide the following recommendations for consideration of future improvements.

First, while there is strong emphasis on the hard-core technical courses, the current curriculum does not seem sufficient in cultivating the "soft skills" and self-confidence of students, so that students appear not to pay enough attention to their leadership development, communication skills, foreign language proficiency, awareness of social and global issues, interactions with students outside the TEEP, and life enrichment through liberal arts and knowledge in humanities. A revisit to the curriculum design may be necessary to address this issue.

Second, most TEEP students still place overwhelming emphasis on studies of the course work and only make limited efforts in conducting research. Additionally, students are often unsure about the purpose of learning various mandatory courses. Possible means to mitigate these problems may include creating research courses that are properly credited (such as a senior thesis course), and better lecturing that motivates students through explaining the applications of the course material to various topics of knowledge and technology. Also, possible summer courses that feature frontier research and technology by international experts may be useful to broadening the horizon of students and stimulating their interest in learning.

Third, students need better guidance for different career passages, particularly if they do not want to do pure research and/or get into academia. In addition to better mentoring by teachers, it would be helpful if TEEP could establish student internship programs with industrial companies and also feature invited speakers who are scientists or engineers by training but become successful in other sectors of society than academia and research.

18　破局：进阶研究体系的"闭环"

"客户"意识和"闭环"的缺口

从钱班创办伊始，我便抱有一种"客户"意识，使得钱班在初创期的前4年内成功完成了一个成效可检验的"闭环"，并初步树立了良好的口碑。当我访问哈佛大学、MIT等世界顶尖大学时，我向那里的教授们请教："您愿意给什么样的学生全额奖学金？"我认为，短期内检验钱班初心目标（每个人都是"第一"）是否实现的一个有效"硬"指标，就是钱班的大部分学生能否获得世界顶尖名校和顶尖导师的全额奖学金。因为对大多数国外大学的教授而言，其研究经费通常只够资助1~2名博士生或博士后，因此他们对学生的选择十分谨慎。

为了实现这一目标，我们借鉴了加州理工、巴黎高工、巴黎高师等精英学校的成功经验，从首届钱班学生开始，创设了"高年级学生研究员计划"（SURF）。这项计划允许钱班学生从大三开始，前往世界知名教授的实验室（2019年后，还增加了世界顶尖科技企业），进行为期6~9个月的研学。

然而，从SRT计划到SURF之间似乎还缺少一个关键环节。前述国际顾问委员会的三点建议提醒我们需要尽快补全这个关键一环，而杨锦和薛楠的故事则激发了闭环构建的灵感，其中徐芦平发挥了关键作用。

"猫头鹰"和ORIC

徐芦平从本科到博士均毕业于北京大学物理系，之后作为博士后在法国巴黎的交叉创新教育机构（CRI）进行了三年深造。2012年，他加入微纳米力学与多学科交叉创新研究中心（CNMM），担任副研究员并兼任行政副主任。吸引他加入CNMM的关键动因在于我承诺在CNMM内部为他建立一个让学生"玩"的"开放智慧实验室"（Open Wisdom Lab, OWL或简称"猫头鹰"）。

这个实验室填补了常见的技能训练实验室与教授们的专业实验室之间的空白，为本科生提供了前所未有的探索与创新空间。

在 2010 年规划 CNMM 的实验室时，我特别参考了卡文迪什实验室的设计理念，强调简单化、让学生动手自建等特质。通过"猫头鹰"，我们将这一理念向本科生延伸，为他们营造了一个自由、开放的实验环境，激发他们的探索精神和创新能力。这一闭环的建立，使得钱班的培养体系更趋完整，从技能训练到开放探索，为学生的成长和科研积累提供了全面的支持。

我将观察到的杨锦和薛楠"现象"分享给芦平，我们共同猜测这种现象背后可能存在一个重要规律——人人皆可从事研究，但从学习思维向研究思维的转变需要耐心，是一个"化蛹成蝶"的过程。芦平甚至找到一个著名案例：英国的一群小学生在权威科学期刊《皇家学会生物学快报》（*Biology Letters*）上发表了一篇关于蜜蜂行为的论文[1]。这项研究由 8~10 岁的学生完成，他们在导师的指导下，设计实验来测试蜜蜂是否偏爱某些颜色的花。

我们都对此推测感到兴奋，于是决定邀请钱班 2012 级的杨权三和何长耕参与实验（参见附件 3）。经过半年的验证，我们的推测得到了实证。这促使我决定将清华大学于 1996 年首创的大学生研究训练（SRT）计划列为选修，2014 年后更列为必修，增加了专任教授，鼓励进行多轮，2020 年将该 3 学分必修课命名为"强化大学生研究训练"（ESRT）。通过设为必修课，强调中途不得放弃，以确保学生在研究思维的培养过程中获得系统性锻炼。

为了填补 ESRT 和 SURF 之间缺失的关键环节，芦平建议并自荐创建一门名为"开放创新挑战性研究"（ORIC[2]）的全年 8 学时必修课。该课程要求学生自主立题，并吸引（不限专业和地域的）导师自愿指导。值得一提的是，当时

---

[1] P.S. Blackawton, et al., "Blackawton bees," *Biology Letters* 7, no.2 (2011): 168-172.

[2] ORIC：开放创新挑战性研究（Open Research for Innovation Challenge），钱班自 2014 年创设的一门跨度两学期的 8 学分必修课程，旨在通过一整年的研究实践帮助学生体验完整的研究过程，掌握并提升研究相关知识和能力。

我仅打了几分钟电话向时任教务处长的郑力副校长建议设立这门全新的课程，意外地立即得到了他的支持，不久后学校便正式批准了这门新课的设立。

SRT+ORIC 首次在钱班 2012 级全面实施，即获得了极大的成功。证明了大多数学生在大三结束时，能够完成一项自主立题且具备较强创新挑战性的研究项目，甚至在顶级学术期刊上发表论文。论文主题几乎涵盖所有理工科领域，充分展示了学生自主选择发展方向的多样性和热情。这为 SURF 的成功奠定了坚实的基础。

钱班创立的"进阶研究体系"，包括 PSRT（SRT 前的基本研究知识和技巧课程）、ESRT、ORIC 和 SURF，就这样逐步建立起来了。后来，我们将这个体系称为 APRIL[①]。

特别需要强调的是，进阶研究的主要目的并不是"研究"本身，而是帮助每一位学生找到自己独特的激情。研究不仅仅依赖兴趣，学生在面对挫折时，需要在磨炼过程中体验和感受自己是否真正对选择的方向感兴趣，是否擅长，是否感到有意义。因此，钱班项目组在执行过程中，并不仅仅关注学生是否完成了一项研究，而是综合考察研究的挑战度以及研究过程所反映的学生创新思维的提升。

对于熟悉"项目制学习"（PBL）和一些大学或中学科技竞赛的人来说，可能会提出质疑：PBL、科技竞赛与 APRIL 在结果和本质上有什么不同？

科技竞赛由于其背后常隐藏强烈功利性，以及通常只有很短的展示时间，常常被质疑其真实性、公平性和教育意义。相比之下，APRIL 让学生参与（长达数年的）进阶研究的最大好处在于其非功利性，即帮助学生找到自我成长

---

① "April"在英语中不仅表示四月，还常常被用来象征春天。这一关联源于四月在北半球通常是春意盎然的时节，万物复苏、生机勃勃，因此在文化和文学中，"April"往往承载着希望、重生和新开始的寓意。这种象征意义使得"April"在诗歌、文学以及日常用语中被广泛用作春天的代名词。在"钱班"的语境中，APRIL 象征着应试教育之后创新思维的复苏与重生。

的最佳驱动力——激情。研究成果虽然只是副产品，但可以获得 SURF 导师的认可，这是极高比例的钱班毕业生（见第九章）获得顶尖大学导师和企业认可的基础。

PBL 强调通过团队合作解决具体的真实问题，而 APRIL 更强调个体自主解决原创型挑战性问题。相较于 PBL 对知识的要求，APRIL 的要求是更深层次的——高阶认知。通过 APRIL，学生成长的"天花板"仅限于其梦想（激情），同时扎下适配度高的深根（基础科学）。

总之，PBL 更适合培养创新型大众、高中或低年级大学生，而 APRIL 则更适合个性化地培养开拓性创新人才和创新领袖。它们之间可以完美衔接，并启发零一学院提出通过不断攀登创新"天梯"，培育顶尖人才的全新思路，详见第十一章。

19 "动物园"理念

从 2009 年创办钱班的初心，到发展出较为完整的教育理念，历时近 3 年。而 2012 年夏天的一个重要事件成为这一理念跃升的关键：我有幸邀请了 10 多位在交叉学术研究和创新人才培养方面取得卓越成就的欧美日学者齐聚清华，进行了为期一个月的深入探讨，重点围绕如何构建理想的多学科研究和创新人才培养平台展开。此次讨论促成了我的首篇阐述创新教育的专门文章——《郑泉水：开放式的创新人才培养》（见下，略有简写）的形成 [1]，标志着我在教育思维上的第二次破界。这一突破不仅奠定了钱班教育模式的理论基础，也为我在创新教育领域的持续探索开辟了新的方向，推动了多学科融合和创新人才培养模式的深入实践。

---

[1] 郑泉水：《开放式的创新人才培养》，《水木清华》2012 年第 10 期。

郑泉水：开放式的创新人才培养

创新想法的夭折

创新力最本质的要素是：兴趣、好奇心、想象力和洞察力。尤其在全球化时代，创新力是国家、高校和人才之间的核心竞争力。创新力既不同于智力，也异于知识；但很多人误认为知识越多就能力越高、创新力越强。

人一生的生命力，是一个由弱到强、鼎盛，再逐渐衰弱的过程。类似地，创新想法诞生初期往往很脆弱，有不少毛病和缺点；革命性的新想法甚至让人感到疯狂。因此，新想法在初期往往是孤单的，容易夭折。

而在中国，创新想法尤其不易生存。学生常常处于一种被动的甚至无奈的学习和研究中，不许犯错、缺乏创新实践的环境；导师则表现得更像上司，是威权、是命令，而不是引导者、呵护者。

那么，国际顶尖创新研究机构有什么不一样的特点呢？

卡文迪什实验室

英国剑桥大学的卡文迪什实验室，是造就科学大师的殿堂。自 1871 年创立以来，卡文迪什实验室共培养出了 30 位诺贝尔奖获得者。而在产生绝大多数诺贝尔奖获得者的时期，该实验室规模很小，直至 1931 年仅有 1 位教授；到 1980 年年初也只有 5 位教授、百余名研究生。

1919—1937 年担任卡文迪什实验室主任的卢瑟福教授，则培养出了历史上最多的诺贝尔奖获得者，达 11 位之多。卢瑟福本人也许很难有这么多可获得诺贝尔奖的奇思妙想。成功的原因是什么呢？卢瑟福的弟子奥立芬特道出了卢瑟福培养人才的主导思想，即"尊重和相信助手和学生的志趣和内在潜力，让他们自己在条件和环境允许的范围内作出自己的选择，提出自己的想法和做法，然后加以诱导，创造条件使他们的积极性充分发挥，从而作出成绩来"。

在卡文迪什实验室的人才培养文化和传统中，还包括：按原创性能力选择和培养人才；因材施教；授人以渔；自己教育自己；自主选题和导师指导；自己动手制作仪器和做实验；以科研带教学，将研究精神注入教学等。

卡文迪什实验室的实践经验是全人类的共同财富。那我们该如何做，甚至作出点时代特色来呢？

孕育创新的诀窍

钱班的实践，再次印证了孕育创新的成功之道是有诀窍的。我认为有如下两方面的主要因素：

要素之一：让学生做自己真正热爱、梦想做的事。提出自己的设想，自主实验、独立观察、独立解决问题。即使导师明明知道答案，也可以考虑装着不知道，先耐心地听学生的理解和推论，看看学生能给出什么解答。

要素之二：如果缺乏在相关领域有深度造诣的专家指导，以及经费、实验条件等方面的支持，上述过程很难取得成功，绝大多数研究将夭折，并可能严重打击学生的自信和激情。

第一条要素也是钱学森总结的教育经验的一条。可能还存在其他一些窍门，但核心就两条：以学生为主，获得专家的引导和帮助。

接下来的部分，是关于我们如何应用上述诀窍的若干具体措施和关键概念，即通过研究去学习、开放智慧实验室、开放式导师网络、师生和社会共赢等。

通过研究去学习

爱因斯坦曾说："想象力比知识更重要，因为知识是有限的，而想象力概括着世界的一切，推动着进步，并且是知识进化的源泉。"

好奇心与生俱来，但往往随着知识和年龄的增长而减弱；想象力和洞察力可后天培养，但需要知识的承载。需要什么类型的知识呢？

知识有三重境界：

● 信息（information）：我了解到了；

● 技能（skill）：我能够应用信息解决问题（习题、实际问题）；

● 态度（attitude）：成为自己可发挥自如的一部分，得以创造新的知识。

对创造性具有决定性影响的不是知识的量，而是对知识理解的深度以及知识经验的组织方式。只有"活"的知识才有助于学习者以新颖的方式理解和解决问题，"死"的知识反而会束缚学习者的思维。

爱因斯坦上大学时，痴迷于当时还未进入大学课程的电动力学，所达深度超越了当时的很多教授。其他很多课程则学习成绩平平。比尔·盖茨花在计算机软件技术上的时间高达1万多小时（相当于连续3年，每年365天，每天10小时），然后只上了两年大学就主动退学去创办微软公司，他能有多少非计算机软件方面的知识呢？

可见，只有进入第三重境界的知识，才可真正承载想象力的飞翔，成为洞察力的关键构成。

以前，我们的教育局限于第一、第二境界。老师的主要职能是传授知识和技能。强调老师要博大精深，要给学生"一瓢水"，老师必须有"一桶水"。

信息和网络技术彻底地改变了这个局面。新知识的产生，正以几何级数的形式爆炸式地增长，信息层面无边无际的知识，包括以前只有权威专家才能知晓的全球范围内最新产生的重要知识，现在学生完全可以自如地、自主地、瞬间从网上获取。

因此，全球教育界现在都面临着一个新的机遇或挑战，也就是如何把教育的重点，从第一、第二境界更有效地转移到第三境界。有充分的事例，包括卡文迪什实验室的实践和2001年诺贝尔物理学奖获得者Carl Wieman的最新研究都表明，通过研究去学习，是已知效率最高的学习方式，不仅可以最大限度地调动起学习的能力和激情，而且通过研究学习到的知识，更容易达到第三重知识境界。

强调学习方式的转变，即从被动且痛苦地学习转向主动并快乐地学习，进而自主有挑战性地学习，最终通过创新研究以及团队协作研究去学习。为此，钱班设计了如下的培养流程：

第一学年：学生主要进行必修课程的学习，较多的为被动性学习；引导学生越来越多地主动性学习，逐步适应和掌握主动性和自主性学习方法；同时，介绍现代力学与工程的基本概念，引导学生思考并寻找自己的发展方向。

第二学年：增加选修课程；鼓励学生之间相互授课（老师解惑）、提前考试或免试；提供实验室条件和支持以鼓励并帮助学生进行自主创新研究，探索如何实现自己的梦想。

第三学年：以选修课为主，逐渐加大课程的挑战性；通过系列性的前沿研究讲座，使学生进一步寻找到自己的兴趣方向；进入更系统性的 ORIC 阶段。

第四学年：更多的创新研究和团队项目研究；出国进修和国际学生交换学习；在很宽的多学科领域，学生和导师双向选择，开始进入本科生/研究生过渡阶段。

开放智慧实验室

在网络时代，我们能否构建一个较以前更为先进的环境，让学生自主地孕育创新想法，在有相应专长的导师帮助下，让好的想法得以实现、获得成功？

2010 年夏成立的清华大学微纳米力学与多学科交叉创新研究中心（CNMM），是一个以能源/环境、生物/健康、微纳材料与制造等为应用背景，聚焦于微纳米尺度下与变形和运动相关的创新研究、技术发明和人才培养的多学科交叉创新研究中心，共有力学、物理、化学、生物、材料交叉学科等学科的 20 余位研究员。中心成立后开始运行一个全新的实验室,名为"开放智慧实验室",由中心副主任徐芦平负责。

OWL 有如下几个主要特点:

● 学生自主性:研究项目完全由学生个人或团队提出,OWL 对筛选出来的申请项目除允许学生在给定的时段内充分使用实验室外,还给予少量的经费支持和帮助寻找合适的导师,但研究项目完全由学生自主推进。

● 开放交叉性:不仅向中心和钱班的学生开放(有一定的优先),也向校内外、国内外有兴趣实践自主创新的学生、研究生开放,并鼓励组成科学、技术和人文交叉研究课题组。通过网络向世界范围的合作伙伴每天 24 小时实时性开放。

● 先进简易性:提供概念尖端但简易通行且可拆卸的实验设备(如代表了先进制造和微纳技术的三维打印机、原子力显微镜等)。鼓励学生动手去做,哪怕失败了也比不亲手去做好;鼓励学生为了创新研究去改造设备。

● 后续可发展:学生们在 OWL 进行的自主创新研究取得初步成果后,往往很快遭遇发展瓶颈。CNMM 会鼓励对初步成果感兴趣、有专长的中心研究员介入合作。如果中心缺乏这方面的专家,将通过中心的人员网络,帮助学生在更大范围寻找到合适的专家介入合作。

杨锦同学以及其他参与了"猫头鹰"实验室的同学的初步实践表明,上述做法很受学生欢迎。参加过这项活动的学生往往都激动不已,有学生甚至说道:"经历了这么多年的被动学习之后,我发现我的创新激情回来了。"

开放式导师网络

OWL 的上述 4 个特点的最后一条,也许是与现有模式最不相同的一条,却是 OWL 的模式能否成功的关键。

通过自主创新研究孵化出来的初步成果,就像刚孵化出来的"小鸡",如果得不到既热心于创新又在相应领域有专长的"母鸡"的呵护和帮助，多数"小鸡"难免在短时期内夭折。

如果找到的不是"母鸡"，而是"母马""母象"，这只小鸡可能会无意间被"踩死"。

互联网和 AI 技术的发展使得上述基于学生自主创新研究的学生–导师开放式合作研究模式成为可能。由于互联网和 AI 技术的普及和发达，孵化出"小鸡"的学生可以自主在全清华乃至全球范围寻求对该研究既感兴趣又乐意指导的"母鸡"。必要时，钱班项目工作组和微纳力学中心的老师、家长等各种志同道合的人脉网络，可以提供联络到最佳"母鸡"的帮助。见图 7。

图 7　学生自主孕育的创新思想——动物婴儿；多学科的导师网络——动物母亲；有利于创新的环境支持——动物食粮（政策、基金、捐助等）

渐渐地，如果获得适当的外部资源支持，认同前述开放式创新人才培养模式的志同道合者，通过自组织的发展形式，将会形成一个人数和学科越来越多的导师网络，帮助有创新梦想的学生实现梦想，收获个性化的成长和发展。

师生和社会共赢

人才培养方面，学生的兴趣最重要，但老师的兴趣同等重要。

以前谈大学教育时，似乎很少讨论如何让老师做他们真正感兴趣的教育工作。对老师强调的是教学效果、老师的责任和奉献等。现实中，很多教授或多或少地将教学与科研对立起来。以传授知识为主的教学，往往因缺乏挑战性和新颖性而变得乏味；而科学研究和探索不但本身有趣，还有科研项目和成果所直接带来的利益。

很多例子表明，创新性人才培养可以做到师生共同感兴趣，共同取得更大成果。

自古英雄出少年，尤其在最需要创造性的领域。毛泽东在长征途中奠定领袖地位时 42 岁；毛头小伙子的比尔·盖茨、乔布斯等将 IT 技术变为过去 20 年间最有活力的经济领域；自然科学领域的诺贝尔奖获得者作出获奖成果时的平均年龄不到 40 岁。这样的例子不胜枚举。

创造条件并帮助学生，使得他们的创新意识和能力得到充分的发挥，不仅对人类和社会发展极为有利，对导师也特别有帮助。例如，有不少诺贝尔奖成果的最初观察或想法来自学生，而老师则在随后的共同研究中作出了更大贡献，获得诺贝尔奖。

所以，找到一位特别感兴趣、全身心投入并有很高天赋的学生，对一项研究的进展和质量影响巨大。每位新研究生进来时，我会仔细考察他是否真的对我正在研究的某些方向感兴趣。让我苦恼的是，很多学生并不知道自己对什么真的感兴趣，甚至有的学生以拿学位为主要目的。这类学生进来后，很多时候我们师生都陷入了长期的尴尬郁闷状态。

鼓励和帮助本科生从事他们自己感兴趣的研究，不仅将更有利于他们的深度学习和创造性的发展，也有利于研究生和导师找到更好的组合，真是一箭双雕、师生共赢的形式啊！

归根结底，使得上述理想中的创新人才培养体系变成现实的关键，是获得有强烈创新意识、重视人才培养的优秀教师的倾心参与。如果"母鸡""母马"们本身就承载着过重的非教育性任务，为生存而屈就于急功近利的研究，单纯地凭兴趣和责任感，又如何能够使得他们长期稳定地潜心于创新性研究和创新人才的培养呢？

顶尖成功人士捐助培养顶尖人才，是国际上通行的一种模式。当年的钢铁业巨子、剑桥大学校长 W. 卡文迪什公爵私人捐赠设立了卡文迪什实验室，造就了剑桥大学和英国的一段辉煌。作为一个新生事物，开放式创新人才培养模式能否克服初生的艰难，最终走向成功，一个必要的条件就是能够获得特别的政策和资源支持，尤其是基金和私人捐赠的支持。

致谢

今夏参与促成本文的讨论的主要学者有：

法国巴黎交叉研究中心（CRI）主任 F. Taddei 教授，

英国伦敦纳米中心（LCN）主任 G. Aeppli 教授，

有着"碳纳米管之父"称誉的日本 M. Endo 教授，

挪威技术大学张志良教授，

瑞典 Jönköping 商学院院长 J. Roos 教授，

美国 Sage Bionetwork 总裁 S. Friend，

美国加州理工大学叶乃裳教授，

美国休斯敦大学 B.I. Yakobsen 教授，

美国麻省理工学院的 R.Abeyaratne 教授，

美国 UIUC 负责交叉研究的校长助理夏焜教授，

法国巴黎高工 D. Quere 教授，

英国剑桥大学 A. Nathan 教授,

清华大学微纳力学中心徐芦平副研究员、F. Grey 教授和陈常青教授等。

感谢清华大学教育基金会的资助,以及时任有关校领导陈吉宁、基金会领导杨家庆和宋军等对设立资助的大力推动。

20 启示和思考(14~15)

启思 14 从学习到研究是一个"化蛹成蝶"的过程,需要经过长时间的思维蜕变

在我直接指导或观察的上百位研究生中,不少人曾获得各类全国竞赛大奖。然而,我发现并长期困惑于一个现象——这些获奖学生往往在一两年内难以真正进入研究思维。一个对我启发最大的案例是钱班 2011 级学生张泽(见附件 4)。由于错过了从钱班 2012 级才开始实施的 APRIL 项目,她在进入斯坦福大学攻读博士学位后的两年内,似乎仍未建立起研究思维,依然困陷在考试思维和竞赛思维中。这种状况一度让她几乎选择从斯坦福退学。然而,斯坦福大学和硅谷的创新生态环境,加上导师的睿智和耐心,以及在钱班期间受到的"永不言弃"精神的磨炼,最终使她"化蛹成蝶",迅速成长为钱班的又一位骄傲代表。类似于张泽同学的经历,钱班首届毕业生瞿苍宇和娄晶同学随我在清华攻读博士学位,在突然开窍、研究起飞前,也经历了漫长的"化蛹成蝶"过程。

事实上,目前的中学教育,包括各类课外活动和全国学科竞赛,大多局限于"学"和"习"的思维模式,少数扩展到"做"和"用"的层面,极少能催生"思"和"悟"以使学生突破思维和认知的界限、创新生长。总体而言,这些活动都发生在"已知"领域,即"白天";相比之下,以解决人类"未知"为目标的研究和创新活动,则是在"黑夜"中跋涉。白天的竞赛因为赛道明确,往往比的是"谁更快"和"谁更刻苦",比的是天赋与努力。而在黑夜中的探险,

更需要的是洞见和信仰、好奇与开放、勇气与坚毅，以及从失败中学习的能力、幸运和领导力。

由于我从事了 30 年的数学、力学和技术研究，并指导过多名本科生的毕业论文，这一经历不断强化了我的一种思维定式——绝大多数大学生"无法"做研究。然而，陪伴杨锦和薛楠同学在我的实验室中发现"永久"不破的泡泡并揭示其机理的过程中，我终于恍然大悟：在大学低年级阶段，要开启从"白天"进入"黑夜"的探索，只需要做好两件事：坚持和陪伴！因为从习惯了在"白天"行动的思维模式转换到"黑夜"的探索与思维重塑，必然是一个"化蛹成蝶"的慢变过程。

启思 15 复杂体系中，创新往往源自不同背景的思想碰撞和涌现

2009 年创立清华钱班时，我的动力源自一份朴素的初心——因亲身成长经历和所获的幸运，让我对大多数学生长期迷茫，甚至有些人深陷忧郁的现状深感痛心，决心创建一个平台，帮助每位钱班学生找到自己独特的激情。经过 3 年的广泛考察、大量阅读以及与钱班师生的密切互动，我逐步深入"如何培养创新人才"这一在中国历史和国情下尤为复杂的命题中，并明确了清华钱班的使命：**发掘并培养有志通过科技改变世界、造福人类的创新人才，探索回答"钱学森之问"。**

这一宏大的使命吸引了更多人的关注、关心、支持和参与，同时也不断为我带来新的挑战——"钱学森之问"不仅是一个班级的课题，甚至不仅是一个大学的命题。这促使我不断思考钱学森为什么会特别推崇加州理工的创新生态。尤其是在 2012 年夏天，钱班和 CNMM 迎来了 10 多位来自全球不同地域、多个学科和不同文化背景的著名学者，他们与我们朝夕相处近一个月。其间，我们围绕"未来理想的大学会是什么样子？"这一共同关注的话题，在慕田峪长城脚下的一处小山庄中，进行了为期 3 天的高密度思想碰撞。

最终，钱班独特的教育理念——"开放式的创新人才培养"得以形成（见第19节）。

现在回顾钱班创建头3年的实践与探索，我更深刻体会到，要在教育这样高度复杂的体系中实现创新，开放性、来自不同背景的思想碰撞和坚持不懈的努力是多么重要。

第六章
精深学习和"大树生长"模式

从"学"（学习已知）到"做"（实践已知，探索未知和发明创造），再到"品"（深入思考，批判性审视与品味意义），最终达到"悟"（悟道，通过多次反复循环，将知识内化为智慧，洞见事物本质），这一过程每推进一个层面，所需投入的时间与精力都呈指数级增长。然而，每个人的时间都是有限的——每天只有 24 小时。在这种约束下，要实现对思维深度的提升，就必须学会选择性学习，即"学少"而非"学多"。

本章聚焦于在内生动力的牵引下，如何实现精深学习。通过探索更高效的学习方式的原理，帮助读者找到既能提升思维深度，又符合自身节奏的学习路径。

21　"单科主义"和"虹吸"导师

我在江西工学院（现南昌大学）凭借满腔热情的研究精神和"单科"领域的深度钻研，一路赢得了顶尖学者和院士们的关注，助力自己一次次实现"破格"。这样的经历是否可以复制呢？

"虹吸"导师现象

2016年春节假期，我和夫人应老朋友、清华生命学院的孟安明院士夫妇的盛情邀请，前往海南博鳌与安明和他的同事及家人一起度假。在1990—1991年我以英国皇家学会研究员身份留英期间，与安明等人曾在诺丁汉（Nottingham）合租了一栋小楼，几乎每个周末都会一起打桥牌。他还徒劳地试图教会我做饭等生活技能。1993年回国后，我们两家保持了紧密的联系，近20年来几乎每年都会一起过新年，还不时结伴国内外旅行。

由于长久的友情，我与安明、生物科学与技术系（现生命科学学院）时任系主任陈应华以及知名教授张荣庆4人，常常聚在一起打桥牌。因此，在清华大学，除了工程力学系和航天航空学院，我最熟悉的教授群体便是生命科学学院。这些交往与人脉为我后来从事交叉学科创新研究及推进创新教育提供了莫大的帮助。

在博鳌，我第一次遇见了安明的同事俞立教授。交谈中发现，我俩竟然在指导同一个清华钱班2013级的学生——胡脊梁。当时，经我推荐，胡脊梁正在麻省理工学院（MIT）机械系的郭明教授处做短期访问。郭明曾是我的硕士研究生，与我一起发现了树叶中细胞尺寸随树叶高度变小的现象，并第一次提出了世界上不同地区树高极限的细胞机制[①]。加入MIT任教后，郭明于

---

① 见"Guess the height of the world's tallest tree", newscientist.com (2006)。之后，我在2006年和2008年还各招收了一位直博研究生，与曾获得过有植物界"诺贝尔奖"之誉的Mel Tyree教授一起指导。Mel随后还到中国工作至今，这是后话。

2020 年获得了著名的斯隆研究奖，现为长聘副教授。

在与俞立教授的交流中，我提到了自己面临的一个难题——因为我认为未来的科技发展将朝着信息智能、微纳制造与生命健康等的深度融合方向前进，所以一直希望钱班能为学生提供高质量的生物课程。然而，学校面向非生物专业学生开设的生物课程往往"水分"较多，难以满足钱班学生的需求。为此，我们一直试图联系生命科学学院的教师为学生授课，但未能取得实质性进展。俞立教授在听到这个情况后表示，他可以帮助协调和组织优秀的生物教师资源。他还提到，钱班学生胡脊梁在他课题组参与的实验项目中表现卓越，这让他对钱班学生的基础、能力和求知欲充满信心。

在俞立教授的推动下，生命科学学院积极响应，包括院长王宏伟教授（现清华大学副校长）在内的 16 位优秀教师为钱班试开了一学期的课程。这种积极响应让我们看到了优秀学生在交叉学科研究上的潜力，能激励众多优秀教授投身本科教育。

这次尝试带来了一个有趣的插曲和两个启示。首先，这 16 位教师共同开设的"生物概论"课程并非传统的科普或"注水"通识课程，而是由每位教师利用两节课的时间，向学生展示其最新的研究和思考，并结合钱班学生在"第一性原理"思维、数理基础和创新能力上的优势，吸引他们投身于可能带来重大学术突破的研究领域。

可以说，这门课程几乎成为 2020 年清华钱班推出的交叉创新挑战性问题（X-Idea）课程的雏形。在深圳零一学院，我们进一步提出了以颠覆性创新宏大挑战（X 型问题）（X-Challenge）为引领的 X-Idea，形成了零一学院独特的创新人才培养"天梯"。到 2024 年，零一学院已吸引了一批顶尖科学家、科研平台和企业，推出了首批十大 X-Challenge，广受欢迎，详情请见第十一章。

尽管这 16 位教师精心设计了课程，最终却被生命科学学院教学委员会投票否决，据说理由是学院师资紧张，而学校非生物专业学生对高质量生物通识课的需求很大，无法专门为钱班开设课程。尽管如此，我仍鼓励这些教师试行课程，并要求钱班学生积极参与。但最终效果不尽如人意，只有少数学生（如黄轩宇）表现出浓厚兴趣，并尝试了一些相关研究。然而，黄轩宇在两个月后转向了"超级微发电机"方向（详见第七章），可能这个结果让生物系的老师们感到失落，因为他们之后不再主动提及这门课程。

反思这次挫折，我猜测背后有两个原因：一是胡脊梁作为钱班首位"冒险"进入生物领域的学生，当时还缺乏有力的成果展示，前景不明，因此大多数同学不敢一试；二是每届钱班学生人数仅 30 人，若仅有少数人选择生物方向，难以形成一个完整的学术生态，无法为投入的教师带来直接回报。这次经历促使我开始思考钱班的规模问题，也成为零一学院决定将每年入选学生规模暂时扩大到 75 人的重要参考。

上述事例对钱班后来在全球范围内不断开拓优秀教授资源起到了重要启示作用，而胡脊梁是这方面的先行者和主要贡献者。2017 年，他进入 MIT 继续攻读生物物理方向的研究生并进行博士后深造，引起了 MIT 物理系教授们的关注，甚至专门讨论为什么钱班能培养出胡脊梁这样的学生。仅在 MIT、哈佛大学和斯坦福大学，胡脊梁就为钱班吸引来了 Jeff Gore 教授等 10 余位远程、无报酬的教授导师。随着钱班更多出类拔萃学生的涌现，这个队伍还在不断扩大中。

"单科主义"

　　胡脊梁非常具有主动性，经常来找我交流，随着我们对话的不断深入，有一天我突然意识到，在某种意义上，脊梁难道不是在"复制"并放大我从上大学到 32 岁前的经历吗？（见第三章）

　　胡脊梁从入学开始，就花费大量时间主动到教授们的实验室去寻找自己感兴趣的研究方向。第一年，他主要在研究生物力学和物理的杨春副教授的实验室工作。第二年，他向我请教，我建议他研究细胞膜。不单因为我自己曾研究过植物细胞数年，对这个方向很感兴趣，更主要的是细胞是所有生命体的基元。细胞膜是每个细胞的外表；细胞膜的结构相对简单，但变形行为非常复杂，既有部分固体又有部分流体的性质，至今还缺乏精细的力学模型，且上面还有大量的有重要影响的蛋白质。胡脊梁很快就喜欢上了这个课题，除了接受我在理论方面的指导，继续在杨春老师那边做一些实验外，更是主动出击，跑到了生物系、化学系，甚至北大生物学院汤超院士的实验室去做实验。再后，就是他与 MIT 一群老师的结缘了。

　　这些都与我的经历相似，促使我留意起胡脊梁的学习方式和学习成绩。胡脊梁本科入学时的成绩在全班处于中游，这与我入学时类似。尽管随后几年胡脊梁将大量时间投入与提升考试成绩（通常是刷题）几乎无关的研究中，但他的学习成绩却稳步上升到毕业时的班级中上，这也与我的经历类似。他告诉我，他在大学期间，围绕细胞膜这个研究方向，自学了多达 20 种研究生课程水平的专著，部分专著是与我探讨过的，他学得还蛮深，这同样与我当年类似（我主要围绕张量和连续介质力学）。

　　胡脊梁在进阶研究的牵引下，盯着一个方向，由浅入深自学 20 门课，哪怕是每门课考 60 分，总分也超过"1000 分"吧？我把这戏称为"单科主义"。

　　胡脊梁专注于"单科"，其整体基础如何？这取决于他取得的成果，是昙花一现呢，还是有源之水。从大四到进入 MIT 不到 3 年，他以第一作者身份在顶尖学术期刊《美国国家科学院院刊》（PNAS）上发表了 3 篇论文，这在当时的 MIT 也是罕见的，因此得到了 MIT 的专题报道。再后，他与导师 Jeff Gore 教授合作，以第一作者身份于 2022 年在全球科技期刊《科学》（*Science*）上发表了论文 "Emergent phases of ecological diversity and dynamics mapped in microcosms"，开辟了微生物生态学的新方向，引起了全球生物界的广泛关注。

不久前，胡脊梁的博士论文获得了美国物理学会年度杰出生物物理学位论文奖（Outstanding Doctoral Thesis Research in Biological Physics Award）。这一奖项每年仅授予一篇博士论文，在 MIT 物理系生物物理方向，胡脊梁是时隔 14 年的第一位获奖者。

令我们非常开心的是，脊梁于 2024 年 12 月正式回到母校清华任教，我和夫人在深圳的家中为他举行了一个有多位钱班毕业生参加的欢迎聚会。

那么，进阶研究引导下的"单科主义"，是否真的具备逻辑基础？它的普遍适用性有多大？这个问题既令人兴奋，又令人着迷，因为这种学习方法在历史上时隐时现。我当年从一本关于爱因斯坦的传记中"偷师"，而 30 多年后，胡脊梁又"独立"地将其发扬光大。谜底究竟如何，将在接下来的几节中揭晓。

22　学习逻辑的颠覆：从"建楼"到"生长"

思维和品位的迁移能力

回到上节留下的疑问：相隔 30 多年的我和胡脊梁，通过进阶研究牵引的"单科主义"学习（大多数课程不计入学分），竟然都能"神奇地"不断提升总成绩，这有何道理？

根据中国道家的"道—法—术—器"学说，我的解释是，"学—做—思—悟"体现了人的认知方式由低到高的跃阶过程。每个阶段所需的时间越来越长，甚至呈指数级增长。例如，对照"学"1 小时，"做"需 3 小时，"思"需 9 小时，"悟"需 27 小时（见图 8 左）。

每个人一整天都只有 24 小时，我们如何才能找到足够的时间进行研究、思考和领悟呢？我的经历以及胡脊梁、毕恺峰等案例表明，激情点燃后，会产生三方面的"增时"效应：

自发投入更多时间：当学生的激情被激发后，他们会自发地、快乐地投入更多时间到学习和研究中。

显著提高学习效益：虽然投入到知识性学习的时间减少了，但有目的性和自主性的学习效率显著提高。按照"二八法则"[①]，如果 20% 的高效时间产生 80% 的学习效益，则翻倍 20% 的高效时间后，即使剩下的所有 60% 时间都用去运动、游戏和休闲，是不是整体的学习效益依然可以高达 160%？

思维提升迁移能力：由研究牵引的深度学习不仅提升了思维层面，还增强了"学"和"做"的能力，并且这种提升具有迁移性，能够"降维打击"到其他领域的学习和实践中。这是一种内化的、普遍适用、终身受益的能力跃升。

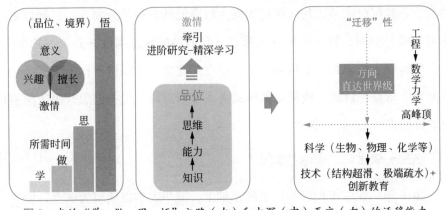

图 8 我的"学—做—思—悟"之路（左）和由深（中）至广（右）的迁移能力

接下来回答通过上述学习方法是否更有利于打好基础的问题。虽然大家都赞成"厚基础"，但到底什么才算是厚基础？如何才能更有效地实现厚基础？许多人认为，学很多内容、面对困难问题、反复做题就是打好基础，但这忽视了一个基本事实：每个人每天的时间是有限的。

2017 年，时任教务处处长彭刚教授曾向我讲述一件事：有一年清华大学

---

① 二八法则，也称帕累托原理（Pareto principle），由意大利经济学家维尔弗雷多·帕累托（Vilfredo Pareto）提出。该法则指出，在许多事件中，80% 的结果通常来自 20% 的原因或输入。这一法则被广泛应用于商业、经济、管理等多个领域。

特等奖学金评选时 ①，有一名学生在大学前三年一共修了 220 多学分，每门课成绩都在 90 分以上。这些数据反映了什么？这意味着该学生平均每学期修 36.7 个学分，相当于每天上课时间 7.3 小时。然而，为了实现深度学习，课内外投入时间的比率通常至少为 1:3。因此，只有两种可能：要么 90 分是放水，要么这位学生是"外星人"。

彭教授好奇地问我：钱班如何在大幅降低学分的情况下，还能保持如此扎实的基础？

受胡脊梁案例的启发和鼓励，我于 2015 年找到曾担任清华教务处副处长大学生文化素质教育基地常务副主任并参与创办著名的"清华数理基科班"的数学系教授白峰杉，共同探讨如何大幅降低钱班的学分要求，以释放更多学习和成长空间，鼓励学生自主探索。我们俩的理念高度一致，一拍即合，不久便促成了清华大学本科荣誉学位制度的建立，并以钱班作为荣誉学位项目的首个试点。自此，钱班培养模式迈入全新阶段，从初创版升级为颠覆传统培养模式的 2.0 版，具体内容详见下文 ②。

清华大学本科荣誉学位制度

2016 年，在多年积累和探索的基础上，清华大学以钱班为试点，设立了本科荣誉学位制度，旨在鼓励对科研、学术有兴趣的同学进行高挑战度课程的学习，并在导师指导下进行科研训练，开展卓有成效的科研或创新项目，

---

① 2013 级的钱班学生李逸良在 2017 年度的特等奖学金评审中成功获奖。我唯一一次参与的特奖评审也正是这次，这使得我有机会亲自体验到彭刚老师提到的现象，即当时的特奖评审过于关注学生是否取得全 A 成绩。这让我明白了为何钱班中第一个获得特奖的是李逸良——他表现得尤为主动积极。然而，我也隐隐有些担忧，担心他可能在追求短期评价上走得太远。李逸良几乎把校内外能获得的所有奖项都争取到了，但还没有学会如何作出取舍，以便坚持追求一个长期目标。

② 郑泉水、白峰杉、苏芃、徐芦平、陈常青：《清华大学钱学森力学班本科荣誉学位项目的探索》，《中国大学教学》2016 年第 8 期。

从而激发学术志趣，树立学术信心。通过荣誉学位的实施，我们希望能够引导学生挑战极限、挑战自我，在知识、能力和综合素质方面得到根本性的提升，从而对学校整体的教育教学改革起到引领的作用。

荣誉学位项目构建的指导原则：大学学习的目的，不是知识的简单积累，更不是无序的堆砌，而是知识的融会贯通、能力的培养，更是人格的养成和塑造。因此，荣誉学位并不是学习成绩的简单排序，优良的课程学习成绩只是必要条件，更为重要的则体现在如下方面。

首先，挑战性课程的精深学习（deliberate learning）。本项目设置少而精的荣誉课程，引导学生挑战性学习这些课程。这里值得强调指出的是，课程的挑战性高并不等价于课程难度高，更不同于内容多或者全面。最重要的是在突出思维方式的培养的同时落脚在可迁移的能力上，而且在学习方法上提倡批判性学习（提倡学生要有自己的看法）、主动学习（而不是被动地接受知识灌输）、"做中学"（learning by doing），特别是通过研究性学习，真正触及开放和未知的问题，达到深植基础、融会贯通的目的。

其次，因材施教（individualized），多元评价（multi-evaluation）。本项目整体结构强调根深、枝壮、叶茂，学生主动选择、出口多。通过学生参与制订自己个性化的培养方案和学习计划，鼓励学生个性化发展，提倡并激励学生理想远大、抱负宏伟、富于责任感。构建和完善高水准、多元化的学生评价机制和方式，也是实现本项目实施的保障。

再次，要突出研究性学习（learning through research）。荣誉学位项目构建了由浅入深的研究实践性学习平台，汇聚全校及国际科研培训资源，为学生提供多元化、跨学科交叉研究指导与支持。研究是学习方式，不是目的。

最后，朋辈学习（peer learning）。100多年前，纽曼在他的著作《大学的理想》中指出："年轻人敏锐、开放、富有同情心、观察力强；当他们走到一起、自由交往的时候，即使没有人教他们，肯定也会相互学习的。"之所以优秀的高中生要进入顶尖的大学，最重要的理由是，在那里你会与最优秀的年轻人成为同学。美国耶鲁大学教授 J. Pelikan 则进一步勾画了大学本科学生学习的基本形态。他指出："学生对学生的教导占本科教育的 1/3，教授对学生的教育占另外 1/3，学生独自在图书馆、实验室和宿舍的学习占最后一个 1/3；如果这三个部分之中的任何一个严重偏离规范接近 1/2，就会造成不健康的失衡。"这里的三种学习方式我们分别称之为"朋辈学习""传授和引导式学习"和"自主学习"[①]。大学的培养过程，应当通过构建"朋辈学习"的平台和环境，帮助学生逐渐远离他们习惯的"传授式学习"方式，最终养成"自主学习"的习惯。

钱班培养模式 2.0 版

借助成为清华本科荣誉学位项目试点的契机，钱班的培养模式在 2009 年初创版的基础上迈向 2.0 版，并于 2016 级开始实施。2.0 版的培养模式突破了传统的培养计划框架，具有更高的挑战性与系统性。

从第一学期至第六学期，2.0 版设计了每学期 3 门荣誉课程，共计 18 门课程，并将其划分为 6 个系列，每个系列包含 3 门课程。这 6 个系列分别是：数学、自然科学、工科基础、专业与研究、人文艺术与社会科学，以及综合贯通。这样的课程体系旨在通过多维度、跨领域的知识架构培养学生的综合素养和创新能力。

第七学期和第八学期则重点聚焦高年级的研究与教学实践。在高质量完成"高年级学生研究员计划"（SURF）、荣誉学位论文以及其他教学环节的基础上，学生还需担任低年级荣誉课程的助教，参与"以教促学"（learn by teaching）的教学环节。这一安排不仅增强了学生的教学能力和知识深度，还通过师生间的深度互动，形成了一个正反馈的学习闭环，使整个培养体系更

---

① 　J. Pelikan：《大学理念重审》，杨德友译，北京：北京大学出版社，2008 年。

加完善、富有活力。

这种 2.0 版培养模式不仅体现了钱班在教育创新上的前瞻性探索，还以更系统化和实践导向的方式凸显了"挑战式"学习的重要性。其核心理念是：课程的价值不在于数量，而在于精深，重点培养学生的思维方式。

6 个系列 18 门荣誉课程构成了整个培养计划的核心骨架，为学生提供了清晰的学术方向和学习路径。尽管这些并非学生需要完成的全部课程，但它们在内容的挑战性和知识的系统性上为学生奠定了坚实的基础。

尤其值得一提的是，高年级阶段的荣誉课程提供了更大的选择空间。许多荣誉课程都设有多种选项，学生可以根据自身的兴趣和能力，在荣誉课程导师的指导下，灵活制订自己的学习计划。这种高度个性化的课程设置，结合导师制的支持体系，确保了每位学生能够在学术深度、研究能力和跨学科思维培养方面获得最大化的成长。

通过这种模式，钱班不仅推动了知识的精深学习，还通过灵活的课程结构和明确的导向性，引领学生在探索未知领域的过程中获得全面的能力和独特的学术视野。

6 个系列的简介如下：

数学与自然科学：清华以工程学科见长，多年办学形成了"数理基础扎实"的培养特色。指导思想上的进化是值得关注的，即今天的"数理基础扎实"不仅仅要为后续工程学科培养服务，更是理性和批判性思维的培养和训练，是世界观和方法论的基石，也是累积创新能力的智慧。

工科基础：现有的课程体系中，这部分课程的数量很大，因为生怕缺失了哪部分知识，而且课程也相对比较零碎。能够梳理出三门课程作为核心是很有难度的，实现的关键点就是对"基础"这两个字的把握。

研究实践：通过研究实践来学习，是实现对知识的融会贯通、培养创新思维和能力的最有效途径。为此，项目设计了如下四个台阶，后称"进阶研究"，凸显了荣誉课程体系对研究实践的高度重视。

- 入门：实验室探究（1 学分），鼓励学生运用好这个学校文化素质教育的课程平台，目的是感性地认识和接触科学研究。

- 低阶：ESRT（3 学分），目的是通过 144 小时（3 学分课程的课内外学时量）扎扎实实地在实验室参与工作，"体会"和"感悟"科学研究，属于"蚕"的阶段。

- 中阶：ORIC（8 学分），目的是通过 388 小时自主（同时也是指导教授感兴趣的）研究，真正进入研究状态，属于"蚕出蛹、初成蝶"阶段；系统性学习体验科学研究的规范、技巧等，并产生基本上可发表的学术成果。

- 高阶：SURF（必修），第七学期到可能的国内外一流的学术机构或创新企业等继续深造或工作，用 6 个月时间全力以赴真枪实干做研究，达到很高的学术水平，进入"蝴蝶飞起来了"的阶段；这既是一个职业引导，又是为下一步的发展做铺垫，也是一个初步展示学生综合能力与潜力的重要阶段。

研究实践的体系已经经过了几年的实践，是本项目的支柱。通过研究实践的训练环节，钱班学生的能力和素质获得了广泛认可，毕业生口碑和去向越来越好。

人文和综合贯通：这是本项目的突出特色，也体现了培养理念的进化。人文课程的设置继承了多年来文化素质教育的积累，同时突出课程的挑战和学生的自主选择，原则是课程在精而不在多，培养学生的"听说读写"基本能力，读书的习惯则是终生学习所必需。如清华梅贻琦老校长所说：大学教育应当是"通识为本，专识为末"。通识的"通"不是普通，它的核心是贯通。贯通是需要设计的，而且贯通是一个过程。在整个培养方案设计中，我们突出的是 6

个系列（共计 18 门）课程，其中"贯通"是一个系列，也与培养方案的整体优化密切关联。我们重点构建两门贯通型课程，它们可以是持续 2~3 学期的课程。

白峰杉甚至用"少林寺拜师习武"做比喻，对这 6 个系列（共计 18 门）课程目标和定位做一个通俗的说明："数学与自然科学"就是"扎马步"的基本功，"工科基础"就是"初习拳脚"的入门，"研究实践"是"下山除暴安良"的初试身手，"人文"则是"诵读佛经"的禅修，而"贯通"大概是"闭关悟道"以成为"得道高僧"的参悟。

白峰杉还亲自牵头创建了 3 门综合与贯通课程，身体力行地推动了这一变革。

教育模式的颠覆

自此，钱班的培养方案升级到以"进阶研究为牵引、精深学习为主线"的 2.0 版，总学分要求从原来的 170 多分减少到 148 分，由荣誉挑战性（70 学分，由上述 18 门核心课程组成）、基本结构性（50 学分，与学生选择的发展专业方向相关）和全校普遍性（28 学分，通识课）课程组成。钱班工作组将精力聚焦在荣誉挑战性课程的建设和执行。到 2020 年，首届试点班（钱班 2016 级，包括第一章和第七章故事的主人公毕恺峰同学和黄轩宇同学）学生毕业，开始显著地展现出"进阶研究-精深学习"体系为学生带来的四大非功利（或弱功利）性好处：找到激情、精深学习、重大机遇、发展平台。

从底层逻辑来看，传统培养模式与钱班培养模式之间展现出颠覆性的差异（见图 9）。传统培养模式主要以课程为核心，强调对"已知"的系统化学习，同时辅以有限的课外社群活动和实践研究。而钱班培养模式则反其道而行之，以探索"未知"为驱动力，通过研究需求引导对相关知识的深入学习，同时高度重视社群活动。

具体而言，传统培养模式的特征包括：关注已知知识，学科体系封闭且单一，统一的培养方案，重视个体发展和竞争性，常常与真实产业及社会挑战脱节。相比之下，钱班培养模式则具备截然不同的特征：关注未知领域，注重开放性与多学科交叉，强调灵活且个性化的培养方式，倡导合作与创新领导力，通过实践发现问题并提出创新性解决方案。

这种对比清晰地展示了两种培养模式在逻辑起点和实践路径上的根本区别，为教育创新提供了新的视角与方向。

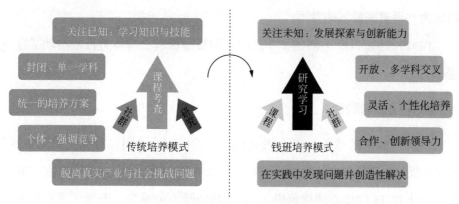

图9　清华钱班培养模式的颠覆

"建楼堆砌"逻辑是指在设计完成后，根据设计高度打下合适深度的基础，然后，逐步向上建造。这种模式适应了工业时代对教育的需求——人人被批量化地产出。然而在如今加速变化、未来不确定性的时代，尤其是进入数智时代，这种模式显得越来越不适用。

相对而言，钱班培养模式由研究牵引，采用了"大树生长"逻辑，强调先根据内在和外在的综合需求（激情，阳光雨露）来引导，通过在肥沃的土壤中生根发芽，不断深化成长，最终长成参天大树，这一过程由基因和生态共同决定。

教育的本质在于促进更好的成长，尤其是思维的成长。"建楼堆砌"逻辑往往是一种对教育资源短缺的妥协，充满了痛苦；而"大树生长"逻辑则利用充足的教育资源，带来了更加自然和痛快的成长体验。

23　一万小时理论——再论精深学习

2015 年，我在清华大学为学生们做了一场主题为"一万小时天才理论——谈谈精深学习"的报告。在《水木清华》编辑的帮助下，该讲座的内容被整理成文①。本节内容简述了该文的主要观点。

一万小时理论

丹尼尔·科伊尔（Daniel Coyle）在其著作《一万小时天才理论》（*The Talent Code*）中探讨了一个引人入胜的主题。他通过大量案例表明，要成为某个领域的世界级专家，必须投入约一万小时的刻苦练习。即使每天练习 3 小时，也需要长达 10 年才能积累这一万小时，正所谓"十年磨一剑"。

比尔·盖茨在中学时代就投入了一万小时用于编程，而爱因斯坦、莫扎特等杰出人物也遵循这一原则，只是莫扎特更早地专注投入。这"一万小时"不是简单的投入，而是设定清晰目标，确定适当难度，在自己的能力边缘，不断犯错以获得精进的一种练习。这种练习有大的框架，有对框架的细分，有反馈和自己的领会，作者称之为"精深练习"。心理学家安德斯·埃里克森（Anders Ericsson）及诺贝尔奖得主赫伯特·西蒙（Herbert Simon）共同验证了这一理论，虽然"一万小时"不是一个精确的数字，但所需的练习时间大致符合这个范围。

我曾热衷于观看篮球比赛，尤其欣赏科比的表现。"一万小时理论"也适用于他。科比即使在失利后，凌晨 4 点也依然起床练球，持续数小时。他的

---

① 郑泉水：《一万小时天才理论——谈谈精深学习》，《水木清华》2015 年第 4 期。

成就与他的付出息息相关。主帅菲尔·杰克逊曾评价，10 年前科比是湖人队中最勤奋的球员，如今仍无人能及。

这一理论有生理学依据。人体神经元的突起包括树突和轴突。髓鞘质（myelin）是包裹轴突的一层物质，如果把轴突比喻成导线，那么髓鞘质就好像包裹在导线外层的绝缘体。有髓鞘包卷的轴突即为有髓神经纤维，与无髓鞘质包围的神经纤维相比，它最高可使信号处理能力提高 3000 倍。髓鞘质越厚，人的即时反应能力越强。通常情况下，一般的练习不会产生增量，因此对髓鞘质刺激不大。只有精深练习所产生的增量——突破原来的水平——才能刺激髓鞘质的增长。因此，简单的重复、反复、持续对髓鞘质的增长作用不大，而有增量的重复、反复、持续才是有效的练习。精深练习是建立在悖论之上的：朝着既定的目标挣扎前进，挑战自己的能力极限，不断犯错、纠错，就像爬冰山，刚开始的时候会滑倒，会跌跌撞撞，最后在不知不觉中变得敏捷自如。

因此，"一万小时理论"的关键词是"一万小时"和能带来增量的高强度训练，而没有热情是不可能做到长时间高强度训练的。有的老师评价我有热情，其实清华里很多老师都有热情，清华的同学也很有热情，这个热情是使人能够坚持的重要原因。中国有句古话：十年磨一剑。这句话就把这个道理说得非常清楚。这里所涉及的两个概念"十年"和"一剑"，"十年"是时间，"一剑"是专注，讲的就是长时间在一个方面专注地投入。

精深学习和通过研究来学习

在探讨"一万小时理论"的生理学基础时，提到一个核心概念——精深练习。应用到学习领域，这一概念可以延伸为"精深学习"。最新的研究表明，卓越表现并非源于任何与生俱来的天赋或技能，而是多年刻意练习与指导的结果。

从知识的角度来看，它可以被分为三重境界：信息（information）、技能（skill）、态度（attitude）。我们常说"知识就是力量"，但在信息爆炸的时代，仅靠知识的积累已不足以创造价值。单纯以知识的量来衡量，人类早已被计算机超越。真正的问题在于：能否将知识转化为技能，进入第二层境界；更进一步，能否利用技能创造新的知识，迈向第三层境界。

对创造力产生决定性影响的，并不是掌握知识的数量，而是对知识的理解深度和组织方式。只有能够灵活应用的"活"知识，才能帮助学习者以创新的方式理解问题、解决问题。相反，停滞不前的"死"知识不仅无法推动进步，反而可能束缚学习者的思维，限制其创造力的发挥。

在钱班的教学中，我们一直倡导从被动、痛苦的学习转向主动、愉快的学习；要有明确目标、自主学习，追求挑战性学习；最终通过研究和团队协作来学习。研究驱动的学习是最高效的方式，它不仅能最大限度地激发学习者的能力和激情，而且通过研究获得的知识容易达到最高的境界。

阅读只是一种信息获取的手段，真正的关键在于练习以建立技能，并通过研究来培养解决问题和创造新知识的能力。面对知识爆炸的时代，我们应如何学习？首先要理解问题本身，深入研究，达到一定的深度，而不是停留在表面。只有这样，知识的根基才能扎实，否则只是浮在水面，浅尝辄止。

然而，我们不可能对每一门课程都投入"一万小时"。时间是有限的，4年时间若不吃不睡也只有三万小时，因此必须有所选择。这就是"精深学习"的要义：通过精心选择，专注于单一领域，进行深入学习。

清华力学专业课程涵盖数学、物理、工程、机械等领域，但如果试图样样精通，反而可能失去个人特色。每门课都强迫学，学得痛苦，最终忘得干干净净，这种学习方式令人遗憾。

我的大学学习聚焦于从高数、高代到弹性力学、张量分析，再到论文研究，虽知识面相对局限，但理解深入、目标明确，建立了自信。随着研究深入，逐渐扩展到与物理、化学、生物、材料等多学科交叉合作。尽管无法在每个领域达到深度，但通过与专家合作弥补不足。他们愿意合作，因为我在某方面做得出色。合作的基础在于你既有专长，也能理解对方的思路并沟通。

此外，我向学生学习。我要求他们在半年内成为某领域的"专家"，超过我，否则不合格。学生不需样样在行，只需在一个领域超过我即可。我也是如此，专注于高等弹性力学，而统计学则非所长。每个人都有长处，找到并发挥它，就能脱颖而出。

24　启示和思考（16~17）

启思 16　千里马–伯乐"反问题"：聪明且充满激情的学生，遍天下有好导师

类似胡脊梁和我"找"好老师的经历，虽然不多见，但绝非纯粹的运气。其背后的逻辑在于：学生拥有极大的天赋和激情，并主动积极地寻找适合的优秀导师，谁不愿意"得天下英才而教育之"呢？如果师生之间不仅有强烈的共同兴趣，还在大方向上有一致的愿景，那么即使相隔千山万水，也不算什么。

如果钱班不仅仅是偶尔出现一个胡脊梁，而是能够随着时间的推移，涌现出越来越多类似的杰出学生，那么钱班的学生们将能从全球吸引到越来越多的卓越导师；这将进一步吸引更聪明、更有激情的学生，最终形成良性循环的"飞轮效应"。

然而，要实现这一目标并促进教育的变革，钱班需要一个相对较大的规模，但"伯乐"竟然因为老师们的本位主义等，长期在清华受到难以克服的制约。如何更有效地加速"飞轮效应"的实现，如何更好地利用这一效应，是我们过去几年一直在探索和回答的核心问题，也是 2021 年创办零一学院、推动创建零一生态的主要动因。

启思 17 对充满激情的学生，鼓励自主学习和学少学精

"二八法则"可能同样适用于学习。每个学期，学生可以将 80% 的精力集中于学好一门核心课程，而其余课程则只需投入 20% 的精力。需要特别强调的是，"单科主义"并非简单地随意选择一门课程，而是围绕研究需求精心选择课程。这一选择可能包括与研究相关的一组课程，甚至涉及研究生课程，且这些课程必须自学、自悟，达到精通并能够应用。

为什么"学少"比"多学"更好？从思维和认知的角度来看，学习可以分为学（器）、做（术）、思（法）、悟（道）4 个层次。每个层次所需的时间投入呈指数级上升（如 1:3:9:27）。有人说，"学习的真谛就是，当你忘记一切所学到的东西之后所剩下的东西。"不仅如此，当达到"思（法）"层次时，所学内容就具备了迁移能力，即"举一反三"。这或许解释了为什么在由问题引导的单科学习中，钱班学生的基础普遍更加扎实，成绩也优于非钱班的学生。

第七章
顶尖创新人才培养的第一性原理

在已知的世界（"白空间"），知识渊博者和年长者通常承担着教授年轻人和无知者的责任；而在未知的世界（"黑空间"），往往是年轻人成为开辟道路的先锋。在数智时代，知识已从竞争的核心要素转变为创新的基础条件。面对充满未知的"黑空间"，年轻人因其无知无畏的特质，反而展现出独特的优势，而年长者则因经验与惯性的束缚，逐渐退居为伴长者。

在钱班的探索中，我们观察到这种角色反转的现象具有一定的普遍性，并且成为大教授与本科生之间相互深度吸引的底层驱动力。这一现象启发了高潜力创新人才培养的"第一性原理"——"X^{3}聚变"理念的诞生。那么，这一切的起源是什么？未来又将如何发展？让我们一同揭开这场深刻变革的序幕。

25　"零"摩擦的世界与"根"技术

费曼："在底层有足够的空间"

开拓，是人类发展最显著的核心特征之一。其动力源于对现状的不满足以及对更好地生存与发展的执着追求。从物质层面的拓展到精神领域的探索，开拓不仅彰显了人类的勇气与智慧，更展现了我们对未来的无限想象与可能。

然而，人类迈向地球之外的开拓之路充满艰险，它不仅需要技术与认知的飞跃，更要求对社会整体思维模式和价值观的深刻反思。回顾历史，近代以来，人类对地球有限资源的激烈争夺曾酿成两次世界大战等灾难，而当今全球气候变化和可持续发展危机，更是这一掠夺性竞争模式遗留的后果。由此可见，在追求开拓的同时，人类亟须探索实现和谐与可持续发展的新路径。

尤其关键的是，未来的开拓不应再以对物质和能源的高依赖为核心，而应转向寻找更为高效、智能甚至非物质化的开拓空间。这将是人类在迈向未来时必须面对的核心议题，也是通往更广阔可能性的关键所在。

早在 1959 年，诺贝尔物理学奖得主理查德·费曼（Richard Feynman）就在美国物理学会年会上发表了题为"在底层有足够的空间"（*There's Plenty of Room at the Bottom*）的著名演讲。在这场演讲中，他预言，人类将有能力"利用小机器制造更小的机器，通过不断迭代，最终实现对原子的精确操控，达到造物者般的境界"（见图 10）。费曼的这一远见卓识，不仅深刻影响了 20 世纪 90 年代以来纳米科学与技术的兴起，还推动了这一领域成为科技发展的主流方向。

费曼的构想也催化了成批顶尖创新人才的出现。例如，在 2003—2023 年，中国科学院新增选的 561 名院士中，据粗略统计有 159 名来自微纳领域，占比达 28%。其中，在数学物理学部、生命科学与医学学部以及技术科学部，这一比例更是高达 38%、36% 和 45%。

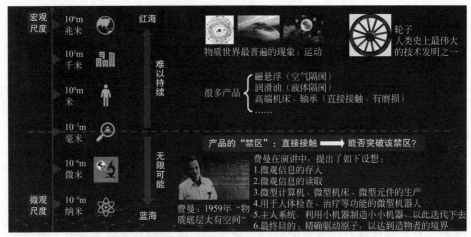

图 10　费曼："在底层有足够的空间"

"拦路虎"：摩擦和磨损

费曼的演讲展现了他对物理学的深刻洞察和对科技未来的非凡预见。然而，在自超滑技术诞生前，毫米以下尺度的微小机器领域始终是禁区——现实世界至今未见产品。其根本障碍在于两固体表面相对滑动时不可避免的摩擦与磨损，导致能耗增加、寿命缩短，对更换成本高昂的产品而言，寿命问题更为棘手。宏观机器可通过润滑剂或悬浮技术减免摩擦，但微小机器因直接接触而难以摆脱磨损困境。

自超滑（self-superlubricity）是指两固体表面在无润滑剂接触滑动时，磨损为零、静摩擦为零与摩擦系数为零的奇妙状态。

宇宙万物皆在运动，而地球上最常见的机械运动是固体表面间的滑动。早在公元前 3500 年，美索不达米亚文明发明的轮子，由于可以有效克服摩擦阻力，被誉为人类最重要的技术发明之一。如今，在微纳米技术的"蓝海"中，自超滑技术正崭露头角，有望引发一场技术革命。它将如何重塑未来？这是一个科学与想象力交织的议题。

无知者无畏

主要由我的团队在清华大学开创的自超滑技术（参见附件 1），其起点可追溯到 2002 年我与蒋庆教授发表的理论预测：在无摩擦的条件下，将多壁碳纳米管的内管抽出后释放，它会沿轴线每秒钟做十亿次的来回振荡。

这一理论迅速引发关注，并被 *Physical Review Focus* 评价为"首个频率可达 10 亿赫兹的机械振荡器"，专家认为其在通信领域等关键技术中前景深远。尤其是滤波器核心部件——共振器的高频突破，为技术发展开辟了新路径。

此后，在我的申请下，国家自然科学基金委与清华大学科研院紧急设立专项基金，支持组建课题组开展实验研究。彼时，我几乎毫无实验经验，却义无反顾地投入"看不见摸不着"的微纳世界展开探索。这样的选择，也许正应了那句"无知者无畏"。

回望当时的情景，我感慨"幸运之神"多次垂青。

幸运之一，是邀请到多位顶尖学者合作，包括清华的朱静院士，中科院的薛其坤院士和吕立、翁羽翔研究员，以及北大的彭练矛院士。他们的支持和指导至关重要，否则我的探索可能早已夭折。

幸运之二，是及时意识到多壁碳纳米管振荡器难以实现。其振荡频率过高，仅能通过光学测量，但光测范围极小且无法探测高频。我大胆提出改用微米尺度的多层石墨，尽管这一设想初期被广泛质疑，甚至有人反驳："如果真有这种现象，铅笔就无法在纸上写字！"然而，我基于"第一性原理"坚信这一可能性，并认为石墨相比碳纳米管更具批量化制造的潜力，最终决定尝试。

幸运之三，是遇到了实验能力强的博士生江博。他自小热爱机械，对理论兴趣不大，却对实验充满热情。他主动承担这一"疯狂"设想的实验探索，最终为突破奠定了关键基础。

正是这些"幸运"叠加，才让我在这条未知的路上得以继续前行。

坚持就是胜利

无数案例表明，勇气和毅力是实现重大目标的关键。然而，许多人往往在接近目标的最后关头选择放弃，这被心理学称为"临界点放弃"。

我们也经历了这样的考验。江博的实验在两三年间屡次失败，始终无法观测到预期结果。在这漫长而艰难的时期，我投入了全部精力，与他反复讨论和分析问题，不断查阅资料、请教专家，承受着项目成败和学生如何毕业的双重压力。

终于，功夫不负有心人。我们成功观察到石墨的自回复运动现象，并于 2008 年将成果发表在《物理评论快报》（PRL）。这一突破标志着我们走出了"死亡谷"。随后，国家自然科学基金委追加重点项目资助，清华大学也投入 1800 多万元，支持成立"微纳米力学与多学科交叉创新研究中心"（CNMM）。

中心汇聚清华、北大、中国科学院等机构的 20 余位教授，覆盖力学、材料、物理、化学等领域，并邀请 1986 年诺贝尔物理学奖得主海因里希·罗勒（Heinrich Rohrer）担任首席顾问，推动了自超滑科技和清华钱班模式的创建。

这段经历让我更加坚信坚持的力量。即使前路坎坷，只要不放弃，终会柳暗花明。

26 源头创新及人才成长的土壤

"创新的国度"和 XIN 中心

让我深深着迷的，是过去 200 年来，在创新领域成就斐然的犹太人背后的教育文化。尤其是在阅读了 2010 年出版的《创业的国度：以色列经济奇迹的启示》[①]这本书之后，我的好奇心更是倍增。书中提到，以色列这个仅有 710 万

---

① 丹·塞诺、索尔·辛格:《创业的国度:以色列经济奇迹的启示》,王跃红、韩君宜,译,北京:中信出版社,2010 年。

人口的国家，常年笼罩在战争的阴影下，又几乎没有任何自然资源，在纳斯达克上市的科技公司数量却超过整个欧洲，甚至超过日本、韩国、中国和印度的总和！这充分展现了犹太人的创新文化，其核心精神与创业高度契合。

2012 年，CNMM 迎来了两位特别的访客：特拉维夫大学校长 Joseph Klafter 教授和他的外事副校长教授。他们因我们团队发表在《物理评论快报》上的论文《在石墨中观察到微尺度超润滑》[1] 专程前来。Klafter 教授对微尺度超润滑的潜在应用充满期待，同时对清华钱班的教育模式深感兴趣。

同年 10 月，在 Klafter 教授安排下，纳米摩擦学领域的顶尖学者 Michael Urbakh 教授访问 CNMM。一个月的高频交流中，我们不仅成为合作伙伴，也成了朋友。这是我首次与犹太人有近距离、长时间的接触。我向他坦言，爱因斯坦，以及由他体现的犹太文化，尤其是其中关于"激情"的理念，对我从大学以来的人生产生了深远的影响。除了我自己的研究，甚至在家庭教育中，我们也尝试采纳犹太教育的一些理念，帮助我的两个女儿找到自己真正热爱的事情。

听到这些，Michael 神秘地告诉我："这还不是全部，要想了解犹太文化的真正奥秘，请去以色列。"

怀着期待和不安，2013 年 4 月底，我首次前往以色列，并带了一个由 20 多名师生组成的代表团，展开了为期两周的交流访问。在特拉维夫大学，我们深入了解了那里的教学与科研体系、师生关系，以及特拉维夫这座"创新之都"的创新创业环境和模式。同时，我们还学习了以色列的历史与文化。这次访问奠定了清华大学与特拉维夫大学一项合作的基础。次年，两校在两位校长的推动下共同创立了致力于"交叉创新研究与创新人才培养"的 XIN 中心。在担任 XIN 中心创建主任的一年多时间里，我切身体会到创新教育的

---

[1] Ze Liu, et al., "Observation of Microscale Superlubricity in Graphite," *Phys. Rev. Lett.*, doi: 10.1103/108(2012). 205503.

力量。这些理念逐渐融入清华钱班培养体系，并在 2021 年创立的零一学院中生根发芽。

决策推动自超滑技术产业化

在筹建 XIN 中心的一年多时间里，在特拉维夫大学朋友们的鼓励与启发下，我对自超滑技术产业化进行了深入思考，最终基于以下三点关键判断作出决策：

- **技术与产品创新周期大幅缩短**：技术从创新到应用的周期正大幅压缩。以晶体管为例，1904 年硅的半导体性质被发现，至 1947 年第一只晶体管问世，再到 1975 年个人计算机引发第三次工业革命，跨越了 70 年。而在信息技术飞速发展的今天，这种时间周期已大大缩短。

- **以色列创业成功的核心公式**：2013 年访问特拉维夫大学时，两位年过六旬的物理学家与我当面分享和讨论了基于他们的发明技术孵化出的四家上市公司的"方程式"：

  第一条，专注尚不存在但具有巨大市场潜力的问题。

  第二条，拥有远大雄心。

  第三条，提出清晰可行的解决方案。

  第四条，找一位技术背景陌生但充满信念的年轻经理人。

  特别是第四条，对我触动极大，为我提供了全新的视角和启发。

- **技术源头创新的历史镜鉴**：20 世纪初，美国虽经济领先，但源头创新不足。莱特兄弟发明飞机后被质疑，直到飞机在欧洲引发轰动才被认可。"二战"后，美国通过吸引科技人才与实施创新政策实现了源头创新飞跃。我意识到，如果不亲自推动自超滑技术产业化，这一潜在"根技术"可能错失发展主航道。

基于这些判断，我坚定了推动自超滑技术产业化的决心。2019年，在深圳市及坪山区政府支持下，我们成立了全球首个"自超滑"技术研究机构——深圳清华大学研究院超滑技术研究所，并创立产业化公司深圳清力技术有限公司（Friction X），推动技术向革命性产品转化。2023年，自超滑技术被国家自然科学基金委员会选为《凝练科学问题案例》[1]的首个代表性案例，彰显其科学价值与应用潜力。

27 本科生"领导"博士生和 X^3 聚变概念的萌芽

自超滑微发电机的诞生

响应1959年理查德·费曼发表的著名演讲《在底层有足够的空间》，之后不久，美国就发起了哥尔丹会议系列（Golden Conferences），旨在汇集来自世界各地的研究人员、学者和行业专家，共同探讨纳米技术的最新进展和面临的挑战。2016年，我和王中林院士分别在该年度的一次会议上就自超滑技术和纳米发电机作了报告。中林是我30余年的老朋友，也是CNMM的创始顾问之一。近10年来，他开创了纳米发电机的研究领域。在会议上，中林对我说："泉水，我认为自超滑技术在纳米发电机方面有着极其重要的应用。"

在他推荐的材料中，我了解到，人们推测10年后全球将有多达300亿个微小的传感器和发射器分布式地应用于各种场合，其中大多数难以提供有线电源，且价格昂贵，电池寿命也往往不够。而纳米发电机有可能将周边环境中极弱、低频、随机的机械能，如风能或振动能，有效地转化为电能。这些开创性的概念和研究，引起了国际学术界和能源界的广泛关注，也为中林赢得了2018年度的世界能源界最高奖——埃尼奖和2019年度"阿尔伯特·爱因斯坦世界科学奖"。

---

[1] 国家自然科学基金委员会：《凝练科学问题案例》，北京：科学出版社，2023年。

但我很快意识到，在摩擦纳米发电机概念中存在一个核心矛盾和限制：尽管摩擦起电简单且有效，在微型发电机中，摩擦和磨损则会导致发电效率低下和使用寿命短暂。这让我产生了"超级微发电机"的构想：一种尺寸微小、全服役寿命（甚至"无限"长寿命）的设备，能高效且具高功率密度地将微弱、随机的机械能转换为电能。自超滑技术似乎是实现并将这一超级微发电机商业化的关键。

然而，当我试图说服我的博士生加入这一研究时，却未能激起他们的兴趣，他们囿于对未知的恐惧，以及对不确定的研究方向可能影响毕业进度的担忧，这让我感到沮丧。

自 2016 年起，我在一些成功企业家的支持下，创办了"今日与未来"系列活动，旨在为钱班学生与成功人士提供小范围的面对面交流机会。2017 年，我与当时一年级的钱班学生黄轩宇分享了自超滑微发电机的构想。出乎意料的是，这一想法激发了他极大的兴趣，他决定尝试探索这一领域。

随后的研究不仅在理论和实验上证明了这类发电机远超传统发电机的发电密度，而且其寿命几乎是无限的。2022 年，由黄轩宇牵头的世界首个超级微发电机项目荣获科技部首届颠覆性技术大赛的最高奖——优胜奖。2023 年，他获得了清华大学在校学生的至高荣誉——研究生特等奖学金，并在读博三年半后提前获得了博士学位。

本科生"领导"博士后

从黄轩宇的案例开始，我们在钱班注意到一个有趣的现象：本科生"领导"博士后。大三时，黄轩宇已经开始领导一个包括多名博士生和博士后的研究团队。这一"本科生领导博士后"的现象并非偶然，而是钱班培养模式下的必然结果，无论学历高低，学生都能根据能力和贡献获得相应的领导机会。

例如，钱班 2016 级学生毕恺峰，本科毕业 3 年后，已经在华为领导着一个博士研究团队。

再如，钱班 2015 级学生陈一彤，在大四赴哈佛大学访学期间，研究的是领域内专家公认的难题——人体眼角膜剪切模量测量。刚开始时，由于年级低，导师安排高年级博士生指导她。然而，仅几个月后，她已能独立攻关，提出的创新检测方法令高年级博士生叹为观止。后期，哈佛导师指派她专门指导其他博士生，最终共同突破了这一技术。2023 年 10 月，陈一彤作为第一作者在《自然》（*Nature*）正刊发表了他们的人工智能芯片，比之前最好的 NVIDIA 显卡芯片速度提高了 3000 倍。

2024 年 10 月 23 日，刚到上海交通大学担任助理教授不久的陈一彤，给我发了如下一段微信：

> 郑老师好，最近有件事感触很深，想与您分享，希望没有打扰您。
>
> 我指导一名钱班大二学生和一名非钱班大四学生，合作者都是博后，大四学生面对博后质疑往往退缩回来找我，而钱班大二的学生却能勇于面对质疑进行探讨。虽然对领域的了解，大四学生还更多。
>
> 我突然很有感触，不管是我 SURF 时作为清华本科生指导 MIT 博士生，还是轩宇读博时带博后，钱班 / 零一的同学从开始就被引导勇于质疑提问，很少因为年级给自己设限。身在其中不觉，现在自己也做老师，发现这种培养何其珍贵。
>
> 我经常感觉自己是个悟性不好的学生，老师们说的话有时很久后才能逐渐明白，真的很感谢您和钱班的培养给了我们受益终身的精神财富。

拔尖创新人才培养"第一性原理"：X^3 聚变

在钱班创办的早期，我一直困惑于一个"悖论"：一方面，我们常说"名师出高徒"；但另一方面，我们看到，国内的"名师"通常忙于指导大量研究生和处理多个研究项目，似乎很难有时间和精力亲自指导本科生。那么，为什么他们还愿意花时间指导本科生呢？实际上，大多数教授，除了出于情怀或工作职责，并没有多少内生动力去指导本科生。在这种情况下，学生们往往更愿意选择那些有内生动力的年轻老师作为导师，而这些年轻老师通常是因为自己缺乏足够的研究生，才需要高素质的"免费劳力"。这种状况显然并非理想的师生关系。

带着这些疑惑，我开始注意到世界顶尖名校的一些不同之处。有一次，我偶然听到清华学堂物理实验班的首席教授朱邦芬院士提到，他们的一位学生在斯坦福大学短期访问时，居然闯入了一位诺贝尔奖得主的办公室，并与他交谈了两个小时。我还从多位在世界顶尖大学任教或毕业的朋友处了解到，这种情况在这些学校并不少见，而在当下的中国，恐怕是难以想象的。

我亲身经历的另一个案例来自法国巴黎高工的 David Quéré 教授，他与1991 年诺贝尔化学奖获得者 De Gennes 有着深厚的学术和个人交情。自 2011年起，David 几乎每年都会来 CNMM 访问。我注意到，吸引他来的强烈动机主要有两方面：一是与我和我的研究生们的学术合作，二是为钱班学生授课。甚至我感觉后者对 David 的吸引力一点也不逊于前者。他可以连夜飞行 10 多个小时，周一清晨赶到清华，随后便开始一整周充满激情的授课、讨论和作业评阅，周五晚上又连夜飞回法国。我的另外一位频繁访问者、加州理工学院的 Nai-Chang Yeh 教授也是类似情况。

这些经历让我逐渐意识到一个现象：越是专注于重大源头创新研究的老师，越愿意关心并投入时间指导本科生。然而，这些观察仍未彻底解开我的困惑，直到黄轩宇同学的出现。受到前述"以色列创业成功的核心公式"中

第四条的启发，尽管轩宇从零起步，我仍大胆鼓励他去尝试。然而，他毕竟还是一名低年级本科生，因此我特意安排他随时可以来找我讨论，因为这项研究对我来说意义非凡。

在接下来的两年多时间里，我与轩宇几乎每周都会进行长时间的讨论，帮他梳理思路、解决难题、修改论文等。讨论的场景随时随地——在我的办公室、校园步道上、家中，甚至线上会议室。这些深入的交流，成为我们共同探索与成长的关键时刻。

在长期陪伴黄轩宇成长的过程中，2018 年的某一天，我突然悟出了如何激发卓越导师，使其自发自愿、深度投入指导英才的"秘诀"。经过几年的打磨，这个秘诀演变为 2021 年创建零一学院的"第一性原理"——X^3（X 型学子–X 型问题–X 型导师）聚变（见图 11）。这个概念的具体细节留待后话——在本书的第三部分再详述。

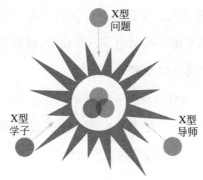

图 11　X^3（X 型学子–X 型问题–X 型导师）聚变反应

这个秘诀的核心在于，我和黄轩宇都对同一个 X 型问题——发明世界上第一台超级微发电机，充满激情！尽管这个 X 型问题是我提出的，但我深知，要真正发明并实现超级微发电机的商业化，甚至改变世界，必然需要投入 10 年、20 年的青春年华。然而，年近六旬的我，已心有余而力不足。看到一位才华横溢、情商高超的学生黄轩宇愿意来帮助我实现这个大梦想——也是他自己的梦想，我心中无比欣喜。这就是过去 6 年来，我自发自愿、随需随到地陪伴黄轩宇突破重重难关，助力他实现多次跃升式成长的根本原因。

这是师生之间最深层次的共赢啊！

这一现象并非孤立。我在钱班很快注意到越来越多类似的案例。例如，2017 年诺贝尔物理学奖授予了引力波探测的研究者，而这些引力波事件起源于双黑洞并合模型。然而，天体物理学和宇宙学中依然存在若干未解的黑洞之谜——那些大质量黑洞以及所谓的黑洞质量禁区内的黑洞究竟是如何形成的？钱班 2018 级学生马竟泽（见附件 5）在大二时，主动找到物理系的楼宇庆教授，探讨在广义相对论框架下，用磁流体力学理论研究磁化大质量恒星模型及其稳定性。这个研究预言了一类新型天体，并对理解宇宙中早期的超大质量黑洞和黑洞质量禁区内的黑洞有着深远的意义。

2021 年，我第一次见到楼宇庆教授时，他告诉我，马竟泽和他之间经常为了一个巧妙的想法和进展，半夜三更打电话交流，不亦乐乎。这真是一个异曲同工又极其美妙的故事。我明白了，我确信我们找到了"圣杯"，也即清华钱班和零一学院的"第一性原理"。

我还请教楼教授："为什么你们物理系的博士生和博士后不去做这么一个既有趣又有意义的课题呢？"他笑答："恐怕是既缺乏勇气，也缺乏跨天体物理与流体力学学科活用磁流体力学的能力吧！"

28　启示和思考（18~19）

启思 18　以创新牵引成长的教育，颠覆了许多传统的认知和做法

前一章的案例揭示了两大颠覆性变化：一是培养模式的颠覆，从以知识为中心转向以研究为牵引（见图 9）；二是培养逻辑的颠覆，从"砌房"转向"栽树"。

在知识如空气般随时随地可得的数智时代，创新牵引的成长，在优秀教师的陪伴下，必然是一段充满活力的成长历程，也是一种更优质、痛快的教育体验。本章的案例启示我们如何有效实现学习的升维：从简单的知识学习、知识积累和技能训练，升华到精深学习、创新思维的锤炼与领导力的提升。做好这种升维是进入数智时代所必需的。

更为引人深思的是，本章案例所启示的师生角色的颠倒。传统的师生关系，主要解决的是"白天"中的问题，即已知问题的解决和知识的传授。在这种模式下，老师通常是知识的传授者和指导者，学生则是知识的接受者，要求快速高效地吸收和应用知识，尽可能避免错误。这种传统模式更强调知识的积累和应用，以及已知问题的解决能力。

然而，在创新过程中，师生的角色却往往颠倒。创新主要应对的是"黑夜"中的问题，即未知领域的探索和新知识的创造。在这种情境下，师生之间的关系更加平等和互动。老师不再仅仅是知识的传授者，而是与学生一道探索未知、共同解决问题的伙伴。学生也不再是被动的知识接受者，而是积极参与创新过程的主体，在探索中勇于尝试、乐于探索，在失败与反思中不断成长。

因此，创新过程中，师生关系更多地体现为合作、共同探索和共同成长，而不再是单向的知识传授。这种颠倒性的师生关系模式有助于激发学生的创造力和创新能力，推动教育向更加开放和多元的方向发展。这是一种让师生都能深切感受到乐趣、友情与成就感的关系。

启思 19 创新常常发端于简单的实验室和"意外"[1]，来自"界面"

剑桥大学的卡文迪什实验室至今产生了 30 多位诺贝尔奖获得者，是世界上最具影响力的实验室之一。然而，令人惊讶的是，绝大多数诺贝尔奖级的

---

[1] 这个被广泛认同的说法，最著名的出处是英国物理学家亚瑟·科斯特勒（Arthur Koestler）的著作《创造的行为》（*The Act of Creation*）。它强调了偶然性在创新过程中的重要性，以及如何通过开放的心态和敏锐的观察来利用意外事件。

成果都出现在实验室只有一位教授、实验设备相对简单的时期。到了 20 世纪 80 年代，随着教授人数的增加和实验设备的日益复杂与昂贵，诺贝尔奖级成果反而变得罕见。

2010 年 4 月，我实地访问了卡文迪什实验室。8 月，在学校的大力支持下，我牵头创立了清华大学的交叉研究试点——CNMM。在考察了多个国际顶尖实验室后，卡文迪什实验室的这一"反直觉"现象给我带来了深刻启示，尤其是让我重新思考从 0 到 1 的创新过程。因此，我们在建设 CNMM 实验设备时，除了强调多学科共用，还特别要求尽量保持设备的简单和廉价，并鼓励研究生们动手自建，勇于尝试与探索。

值得一提的是，卡文迪什实验室的创始主任是一个没怎么做过实验的理论物理学家，即建立了电磁场理论的詹姆斯·克拉克·麦克斯韦（James Clerk Maxwell），而我也是一个"纯粹"的理论家，是实验小白，既没有见识，也没有能力去建设复杂的实验室。这反倒成了"短板"促成"长板"的案例。正因为设备简单，CNMM 得以"从无到有"地诞生了"自超滑技术"。

化学反应与物理界面密切相关，它们发生在界面上，生成新的物质。清华钱班（TEEP）和 CNMM 共享清华液晶大楼三楼这一"界面"，共用校园内外的资源，共有多位核心成员。不期而遇又自然融合的 TEEP 和 CNMM，在这一物理与思想的"界面"上产生了强烈的共振，不仅催生了清华钱班的教育模式，还诞生了革命性的自超滑技术。更重要的是，这一"界面"的互动促成了我教育思想的第四次破界——学生、问题、导师"三位一体"聚变思想的萌芽。

最初，CNMM 是为研究生设计的，然而，因其设备的简便性，一群钱班的同学在其中得以轻松"玩耍"，并最终观察到杨锦和薛楠的"永久不破的泡泡"（见第五章），从而触发了钱班模式的第二次思维"破界"。自 2012 年徐芦平老师加入 CNMM 后，我们将其中为钱班服务的部分独立出来，命名为

"开放智慧实验室"（Open Wisdom Lab, OWL）。有了 CNMM 和 OWL，钱班的同学们从被动学习逐渐转变为主动探索，成为共创钱班模式和推动创生教育的核心力量（详见第六章至第九章）。

　　值得一提的是，我始终看好并期待的 OWL 计划的曲折历程：从在 CNMM 内设立再到撤销，过了一段时间又扩大重建，经历了多次试错，总共折腾了三轮，依然未能真正成功。这过程中浪费了不少金钱和时间，也引发了不少争议。直到深圳零一学院的 OWL，似乎才终于找到了成功的路径。其间，钱班 2012 级的厉侃等共创首个 OWL 的同学们也许对此深有体会。记得在陈吉宁校长为 OWL 开张剪彩的那一刻，他们竟然打出了"逃课去学习"的口号，这让我们大为震惊！回想起来，这不正是创生教育"第二通道"的本义之一吗？

第八章
钱学森之问的答案：创新生态

2009年秋季，清华钱班刚刚开办不久，我从钱老的"最后一次系统谈话"中，"读到"了他对如何解决"钱学森之问"的大致思考。钱老说："后来我转到加州理工学院，……创新的学风弥漫在整个校园，可以说，整个学校的精神就是创新。在这里，你必须想别人没有想到的东西，说别人没有说过的话。拔尖的人才很多，我得和他们竞赛，才能跑在前沿。这里的创新还不能是一般的，迈小步可不行，你很快就会被别人超过。你所想的、做的，要比别人高出一大截才行。那里的学术气氛非常浓厚，学术讨论会十分活跃，互相启发，互相促进。"

加州理工学院是当今世界上规模最小但教授人均培养出最多世界顶尖创新人才的大学之一。在清华钱班，我们是否也能创造出一个规模更小、形式各异，但在本质和内涵上与加州理工一脉相承、充满创新活力的生态呢？

29　朋辈学习和师生陪长生态

钱班生态初成

钱班创建 10 多年后，以钱班师生和毕业生为核心，逐渐形成了一个充满创新活力的微小生态。我认为，这个生态在 2017 年悄然成型。

我最早感受到这个生态的存在，是在 2021 年夏天 2017 级钱班毕业晚会上（见图 12）。如果说当老师有某种最幸福的时刻，那么这场晚会就是让我深深感受到了这一点的其中一次。不少参加了这次晚会的老师们也有类似感受吧？学生们的家长也都来了，整个晚会充满了幸福的氛围。我尤其激动的是，钱班的蒋琪、杨馥玮、谭子裴、张淞源、贾子尧、肖智文、孟祥迪等，以及他们的家长，还有非钱班的王金羽、韩思雨等，一个个围着我久久不舍，有的甚至热泪盈眶。

图 12　2021 年夏，钱班 2017 级学生毕业晚会合影

这是一个让我感到特别亲切并为之骄傲的班级，尤其团结向上，赢得了清华和北京市几乎所有班级荣誉。这个班级开创了钱班多个先例，其中可能最具深远影响的，是从 2017 年开始，钱班创新生态的初步形成。

学生：朋辈相助

第六章的学生主角、钱班 2013 级同学胡脊梁，在 2017 年 6 月本科毕业前夕主动请缨，却意外推动了钱班生态系统中的重要一环——"朋辈相助"

的开启。怀着对在钱班收获的"幸运"的感恩之情，他自发组织了一场面向全体在读钱班学生的分享与交流活动。在活动中，他深入讲述了自己的成长经历，以及在全球范围内主动寻求一流导师的宝贵经验与反思教训。他明确表示，将竭尽全力把自己在钱班感受到的爱与善意传递下去，特别希望能吸引更多来自麻省理工学院等美国顶尖高校的一流导师，为钱班学生的科研提供指导和支持。

胡脊梁言出必行。从他前往麻省理工到 2024 年 12 月回到清华任教的 7 年间，他与导师们年年参与钱班学生的指导，以及近年来对零一学院学子的指导（见第十一章）。他亲自指导并引荐了 10 多位学生毕业后加入世界顶尖高校深造，包括麻省理工、斯坦福、普林斯顿、加州大学伯克利分校等。在他之前，钱班还没有学生从事生命科学领域的研究，而胡脊梁作为钱班第一位选择生命科学作为研究方向的毕业生，已经指导并引领了 10 多名钱班学生选择生命科学作为博士研究生学习阶段的研究方向，这个队伍还在不断壮大。

我不确定 2017 年 8 月才正式入校的 2017 级钱班学生中，有多少位亲临了胡脊梁的专场分享会。重要的是，此后的每一年，胡脊梁同学都在多个场合践行了他对钱班师弟师妹们的承诺。钱班 2017 级的同学从入校伊始就感受到了这份师兄的真爱，并将其植入心中。从此，"朋辈相助"成为钱班的一个传承，越来越多的钱班毕业生加入了这一行动。以钱班毕业生为主，兼有在校生代表，成立了"钱班班友会"，由钱班 2009 级的倪彦硕和周嘉炜担任首任会长和副会长。

至此，钱班的同年级和跨年级学生之间，形成了"朋辈相助"的良好氛围，良性竞争而非恶性"内卷"。近年来，钱班毕业生开始呈现出"世界级"冒尖的"你追我赶"景象。更多的冒尖学生正在路上，如钱班学生在 ORIC 的表现，以及在全球顶尖高校和高科技企业 SURF 的表现，越来越出色。仿佛进入了钱老在"最后一次系统谈话"中所描述的情景！

钱班的毕业生，哪怕散在天涯海角，依然有钱班的深刻印记，在钱班班友群的助推下，同学之间"零距离"信息通达，使得这个大家庭形成了一个很好的创新生态，不仅在同班同学之间，也在跨年级的同学之间，同学们在不同的"赛道"上充满激情地奔跑。

特别是钱班有了自己的毕业生后，从首届毕业生张程、倪彦硕开始，接续艾力强、于强、辛昉、张子彤、巩浩然、黄云帆、孟祥迪、肖智文、方政清、李欣荣、张朔晗等，钱班在读班级的辅导员，一直由钱班毕业生担任，这种"传帮带"渐渐形成了钱班弘扬的文化——"不断追求卓越、持续激励他人"。

最近，在与2024届钱班毕业生代表的一次座谈上，我向同学们提出了一个问题："在钱班，哪些因素对你们的成长贡献最大？"多数同学的回答很值得思考："首先是朋辈学习，尤其是来自钱班毕业生的帮助；其次是自己的努力；最后是好老师的悉心教诲。"

这一座谈会的讨论结果透露出钱班生态的独特优势和深远意义：

- **集体氛围与传承文化**：学生普遍将"朋辈学习"及"毕业生帮助"列为首要因素，这表明钱班在培养学生互助精神和构建共享知识社区方面很有成效。这种氛围使得学生不仅仅从书本中汲取知识，更在日常互动中获得实践经验、心理支持和职业规划指导。

- **校友网络的延伸价值**：毕业生作为"过来人"，为在读学生提供了宝贵的经验分享和方向指引，这种"传帮带"机制让钱班的成长和成功具有可持续性，也凸显了社群文化的核心力量。

- **自驱力的不可替代性**：尽管外界的帮助至关重要，但将"自身努力"排在第二位，表明学生深刻意识到，个人成长的关键在于主动性和坚持不懈的努力。钱班的教学和管理模式显然在激励学生自我驱动和追求卓越方面发挥了重要作用。

- **学术引领与人格榜样**：优秀教师的教诲被排在第三位，这并非否定其重要性，而是反映了教师的作用更多体现在塑造学生思维方式和价值观上。教师不仅是知识的传播者，更是学生成长道路上的榜样和指路人。

家长：亲友会

除了胡脊梁等自发开启的"朋辈相助"，钱班在 2017 年开创了另一个别具一格的活动——亲友会。2017 年秋季学期期中考试后，钱班 2017 级的几乎所有家长、全体同学和多数项目老师们齐聚清华园，开展了为期两天的交流活动——亲友会。我猜想，朋辈相助和亲友会这两个创举，加上班主任任建勋教授对学生的极度关心，触发了钱班创新生态的形成。

大学里召开家长会，初听起来似乎不可思议，因为没有听说在国内高校中有过先例。是什么启发我们，决定设立"亲友会"制度的主要考量是什么呢？我曾到英国剑桥大学三一学院参访，师生共住一处、学院制等特点给我留下了深刻印象。剑桥大学是由不同学院（college）组成的，这里的文化主要就是学院文化。学院的学生们住在一起，高年级学长帮助低年级学生，形成了以大先生担任院长（master）的制度，教师们也直接参与学院管理，监督关照学生的方方面面。

无独有偶，这种学生间、师生间如家人般亲密交流的概念在我的哈佛大学、加州理工之行中得到了强化。哈佛大学本科生有一种特殊的学生宿舍社区制（the House System），每个社区由 350~500 位来自不同学科、不同背景的学生组成，形成互相关照和支持的学术、生活、文化社区。为了让新生快速融入社区，老生会组织一年级新生的户外素拓活动（Harvard First-Year Outdoor Program），带着新生一起在山野里度过 6 天。徒步、划船、野营、探险，各种冒险有趣的活动和朝夕相处的时光会让学生们迅速建立起彼此之间很强的链接，甚至成为终生的挚友。这启发了我对学生间建立学术之外联系的关注。

后来我到加州理工参访，恰逢毕业季，与很多家长深入交流，深感家长的参与对学院发展非常重要。

经过两年对学生和亲友社群建设的思考酝酿，当钱班 2017 级学生们汇聚于水木清华，我们认为是时候实践这些大胆的想法了。

"大学里怎么还弄家长会，搞得像中学一样？"这个倡议一提出，就受到一些老师的强烈反对。然而，在我的坚持和阐释下，钱班项目组老师们决定一试。值得一提的是，尽管前期会有激烈的讨论，但一旦决定就会高效执行，这种向心力和执行力是钱班稳健发展的基石。家长群在一天内迅速组建起来，亲友会的号召一呼百应，家长们纷纷报名，希望来清华看看孩子的生活，了解钱班的理念。

在第一届亲友会期间，家长们带着各地的特产从天南海北汇聚在清华，宛如一家人。家长们走访了清华的特色实验室，了解了钱班历届学生的科研故事和去向，看到孩子们在高年级师兄师姐和老师们的关照下积极探索未来方向，更加认同钱班的价值观和理念。事实证明，这场活动不仅让家长们理解和支持了钱班的创新教育，也让钱班的文化在全国各地更好地传承和发扬。自此以后，每一届钱班学生在入学的那个秋季，都会举办亲友日，得到了广泛认可，逐成传统。

老师：新年叙

钱班不是单一线条所勾勒出的群体，它是一个有传承、有温度的集合体，我们把它称为"钱班之家"。除了前文所描述的同伴间、亲友间的向心凝聚，亲密融洽的情感犹如无形的纽带，同时也贯穿在钱班师生之间。在钱班，传统刻板的师生关系被打破，老师们不是"高高在上"、有"距离感"的长者，而是以一种更加平等近人的姿态，融入学生，陪伴学生成长。

国际名校常有一个高桌传统（hightable），可以追溯到哈佛大学洛厄尔学院的第一位教师院长朱利安·洛厄尔·库利奇。他借鉴了牛津和剑桥的传统，设立了一个正式的晚宴，邀请选定的资深学生和学院的资深成员参加。后来高桌晚宴逐步演变为一种活动，汇集了选定的学生和教师以及行政嘉宾，旨在为他们提供额外的交流机会。

我一直想在钱班建立类似但有着更轻松融洽特色的师生交流活动。不必将教师、嘉宾、学生分到高桌和下面的桌子，但依然强调大学文化中学术的正式性和社交的重要性。这一提议经钱班项目组讨论决定后最终选在年底或年初进行，并起了一个简洁上口的名字"新年叙"，由钱班项目主任何枫教授牵头负责。

第一次举办"新年叙"是在 2019 年年初的一个冬日的晚上，选在一个温暖的地下餐厅。柔色的灯光氛围，一个个穿着正装的钱班学生们，与我、与钱班的老师们，如朋友般亲近地围聚在一起，自由地畅聊，迎接新年的到来。那晚师生间温馨融洽、欢歌笑语的场面，让老师们忘却了付出的辛苦，只感到由衷的开心与幸福。

自此，"新年叙"成为钱班的又一特色活动持续至今。每年年尾，钱班全体在校生和可以到场的毕业学长、家长及老师们相聚在一起，共同迎接新年的到来。"新年叙"由钱班在校班级轮流组织。我们充分尊重学生，给予学生自由策划和决定活动内容、形式的权利，让同学们自己直接联系他们想要邀请到场的老师们。同学们在准备过程中，发挥奇思妙想和展示创意才华，遇到任何问题、"拿不定"的时候，钱班工作组的老师都提供帮助，这也是一直以来钱班所提倡的"师生共建"文化。

从 2019 年举办第一次"新年叙"至今，每年我都会在繁忙的工作安排中早早地预留出时间，确保不缺席这段与钱班的老师们、同学们共处的珍贵时光。"新年叙"现场，钱班项目组的全体老师、各科的任课教师、学生的科研导师与钱班的各年级同学、已经毕业的"班友"们欢聚一堂，在欢快融合的氛围中，抛开身份、年龄的界限，互敞心扉，真诚对话。散布在世界各个角落、无法亲临现场的钱班"班友"们也纷纷发来问候的视频，不吝与学弟学妹们分享科研学习上的心得体会。老师与学生一同观看同学们编排的娱乐节目，共同加入一个个趣味横生的游戏，一起享用自助晚餐，无所拘束地互动交流，称得上是一场钱班师生的大联欢！

在这难得聚集了众多钱班学生和老师的现场，有两个特定的重要安排起着鼓舞学生和老师的作用，也烘托着现场热烈的气氛。其中一个是颁发"清华钱班超凝聚奖"，这是我和夫人将我获得的"杰出教学奖"的百万级奖金，全部捐赠而设立的，用以激励同学们的朋辈相助。自 2022 年开始，都会在"新年叙"的现场颁发给师生评选出的两名毕业的钱班学长，表彰他们在不断追求卓越、持续激励他人方面，为钱班作出的贡献。另一个是"教师突出贡献奖"，以表彰和感谢钱班教师的无私奉献。我们在 2024 年年底的"新年叙"活动中，特别表彰了与钱班一路同行 10 年以上的老师，感谢他们为钱班学生、为钱班发展所付出的心血、陪伴和贡献。

参加每一年的"新年叙"，都会给我带来意外惊喜。钱班同学在不断地创新这一活动形式，带给我许多新的体验。师生间的交流也不仅仅限于请教分享，在交流的过程中，同学们对钱班的培养环节、课程安排，抑或是课堂体验提出的一些反馈想法，都帮助钱班项目组思索如何在接下来的实践中更好地解决相关问题，推动钱班教育模式和方法的迭代更新。

钱班如今的成果和影响力，是师生一体共创的结晶。

30 敢于挑战：钱班创新文化建立的几个故事

犹太人创新文化的点滴和启示

受到爱因斯坦的影响，我对犹太民族数千年的教育智慧产生了浓厚兴趣，并从中汲取了许多深刻的启示。从 2012 年到 2020 年新冠疫情全球暴发之前，特别是在筹建并担任清华大学－特拉维夫大学 XIN 中心创始主任的几年里，我有幸近距离接触和深入了解了这个小小的国家——以色列的创新奇迹。

在这个过程中，我对以色列教育与创新文化的独特之处形成了几项深刻的印象。这不仅源于我的观察和思考，也得益于与特拉维夫大学师生的频繁互动。通过钱班的数十位导师、学生以及研究生的共同参与，我们与特拉维夫大学的交流为钱班创新文化的构建提供了重要灵感和深远影响。

以下 3 点是我感受最深的方面，也成为我思考创新与教育发展的重要启示：

第一，"极好提问，不畏权威"。这或许是犹太民族最突出的特性之一。早先我读到，犹太父母不问孩子的学习成绩，而是问他们向老师提了什么问题，甚至是否提出了能难住老师的问题。

2014 年，我和 XIN 中心联合主任 Yael Hanein 教授组织了一次中以双方各 10 多位老师参加的研讨会。会上，犹太学者一个个尖锐的问题接连发出，犹如"炮弹"直射而来，现场变成了一场"炮战"。清华大学的老师们看得目瞪口呆。然而，第二天早晨，那些犹太学者又聚在一起亲密交谈，完全看不出前一天的激烈"交火"。相比之下，中方参会者会上的表现谦和得体，但早餐时却零散分开，很难聚在一起交流。

2015 年，我接待了美国科学院和工程院等多院院士、犹太人、哈佛大学的 David Weitz 教授。我俩因对固液界面研究的共同兴趣有许多话题可聊。他曾接待过几位钱班学生访学，对他们印象极好，因此主动提出参观我的实验室，并参加了一次组会。组会上，每当学生报告到关键问题时，他的提问如"炮火"般接连而来，一发比一发更尖锐。有时我试图插话，他的"炮弹"甚至直击我，毫不留情。连我这个自认善于提问、极其开放的人，都感到有些吃力。

这是我经历过的两场印象最为深刻的"提问炮战"。与我深入探讨的犹太人，他们的提问方式往往直接、尖锐、深入，非犹太文化中极为罕见。后来，我特意参观了特拉维夫大学的犹太民族博物馆。其中一个雕像群，描绘了古代一个 5~6 岁的小孩面对家人进行"提问仪式"的场景。这组雕像让我驻足良久，至今记忆犹新。

此外，犹太人从小到老阅读《塔木德》的传统也让我印象深刻。《塔木德》被誉为犹太智慧全书，自公元 400 年前后成书流传至今。我的犹太朋友告诉我，阅读《塔木德》时需 3 人共同参与，边读边辩论，多一人或少一人都不行。这种提问和思辨文化，不仅是他们教育的核心，也成为他们创新力的重要源泉。

第二，"一个疯狂的主意，肆无忌惮地去追求"。这是犹太人成功的核心关键词。我第一次从 Yael Hanein 教授那里听到这句话，后又向 Josef Klafter 校长和 Michael Urbakh 教授等多位学者求证，他们几乎都认同这一观点。

第三，延迟上大学，找到真正的激情。以色列学生高中毕业后需服兵役，男生 3 年，女生 2 年。服役结束后，大多数人选择周游世界 1 年，增长阅历、开阔眼界，明确自己的兴趣与方向后再上大学。这与中国教育文化中普遍选择"抢跑""早上大学"形成鲜明对比。

这些教育理念逐渐融入钱班的文化与培养模式。例如，钱班学生热衷挑战大问题，敢于提问与批评，甚至鼓励"逃课去学习"。为了拓展学生们的全球视野和格局，钱班创立了"今日与未来"系列活动，邀请到几十位中外院士（如姚期智先生）、企业家（如王石先生）和科技创投人（如李泽湘先生）等行业领袖，开展演讲并与学生深入讨论；通过 SURF 项目，制度性安排学生前往全球顶尖大学和科技巨头企业实验室实践。

当然，事物皆有两面。犹太民族的求异文化容易引发冲突，而中华民族的求同文化则可能限制颠覆性创新。然而，东西方文化的融合是必要的。面对核武器威胁、气候变暖、疫情和人工智能等全球性挑战，从人类命运共同体出发，这种融合不仅可能，也必须实现。

郊野登山露营：挑战与凝聚力的启示

创新如同探险，不仅需要明确的目标，更离不开团队间的信任与凝聚。在建设钱班的过程中，我一直在思考如何才能增强学生的凝聚力。尽管书本上有不少案例和方法告诉人们如何做，但对我而言，则是有过下述两个鲜明对比经历，才让我终于领悟到了关键："共同完成一件既具挑战性又有意义的事情"。

（一）早期钱班与本硕班的反差

从 2008 年到 2015 年我卸任南昌大学高等研究院院长期间，每年都会参加高研院本硕实验班学生自主策划的迎新年活动。这些活动总是充满活力与创意，学生们通过团队合作展现出极强的凝聚力，每每让我深受触动。然而，与此形成鲜明对比的是，钱班在早期阶段却未能形成类似的跨年级学生社群文化。这让我陷入了深深的困惑：问题究竟出在哪里？

为了解答这个问题，我特意向高研院行政院长余淑娴请教。她的一句话点醒了我："只要放手让学生自己去做，就行了。"这句简单却深刻的话揭示了问题的本质：凝聚力源于自主参与，只有通过实践、探索和协作，学生才能找到归属感，并逐步形成群体文化。

受到这句话的启发，我开始鼓励同事和学生们自主组织和开展活动。在此过程中，学生们在面对挑战时不断成长，在协作中逐渐建立信任与默契。随着时间的推移，钱班焕发出独特的文化氛围与蓬勃的活力。

下面是钱班发展历史上的一个重要案例。

（二）郊野登山露营和篝火的启示

2017 年春季，在 2014 级班主任赵治华老师的建议和组织下，由山野协会协助，我与夫人骆淑萍以及 2014 级 10 多位同学共同踏上了北京云蒙山的旅程，展开了一场为期 3 天的山野露营生活（见图 13）。

图13　2017年初春的北京，与钱班2014级同学和班主任一起登山露营

　　这次活动充满了挑战与考验。我们在荒废的瓦房旁扎营，在悬崖峭壁间穿行，每一步都需要高度的专注与团队协作。李腾飞同学多次在危险时刻挺身而出，照顾团队的表现让我印象深刻，最终我决定邀请他加入我的博士生团队。夜晚，我与郝育昆、杨昊光两位同学挤在一顶不到1米宽的小帐篷里，畅谈至深夜。据说，这次深入的交谈对他们后来的职业选择产生了深远影响。

　　山中的夜晚格外寒冷。一天深夜，当同学们纷纷钻入睡袋取暖时，因担心引发山火，我无法安心，守护篝火到深夜。凝视着熊熊燃烧的火焰，我观察到一个有趣的现象：当树枝彼此接触时，火焰燃烧得更加旺盛；而单独的树条则很快熄灭。这一"篝火原理"让我受到深刻启发：学生的成长需要一个良好的班级氛围，就像火焰需要热量与氧气的循环才能持续燃烧。只有通过互动与交流，思想的火苗才能彼此点燃。

　　挑战孕育成长，凝聚力激发创造力。这场山野露营的经历，再次印证了一个道理：只有置身于实践与探索之中，个体才能在团队中找到自己的位置，真正感受到凝聚的力量。

INASCON 2019

　　此后，我对与学生们一起爬山的活动更为积极，几乎每年都会参加一次。其中印象最深刻的是2018年10月在北京黄花城水长城的徒步穿越。这次活动是我第一次与少数几位同学即兴出行，我亲自驾车带了钱班 2016 级的黄轩宇、吉首瑞和 2017 级的蒋琪、杨馥玮 4 人出行。

2018 年暑假，轩宇和首瑞参加了在挪威举行的第 12 届国际微纳米学生会议（INASCON 2018），受到了会议独特氛围的感染。他们说服组委会，争取到下一届的主办权，这将是该会议首次在欧洲以外举办。

或许是受到当时氛围的感染与激励，在那片山野中，蒋琪和杨馥玮主动提出担任次年 INASCON 2019 的组委会主席。我认为这将是一个难得的锻炼机会，便鼓励他们大胆尝试。结果超出了我的预期。他们展现出的热情与凝聚力让我刮目相看，很快组建起一支充满活力的筹备委员会，不仅吸引了来自钱班的学长学姐、学弟学妹，还汇聚了清华其他各院系的数十位学生。

学生们的热情和投入吸引到校团委和学生全球胜任力发展指导中心的关注，获得了他们的慷慨资助与多方支持。

这场会议成为清华大学历史上第一个由本科生自主组织的国际学术会议，没有任何先例可循。尽管筹备过程中充满了学业压力与种种挑战，学生们依然克服重重困难，坚持不懈，展现出非凡的责任感和执行力。在整个过程中，有几件事让我印象格外深刻。

第一件事，是在一次向担任组委会顾问主席的两位院士汇报时发生的。两位院士对会议的内容和意义提出了强烈质疑，甚至建议学生们将会议交由研究生来负责。这让筹备了几个月、满腔热情的组委会学生们大受打击。在场的我也感到左右为难。然而，出人意料的是，杨馥玮等人没有被权威吓倒，而是坚持要继续自己承办，甚至有组委会成员自发跑上台协助说明。最终，他们成功说服院士们，争取到了继续筹备的机会。

第二件事，是在经历了这次波折之后，杨馥玮、蒋琪等核心组委会成员冷静反思。他们认识到两位院士的反对意见中确实有不少合理之处，于是果断推翻了之前耗时数月设计出的传统会议形式，转而采用我建议的以 X-idea

为主线的创新模式。正如第七章提到的，黄轩宇在大一时接受了我提出的"用自超滑技术开创超级微发电机"的挑战。这激发了我大量投入时间指导他的探索，我也由此设想，如果类似"大导师特别关心的挑战性问题"（X-Idea）能够点燃大学生的创新激情，那么这种形式将有可能将导师与学生聚集在一起，共同探索未知。

当时，距离 INASCON 2019 的举办时间已不足 3 个月。通常情况下，在如此短的时间内，几乎不可能邀请到国际学术界的大咖参与。然而，组委会的学生们并未因此放弃。以黄轩宇为代表的联络组夜以继日地发出了几百封邮件。让人惊喜的是，这种全新的国际会议形式，在我的协助和多位老师的支持下，居然吸引了来自美国、欧洲和日本的 7 位顶尖导师参会，包括多次获诺贝尔奖提名的 M. Endo 教授和 A. Gabriel 院士、MIT 的陈刚院士、加州理工的叶乃裳院士等。此外，还吸引了 300 多名学生参与，其中将近一半来自国外。

在为期 4 天的 INASCON 2019 中，师生间的热烈讨论令所有与会者印象深刻，充分证明了即便是短短数日，也能够激发学生们惊人的创新热情和潜力。

总结来看，这是一场充满风险的"实验"，却取得了远超预期的成功。不仅帮助了以杨馥玮、蒋琪和黄轩宇为代表的几十位组委会学生实现了个人成长，还在他们之间铸就了深厚的友谊和信任。这些同学后来虽散布在天涯海角，却每年夏天如约回到深圳，共同推动他们创造的新物种——清华钱班–零一学院夏令营或冬令营（现称为 **X 挑战营**或 **X-Camp**），让其在零一学院生根发芽、茁壮成长。

31　清华钱班和本硕实验班：人人个性化冒长

不是"内卷"，而是人人冒长的生态

"进阶研究–精深学习"体系首次在钱班 2012 级全面实施，并迅速取得巨大成功。随后，配合建立的 CRC 体系进一步完善了这一教育模式。这些探

索不仅奠定了 2016 年钱班成为清华大学首个本科荣誉学位试点的基础，也逐步形成了一个克服当下"内卷"风气的教育生态——一个人人冒长、各自绽放的创新环境。

到 2019 年钱班成立 10 周年时 [1]，我们总结出钱班最大的成就在于基本形成了类似钱学森先生在"最后一次系统谈话"中提出的创新生态。按照教育本源意义上的重要性，这一生态体现在以下 4 个方面：

第一，**改变观念**：让几乎每位学生都体验到教育与成长的"痛快"，深刻转变他们对学习的认知。

第二，**发现激情**：帮助 70%~80% 的学生找到独特的激情发展方向，实现个性化成长。

第三，**形成社群**：建立一个跨年级、朋辈相助、追求卓越的学生社群，持续激励每个人。

第四，**提升能力**：培养学生获取信息、资源和平台的能力与自信，塑造终身成长的基础。

这 4 点分为 2 个层面："进阶研究＋精深学习"着重于个体成长，"导师陪长＋朋辈相助"则建立了协作支持的生态环境。

在钱班创建 10 周年之际，我们可以得到的一个基本结论是：相比于许多大学生、中学生普遍感到的迷茫和郁闷，钱班的学生在本科毕业后，大多表现出明确的目标与卓越的成就。他们不仅进入清华大学、MIT、斯坦福大学等顶尖高校深造，还在华为等一流科技公司中赢得了广泛声誉。

构建"客户"与"产品"的闭环

俗话说，"十年树木百年树人"，教育的成效很难在短期内体现，并且必须是第三方评价。从钱班创建伊始，我们便设计了一个以"客户"和"产品"

---

[1] 郑泉水、何枫：《求索创新教育·筑梦共赢未来》，北京：清华大学出版社，2019 年。

为核心的评价闭环：学生是"产品"，4年后其去向单位是"客户"。顶尖大学、研究机构的导师，以及近年来加入的全球顶尖企业，如华为，是评价这一闭环成效的核心群体。衡量钱班建设成功与否的第一个闭环是看"客户"是否为"产品"支付"真金白银"。

为了帮助"客户"更好地了解"产品"，同时拓宽学生视野，从2009级起，钱班在培养方案中增加了"高年级学生研究员计划"（SURF）必修环节。学生需在全球顶尖大学或企业中进行6~9个月的游学研究。每位SURF导师在学生结束游学前，会向钱班工作组提交一份包含10个选项和1个问题的问卷。2009—2017级学生的所有SURF导师回复的问卷统计结果（见图14）显示：

● **导师反馈高度认可**：在知识、开放性、好奇心、批判性思维、克服困难的能力和团队合作等关键指标上，60%~75%的SURF导师认为钱班学生在该导师带过的所有学生中排名前10%。

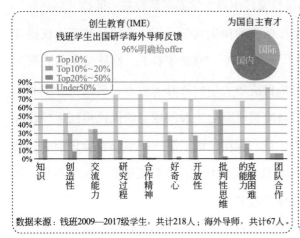

南昌大学高等研究院实验班（物理、化学、生物、材料、力学）

毕业生读研的高校

毕业年届	总人数	985(C9)高校	中国科学院
2012届	27	13 (1)	9
2013届	26	6 (5)	3
2014届	22	13 (9)	3
2015届	33	29 (19)	4
2016届	31	26 (20)	5
2017届	35	30 (24)	5
2018届	35	34 (32)	1
2019届	35	30 (25)	5
2020届	35	32 (23)	3
2021届	35	26 (24)	5
2022届	35	30 (26)	5
合计	349	269 (208)	52
占比		77 (77)	15

数据来源：钱班2009—2017级学生，共计218人；海外导师，共计67人。

图14

（1）对在他们实验室做过SURF的钱班学生，96%的海外导师表示，若学生申请，将乐意资助研究生全额奖学金（左图）；

（2）实际运行下来，经国内外对比，钱班每年毕业生约2/3最终选择在国内深造，有点意外但很好地完成了钱班创建伊始就设立的另一项重要"指标"——为国自主育才；

（3）南昌大学本硕实验班的毕业生，高达70%进入了C9高校深造（右图），从一个侧面反映了我们教育模式的普遍有效性。

● 资源匹配效果显著：最具"真金白银"的数据是，96% 的 SURF 导师
　表示如果学生申请，他们将乐意提供全额奖学金。

此外，我们设定了一个长期目标：**2/3 的学生毕业后选择留在国内，1/3**
出国深造。这一比例在历年数据中得到了准确验证。这一结果不仅在全球化
趋势变化后显得尤为关键，也与钱班创建伊始"为国自主育才"的使命高度
契合。

南昌大学的先行先试

不少人特别关心的两个问题是：钱班模式在清华这个顶尖大学的成功，能
在普通大学得到复制吗？钱班模式定位于工科基础的成功，也适合其他大领
域，如理科、文科、艺术吗？

2007 年年底，我接受了时任南昌大学校长的诚挚邀请，打破了我不在国
内其他高校兼职的坚持，回到母校兼任南昌大学高等研究院（简称"高研院"）
的创建院长。南昌大学虽然是江西省的顶尖大学，但在全国高校范围仅排在
50~100 位区间，尚不在"985"大学之列。2008 年春天，高研院由黄克智先
生领衔的顾问团队中，有一位来自清华大学的陈晔光院士，提议创办本硕实
验班，初衷是为解决高研院的高质量研究生生源问题。该提议得到了校领导
和全体顾问的一致赞同，当年 9 月，成功组织了第一次本硕实验班招生，共
有 30 名学生。行政院长余淑娴教授和副院长刘念华负责落实。说巧不巧，陈
晔光院士在 2023 年成为南昌大学的校长。

在我为期 8 年的母校兼职院长期间，成功创办起高研院本硕实验班，是
我感到最有意义的工作之一。负责本硕实验班的主体是南昌大学内部的独立
机构——高研院（相比较，清华钱班是一个项目组），并采用了与清华钱班几
乎相同的培养理念，也都是每年限招 30 名学生。

但两者有如下三点显著不同：首先，清华大学的高考录取分数线远高于南

昌大学。其次，清华钱班定位于大工科基础，而本硕实验班则涵盖物理、化学、生物、材料、力学 5 大学科。最后，我的大部分时间在清华大学，虽然常有高研院的师生到我的实验室交流，但我每年在南昌大学的时间很有限，仅累计一周左右。

然而，就学生的成长幅度而言，本硕实验班的学生可能超过了清华钱班的学生。以数据为证：本硕实验班 2015—2022 届共有 274 名毕业生，其中 70%（193 名）进入了 C9 高校继续深造；相比之下，同期南昌大学有保研资格的学生中，只有不到 15% 进入 C9 高校。这表明，本硕实验班的学生几乎人人都实现了显著的成长，成功跃升了两个台阶——从"211"大学，跳过"985"大学，进入 C9 高校。相比之下，清华钱班的毕业生最多只跃升了一个台阶，即从世界一流到世界顶尖。

这一差异也解释了我们观察到的现象：本硕实验班的学生相较于清华钱班的学生，普遍感受到更强烈的获得感，因此也更加珍惜和感恩母校的培养。南昌大学为他们提供了更高的平台、更广阔的视野（我们邀请了上百位国内外著名学者为本硕实验班学生做讲座），以及更强的自信心（通过与清华钱班学生的多次联合活动所获得的成就感）。

32　启示和思考（20~22）

启思 20 教育的成效，特别是教育创新生态和文化的孕育，是急不来的

钱班生态的形成经历了漫长的 12 年（2009—2021）。其突变点，可能是钱班 2013 级到 2017 级的两个"隔级"传承。其中一个是钱班 2013 级同学胡脊梁在 2017 年毕业时开启的"朋辈相助"。另一个是钱班于 2013 年 4 月首次通过为期 4 天的"创新挑战体验营"，招收了 13 位学生进入钱班。未曾想到，第二次"创新挑战体验营"已经是近 4 年后的 2017 年 1 月，招收了 5 位学生。这两个班，分别于 2017 年和 2021 年毕业时，在全校 100 多个本科毕业班级中，

都获得了最高荣誉的第一名。

通过4天"创新挑战体验营"进入钱班的学生，个个充满活力、"眼里有光"。尽管他们的人数仅占每届钱班30位学生中的少数，但他们产生了"鲶鱼效应"，激发了整个班级形成人人积极向上、个性化奋勇争先、团结合作相互帮助等优秀班风。

此外，2013级和2017级优秀班风的形成，还得益于班主任陈民教授和任建勋教授的特别用心和引导。从2019年开始，任建勋老师出任钱班总班主任。

启思 21　中西方文化融合的生态，是可以形成，并成效显著的

西方文化受到古希腊罗马文化、基督教传统和启蒙运动等的影响，强调个人主义、自由和理性；而东方文化受到儒家、道教、佛教等哲学和宗教思想的影响，强调集体主义、尊重传统和内省。在价值观念和思维模式上，西方文化倾向于个人权利、竞争和自由市场经济，注重个人成就和创新；东方文化则更注重社会和谐、家庭价值观念以及集体利益，强调团队合作和稳定。

理性来看，2000多年前发源于不同地域的东西方文化各具特色。随着交通与通信技术的发展，地球变得越来越小，人类面临的全球性问题日益增多，如碳排放引起的气候变化、恐怖主义、迅速扩散的疫情、人工智能的挑战等。为了人类命运共同体的可持续发展而非共同毁灭，必然需要形成一种全新的、大家都能认同的文化。

这带来了两个核心问题：东西方文化是否能够融合？融合后的文化是否具备足够的包容性，能够成为全人类的共同文化？这些哲学思考贯穿于创建清华钱班和零一学院的初衷之中。

钱班的朋辈相助和相互激励行为非常宝贵，逐渐形成了以清华校训"自强不息、厚德载物"为基础的文化：**不断追求卓越，持续激励他人**。更让我们欣慰的是，越来越多的钱班毕业生回过头来积极帮助不仅是钱班在读学生，

还有以钱班工作组为核心的团队在 2021 年创办的深圳零一学院的学生们。例如，在 2023 年钱班－零一学院创新挑战体验营中，就有多达 30 余位钱班老生参与。我们可以认为，钱班倡导并逐渐形成的文化，是一种结合了个人成功（不断追求卓越）与集体幸福（持续激励他人）的东西方融合文化。

在中国教育教学领域，力度最大的奖项是由中国教师发展基金会和陈一丹公益慈善基金会捐助设立的"教学三大奖"。2021 年，我有幸获得其中之一的"杰出教学奖"，并与夫人决定将全部奖金 100 万元人民币捐赠给清华钱班，设立了名为"超凝聚奖"的专项奖励金。最近，我们欣喜地看到，胡脊梁同学和钱班首届毕业生、毕业后留校攻博并兼任钱班学生辅导员的倪彦硕同学，分享了 2022 年度的钱班"超凝聚奖"，同是钱班首届毕业生的杨锦和周嘉炜同学分享了 2023 年度的钱班"超凝聚奖"。

启思 22 在创生教育下，人人可以避免"内卷""痛快"地冒长

南昌大学本硕实验班的成功，验证了钱班模式在普通大学乃至更广泛领域的普适性：它不仅适用于顶尖大学，也为普通高校提供了培养拔尖创新人才的路径。这一探索证明，只要给予学生足够的平台与支持，辅以个性化成长的生态，即便在资源相对有限的环境下，也可以实现卓越的教育成效。

南昌大学本硕实验班与清华大学钱班的成功经验说明，"人人冒长"的教育生态并非专属一流高校，而是一种可以普适推广的理念。这一模式从根本上打破了"内卷"，为教育创新提供了重要启示：教育的本质在于促进个体实现更卓越的成长，尤其是思维的成长。它旨在为每个人创造机会，帮助他们发现内心的激情与方向，从而充分释放自身潜力，持续绽放光彩。

后记

写作本章的素材，多由钱班 2017 级的蒋琪和杨馥玮同学、2018 级的朱笑寒同学和负责钱班生态建设的钱班项目主任何枫教授提供。

第九章
清华钱班模式的底层逻辑和普适性

要真正理解清华钱班的成功，并有效借鉴其经验，必须从其教育体系背后的**底层逻辑**入手。这种逻辑与传统教育有着根本性的不同，同时深刻契合数智时代对教育的内在需求。

如将工业时代传统教育的底层逻辑喻为"牛顿力学"，则数智时代创生教育的底层逻辑则可喻为"量子力学"；前者直观、连续，而后者抽象、跃迁。

33　底层逻辑和"1-2-3 秘诀"

钱班模式的"1-2-3 秘诀"

2019 年 9 月，为纪念钱班成立 10 周年，我们出版了纪念文集[①]。虽然该文集对"什么是清华钱班模式"这一问题进行了部分解答，但受限于当时的视角和思考深度，未能提出足够简明扼要的思路"路线图"，更遑论一份可供他人实际操作的"施工图"。

5 年后的今天，我们相信能更好地完成这两大任务。希望本节总结的思路"路线图"能够为致力于培养创新人才的教育者提供有益启发，帮助他们少走弯路、避免误区，加速取得显著成果。未来，我们还将根据不同的需求，逐步推出多种版本的"施工图"，以更好地支持实践落地。

《道德经》说："道生一，一生二，二生三，三生万物。"这段话被用来描述道家对宇宙起源和万物生成的观点。有趣的是，可将清华钱班 – 零一学院模式的核心或灵魂，描述为具有相似哲理的"一中心，双螺旋，三聚变，三生无界"，或简称"1-2-3 秘诀"。

一中心—— 以学生的激情为中心

钱班理念的核心是学生成长的内生动力（内因），即以学生的激情为中心。具体来说，我们通过创造一个适宜的环境（外因），帮助每位学生找到自己独特的激情。这种激情通常是学生感兴趣、擅长且对社会有意义的事情或问题。

在此基础上，钱班不断迭代进化，以创造出一个越来越好的生态，鼓励学生全力以赴地追求自己的激情所在，使成长过程更富有动力和意义。

[①]　郑泉水，何枫：《求索创新教育，筑梦共赢未来——清华学堂人才培养计划钱学森力学班十周年纪念文集》，北京：清华大学出版社，2019 年。

双螺旋——进阶研究－精深学习

正如巴菲特所说，帮助一个人找到自己的激情是一件玄妙而困难的事。在这方面，清华钱班取得了突破，探索并形成了一套系统性的方法论——进阶研究－精深学习的双螺旋模式。

在仅限于本科阶段的钱班，研究的最大目的并非传统意义上的研究成果，而是通过在未知领域中的探索（即"黑夜"中的挑战），帮助学生发掘自己独特的激情。换言之，研究成为一种工具、一种方法，引导学生认识自己最感兴趣、最擅长并且最有意义的方向。

一旦学生找到内在激情，进阶研究和精深学习便如同双螺旋一般相互作用、相辅相成。在持续的探索与深入学习中，学生能够实现高效且深刻的成长，收获的不仅是深刻且内化的知识、学术能力、思维和境界的提升，还有发自内心的成长满足感。

这一方法论的科学基础源于心理学理论的支持，如心流理论（flow theory）为学生创造投入且愉悦的状态，认知心理学帮助设计学习和问题解决的有效路径，习得性思维则激励学生相信通过努力可以不断超越自我。正因如此，学生在学习和研究的过程中，不仅能享受成果，还能在内心深处感受到充实与满足。

三聚变——X 型学子、X 型问题、X 型导师匹配聚变

在探索未知的过程中，导师的陪伴至关重要。清华钱班总结出一套独特的"三聚变"模式（X^3），即 X 型学子、X 型问题与 X 型导师的匹配聚变，实现师生共同成长与突破。

这一模式的核心在于精准的匹配机制：学生、导师与研究问题三者深度交互，形成动态平衡与协同效应。在"黑夜"中探索未知的过程中，学生需要导师的引导和陪伴，而导师的最大动力则源于与学生及研究方向的深度契合。

这种匹配机制赋予导师更丰富的角色：不仅是知识的传授者，更是陪伴者、引路人，与学生一同攻克未知领域的挑战。

"三聚变"模式的独特之处在于其双向价值：

- 对学生而言，通过探索未知领域，发现并实现自身潜能，完成自我实现；

- 对导师而言，通过对学生的指导及深度协作，满足自身"超越需求"，即超越个人成就，推动他人成长与社会进步的更高追求。

这种双向的深层次激励机制根植于心理学家亚伯拉罕·马斯洛（Abraham Maslow）的"需求层次理论"[①]，尤其是其最高层次——自我实现需求（针对学生）与超越需求（针对导师）。马斯洛认为，超越需求是人类心理成长的巅峰阶段，体现了一种服务他人、贡献社会的内在驱动力。

通过这种模式，师生共同追求梦想，形成持续的相互吸引和协同创新。最终，这种合作不仅推动了学生的成长，也激发了导师的创造力和教育热情，从而实现了教育的"核聚变"效应。更重要的是，这一模式释放出超越个体的能量，构建了一种高效的教育生态。这种创新的教育实践表明，匹配师生双方内在动力与研究目标，是培养创新人才的重要方法论。

[①] 马斯洛"需求层次理论"强调人的潜能、自我实现和心理健康，核心观点在于每个人都追求成长，并具备实现自己潜能的内在动力。马斯洛将人的需求分为 6 个层次：

1. 生理需求（physiological needs）：最基本的生存需求，如食物、水、空气、睡眠等。
2. 安全需求（safety needs）：对安全和稳定的渴望，如身体的安全、资源保障、健康等。
3. 社交需求（belongingness and love needs）：对归属感和人际关系的需求，如友谊、爱情、家庭等。
4. 尊重需求（esteem needs）：包括对自尊和他人尊重的追求，如成就感、地位、认可等。
5. 自我实现需求（self-actualization needs）：追求个人潜能的充分实现，即成为"自己能成为的最好的人"。这包括创造性、独立性、个人使命感等方面。
6. 超越需求（transcendence needs，后期补充）：超越个人需求，追求对他人、社会或宇宙更深层次的贡献，如服务、利他精神、探索终极意义等。

三生无界——跨学段、跨学科、跨地域、跨文化

打破学段、学科、地域、文化 4 个维度的藩篱，充分体现了零一学院创办理念的开放性。这种破界融合的理念，是创新教育在新时代背景下的具体实践与深刻转型。有关详细内容，请参见第十一章和第十二章。

心理学在钱班的应用

清华钱班的成功，离不开对心理学和脑科学的深刻理解与巧妙应用。例如，在录取新生之前，钱班尽可能安排由学校心理学家团队主持的心理测试，以更全面地了解学生的特质与潜力。

在众多心理学概念中，钱班对"心流"的应用尤为突出。心流是一种高度专注且沉浸于活动的心理状态，人们在心流状态中会感到全神贯注、时间飞逝，并从活动中获得极大的满足感与成就感。实现心流的三大要素包括[①]：

- **明确的目标**：活动或项目需设有清晰明确的目标，帮助参与者集中注意力，明确方向，理解需要达成的目标是什么。

- **即时反馈**：提供即时反馈，使个体能够了解自己的表现，并根据反馈及时调整策略，从而保持专注与动力。

- **技能与挑战的平衡**：让挑战与技能水平相匹配。挑战需足够困难以激发兴趣，但同时也要在能力范围内，避免因过于简单而乏味，或因过于困难而挫败。

其中，最具挑战的是明确"跳一跳、才够得着"的目标和技能与挑战的微妙平衡。这些关键点的实现，需要经验丰富的研究者（如高年级博士生或以上）参与研究目标的制定、挑战难度的评估，并在关键节点为学生提供及

---

① 参见心流理论之父、积极心理学奠基人米哈里·契克森米哈赖的开山之作《心流：最佳体验心理学》。

时指导。研究设计是否科学合理，直接影响师生双方的体验，且差异巨大。尤其是对于初入研究之门的学生来说，若缺乏挑战性，他们会觉得无趣、没有成就感；若挑战性过高，屡屡失败，不仅会增加焦虑，还会逐渐怀疑自己是否适合从事研究。

为此，钱班在理念层面上尽量避免使用"培养"一词，而更倾向于"陪长"，体现了导师与学生间从被动灌输到主动陪伴的角色转变。导师的用心陪伴是一种深度支持，不仅帮助学生克服困难，更增强了他们追求目标的内在动力。

在心流理论的指导下，钱班设计了"进阶研究 – 精深学习"（APRIL）体系，并设置了 4 个逐级提升的台阶：

（1）PSRT（学做研究，1 学分）：学习研究的基本概念和方法，包括阅读优秀研究论文、学习质疑和定义问题、查找文献资料等。学生最好能够参观教授的实验室，观摩研究生如何进行研究，培养研究基础。

（2）ESRT（跟做研究，3 学分）：加入教授的研究组，协助研究生完成部分研究，并尽可能独立完成一个小型研究项目。理想情况下，学生应参与至少两轮不同方向的 ESRT 研究，每轮持续 3~6 个月。

（3）ORIC（自主研究，8 学分，一学年）：自行定义一个具有一定挑战性的研究课题，并找到经验丰富且愿意投入时间指导的导师，目标是产出具有明确创新点的论文。

（4）SURF（真做研究，3 学分，全时 6~9 个月）：寻找全球范围内的顶级教授或科技企业，获取接收机会、部分资助，自主完成一个真实且全时投入的研究课题。

这一体系通过层层递进的设计，使学生不仅能够在研究中找到心流体验，还能在逐步提升的挑战中实现个人成长与学术突破。每一阶段都注重挑战性与指导的平衡，让学生从中获得真正的成就感，激发对未知领域的探索热情。最终，APRIL 体系为学生提供了一种全方位的成长路径，使他们在研究能力、创新思维和心理素质上全面提升。

特别值得一提的是，清华钱班模式的上述"4 个台阶"特色，与在 2013 年开始策划、拟于 2024 年正式实施的《斯坦福 2025 计划》（也称"开环大学"，open loop）的培养模式，有异曲同工之妙。

钱班模式里程碑

伴随着上述进程我们取得了四大里程碑，每个里程碑的背后，都是一次教育思维的重大破界：

（1）进阶研究 – 精深学习体系：构建起"通过研究来帮助每位学生找到激情、实现精深学习"的体系（2012 年），简称 APRIL，是 advanced progressive research for intensive learning 的简写，也寓意植物在春天开始生长，象征着学术与个人成长的开端。

（2）CRC 培养体系：构建起人才培养体系的一个"纲举目张"逻辑（2015 年），通过抓"牛鼻子"（研究，research），一方面做减法，即通过研究来牵引对知识（课程，course）的深度学习，大幅减少课时并将学习的主动权交还给学生；另一方面做加法，即加强社群（community）活动，以实现对复杂的交流能力、领导力、使命担当和视野格局等的全面提升。

（3）X^3 匹配聚变：发现了如何充分激发优秀老师尤其是学术大师投入本科生培养的底层逻辑（2017 年）——"X 型学子 –X 型问题 –X 型导师"匹配聚变，成为构建清华钱班和零一学院创新成长生态的"第一性原理"。

（4）MOGWL 评价：提出了测评高潜创新型学生的"五维度"体系（2018 年），包括内生动力（motivation）、开放性（openness）、坚毅力（grit）、智慧力（wisdom）、领导力（leadership），验证了其简明有效性。

关于清华钱班模式的发展进程，还可参考 3 篇专门的清华大学博士学位论文：

（1）陆一，《中国大学本科科技精英教育新试验：以清华钱学森力学班为例》，指导教授史静寰，2013。

（2）郭双双，《本科生科研胜任力：结构、测评、模型与干预初探》，指导教授孙沛，2019。

（3）王金羽，《研究型大学拔尖创新人才培养：基于清华钱班的质性研究》，指导教授李曼丽，2022。

34　通识与精深：X-书院

书院体制的核心价值和初步划分

书院体制[①]的核心是通过小型、社区化的教育环境，以师生互动为基础，以全人教育为目标，整合学术学习、生活指导和人格塑造，最终实现学生在知识、能力、品格和社会责任上的全面发展。

英才教育的核心是通过高度个性化、全面化的教育体系，为社会培养具备卓越能力、强烈责任感和创新领导力的高潜质人才。

本质上，书院体制是一种高成本的个性化教育形式，而英才教育则是推动社群和国家发展的核心需求。书院体制为英才教育提供了一个理想的实践平台，同时，在家庭资源充足的情况下，它也能为普通学生的成长带来重要价值。

从上述本质出发，也许可以帮助我们思考如何去更好地破解我国当前教育体系存在的"供""需"核心矛盾。建议的总体思路是：一方面大力发展 AI 教育技术，以迅速降低个性化教育知识和技能传授部分的成本；另一方面逐步

---

① 提到书院，作为江西人，我深感自豪。书院的雏形可追溯至东晋（4 世纪）时建立在江西庐山的"庐山草堂"。唐代贞元年间（785），庐山的"白鹿洞书院"被公认为中国首个成熟书院。此书院后经宋代朱熹重修后达到巅峰，成为中国书院制度的典范，影响深远。西方书院的早期形式为教会学校，兴起于 5 世纪，繁荣于 8—12 世纪，12 世纪后演化为大学体系。1249 年和 1284 年，牛津大学与剑桥大学分别创立相对独立的学院（college）制度，为学生提供住宿、膳食及学习支持，大学本身则负责整体的学术管理和考试。

推广书院体制，借助创生教育理念，迅速提升学生的创新能力和思维，培养高素质人才。

因此，梳理和比较当下全球以英才教育为目标的书院体制的主要类别，将有助于更好地落实上述总体思路。我认为当下主要有 3 类书院体制：

第一类，以剑桥大学和牛津大学的 College 制为代表；

第二类，以哈佛大学 House 制为代表；

第三类，在清华钱班的基础上，清华大学和零一学院正迅速发展形成一种全新的书院制。

剑桥大学的 College 体制

（一）College 与大学的双重架构

根据剑桥大学官方网站提供的数据，截至 2022—2023 学年，剑桥大学共有约 12500 名本科生和约 7500 名研究生。本科生主要归属于 31 个自治的 College（学院），学术上则联系到 150 多个 Department（学系）；研究生的归属则以 Department 为主，辅于 College。因此，每个 College 的本科生平均规模为 400 人。剑桥大学三一学院是剑桥大学中规模最大、财力最雄厚的学院之一。剑桥大学三一学院的本科生人数为 699 人，研究生人数为 337 人。

对所有学生而言，学院和学系的分工如下：

- **本科生**：学院是主要归属，学术辅导和生活支持主要由学院提供；学系负责课程和考试。

- **研究生**：学系是主要归属，承担学术研究和资源支持；学院则提供生活和社区支持。

上述双重归口的体系，确保了剑桥学生在学术与生活方面都能获得全面的支持。

（二）学院的自治性和主要功能

每个学院是独立的自治机构，有自己的：

- 管理结构：如大先生（Master）和管理委员会；
- 招生政策：每个学院独立招收学生（本科和研究生）；
- 经济体系：拥有自己的资金来源和管理权。

尽管学院在招生时独立运作，但它们共享大学整体的入学标准和程序。

学院是学生生活的核心，这种安排为学生提供了一个较小的社区，尤其对于国际学生或刚入学的新生来说，这种结构有助于他们迅速融入剑桥的生活。学院为学生提供的服务包括：

- 住宿：大多数学生会被分配在学院的宿舍，促进社区归属感；
- 导师辅导：学院安排学术导师，进行小组或一对一的深入教学；
- 日常支持：提供心理、健康和职业支持，以及社交和文化活动；
- 资源：学院拥有自己的图书馆和学术设施，作为大学图书馆系统的补充。

（三）学院的多样性和学院之间的关系

- 多样性：学院建于不同时期，历史背景、传统和规模各不相同。例如，Peterhouse 建于 1284 年，是最古老的学院；而 Robinson College 建于 1977 年，是最年轻的学院。
- 合作与竞争：学院之间既有合作也有竞争。合作方面，包括共享资源并共同组织学术活动等，这使得跨学科交流、能力和眼界天然地形成。竞争方面，学院间的学术和体育比赛十分激烈，增强了学生的学院认同感。

（四）总结

剑桥大学的学院体制将一个庞大的学生群体分解成多个小而精的学生社区，既保证了个性化教育，又维护了高水平的学术标准，并加强了跨学科交叉。

这种独特的体制赋予学生更多的支持、归属感和资源，同时也提供了多样的学习和生活体验。

哈佛大学的 Yard 制和 House 制

哈佛大学每年录取 1900~2000 名本科生，学生管理体系包括针对大一新生的 Yard 制和覆盖大二至大四学生的 House 制。

（一）哈佛 Yard 制

Yard 位于剑桥市中心，是哈佛校园历史的核心区域，主要为大一新生提供集中住宿和适应性环境。所有大一新生均住在 Yard 的宿舍楼内，房间通常为 2~4 人共享。宿舍分为 4 个区域，每个区域配备驻校导师团队。

驻校导师团队包括宿舍导师和学长学姐顾问。宿舍导师由研究生或教职员工担任，为新生提供学术和生活指导；学长学姐顾问由高年级学生担任，为新生答疑解惑。Yard 还组织小型学术研讨会、教授交流，以及迎新活动和节日庆祝，帮助新生快速融入大学生活。

（二）哈佛 House 制

大一结束后，学生将随机分配至 12 个 House 之一，每个 House 平均约有 500 名学生。House 制的目标是提供学术支持、社区归属感和多样化交流平台。

每个 House 提供住宿、餐饮和公共空间，形成紧密社区；配备导师团队，由一对住在 House 内的教职员工（faculty deans）领导，他们负责营造健康积极的社区文化，和若干住宿助教（tutors，通常是研究生），为本科生提供学术和职业指导、定期举办学术活动；组织文化活动和体育比赛，促进学生联系；配备行政助理和食堂工作人员，负责日常运营。

清华大学的钱学森力学班"体制"：X-书院

（一）钱班"体制"的选择和挑战

在钱班初创阶段，我在"人"的层面主要借鉴了剑桥大学的 College 制和哈佛大学的 House 制；在"才"的培养方面，则参考了巴黎高工、加州理工学院和麻省理工学院的体系，以及剑桥大学卡文迪什实验室和麻省理工学院多媒体实验室的实践经验。

钱班纳入"清华学堂计划"后，受益于与计划中的其他 5 个实验班共同发展，且这 5 个班都由顶尖教授担任首席教授（数学：丘成桐，物理：朱邦芬，化学：张希，生物：施一公，计算机科学：姚期智）。他们不仅在各自领域享有卓越的学术声誉，也以高尚的师德和育人理念广受赞誉。学校对 6 个班的每位首席教授都充分授权和信任，赋予了较高的自主性，呈现出一定的"自治"特质。

然而，与其他 5 个实验班不同，钱班并不局限于单一学科，而是以"工科基础"为主线，广泛覆盖多个领域。这一多学科的特性使得钱班的发展路径与其他实验班有着显著差异。如果说哪个实验班与钱班最为接近，那便是由姚期智先生主导的计算机科学实验班。姚先生也是钱班第二届顾问委员会的共同主席之一。

为了放开学科，我选择放弃单一院系组织体系的支撑，改由项目组而不是行政性的某个院系全权负责。作为时任工程力学系系主任，我幸运地邀请到了航空航天、机械工程、精密仪器、热能工程、汽车工程、土木工程和水利水电工程等系的系主任一起共创钱班，在全校邀请到近 10 位志同道合的老师组成运行项目的钱班工作组。

钱班的上述另类选择很快就遇到了很大困境，如缺乏基本的经费、各系主任将主要注意力转向他们自己的职责等问题。剩下我和陈常青教授、朱克勤教授等几位志同道合者在缺乏行政和经费支撑的情况下苦苦挣扎。这是创业者在所难免的命运吧？幸运的是，一年多后，"拔尖计划 1.0"的经费到位，工程力学系所在的航天航空学院的领导们也尽其所能地配合和支持。我们渡过了第一道"死亡谷"。

（二）X-书院

钱班有一定的自治性主要体现在：我的角色类似于剑桥学院的 Master；凡是进入清华的新生，各实验班都可以从中自主招生，被称为"二次招生"；"拔尖计划 1.0"的经费使得各班拥有自己的资金来源和管理权。

钱班"体制"与剑桥大学 College 制、哈佛大学 Yard 制和 House 制相比较，还具有如下 5 个方面的共同点：

（1）社区化模式：都强调社区化，将学生的学习与生活融合，营造紧密的学术与社交环境。

（2）师生互动：都注重师生互动，为学生提供个性化指导。

（3）跨学科氛围：都鼓励跨学科交流，鼓励学生参与学术讨论、文化活动，拓宽视野。

（4）非课堂教育：除课堂教学外，都强调非课堂、非正式教育的价值，包括生活技能、人文熏陶和团队协作。

（5）归属感和多样性：都注重为学生提供归属感，通过丰富的文化活动和紧密的社区联系，增强多样性和包容性。

X-书院制与剑桥 College 制和哈佛 House 制的不同

与剑桥大学 College 制和哈佛大学 Yard-House 制相比较，钱班培养模式和"体制"有如下本质的不同点：

（1）剑桥大学：学术专深。剑桥大学的 College 制以帮助更好地学习知识为核心教育理念，从大一开始便引导学生进入专门的学系。这一体系强调学术的专业性和深度，为学生提供扎实的领域知识，偏重"专深"的教育方向。

（2）哈佛大学：通识教育。哈佛大学秉承"通识教育"（liberal arts education）的核心理念，致力于学生的全面发展。这一教育模式以跨学科的广泛知识、批判性思维的培养以及独立人格的塑造为重点，旨在"育人而非育才"。其使命在于培养自由、独立且完整的人，使学生具备多元的视角和深远的社会责任感。

（3）**清华钱班**：通识与专深的源头统合——以创新为牵引。清华钱班提出的核心理念是"以创新为内生动力，牵引通识与精深学习并举"，即"创生教育"。不仅在理念上回归到本质，在实现路径上也更加科学化，即强调通过抓住"一纲"——以创新为内生动力的激情，带动"两目齐张"：

- **育人（通识）**：通过跨学科性、批判性思维和独立人格的塑造，实现学生全面发展的目标。
- **育才（精深）**：通过精深学习达到更高的学术成就。

图 15　X–书院——创新激情（火焰）牵引通识（横）与精深（竖）

总之，剑桥 College 制注重学术专深，哈佛 House 制倡导通识教育，而清华钱班的理念突出教育的本质和可操作性，强调通过精深学习的迁移性和意义感来逐级提升学生的能力，以更脚踏实地且高效的方式实现"通识"与"精深"的融合。因此，我们将钱班"体制"名称建议为 **X–书院**（见图 15）。

补充

中国科学技术大学（中科大）于 1978 年率先创办少年班，旨在为天赋异禀的少年提供加速发展的教育平台。此后，多所高校相继设立少年班，包括北大、清华、北师大、吉大、复旦、上交大、南大、浙大、武大、华中科大、西交大和东南大学等。然而，随着时间推移，许多高校因各种原因停止了少年班的招生。硕果仅存的有：中科大、西交大和东南大学的少年班。我观察到虽然这些少年班的早期培养方式不限专业，体现出一定的灵活性，但在师资力量和体制保障方面，相较而言仍显薄弱。

与之相比，清华学堂人才培养计划的每个实验班，从创立之初便有一位顶尖级大师担任灵魂人物——首席教授。每位大师级人物不仅在专业领域居于顶尖地位，更通过其学术影响力和教育理念为实验班注入独特的文化和精神内涵。

值得一提的是，在"拔尖计划1.0"全国66个实验班中，唯有清华钱班实现了开放专业的模式，真正契合通识教育的理念。而其他实验班大多局限于单一学系，这在一定程度上限制了跨学科交流与大范围交叉培养的可能性。

35　钱班模式的通用性

"多"与"好"的拆分兼得

一个常让人感到困惑的问题是：为什么以"力学"做标签的清华钱班，其毕业生的深造或就业方向不仅涵盖了传统的物质与能源相关工科领域（如工程力学、航空航天、机械制造、精密仪器、能源工程、运输工程、材料科学与工程、土木工程、水利工程、环境工程、化学工程等），还延伸至数学、物理、化学、生物、天文等基础学科，甚至拓展到生物工程（如医疗、健康）和信息技术（如电子工程、人工智能）等新兴与跨学科领域？且钱班的毕业生们还能够在已达40多个领域或专业方向中屡创佳绩，广受好评。

上述现象背后所折射出的教育理念、时代需求与学术基础的深层互动与实践，值得进一步深入总结与探讨。

"多"与"好"通常情况下是互斥且冲突的。钱班通过独特的教育哲学巧妙地化解了这一矛盾，其核心在于"学生个体的精深学习（好）与班级群体的多样性与自由选择（多）"的有机结合。

在个体层面，钱班通过"进阶研究－精深学习"帮助学生在独特选择中深入钻研，实现"少而精"，达至思维从"第一性原理"出发的深度。在群体层面，钱班定位于"工科基础"而非单一学科，通过构建宽容的氛围，鼓励个体间相互激发，逐步形成思想涌现的生态。这种机制既尊重个体差异，又支持多元选择，最终实现了既"多"又"好"。

本源的力学

到此，必须进一步说明一下钱班"工科基础"定位的深意。首先，清华的工科排名近年来在全球范围内（如 US News 排名）屡次位列第一，但这种"第一"更多体现为统计意义上"优秀"数量的领先，而非在开创性、引领性上的绝对优势。要使清华真正跻身世界顶尖大学行列，其最具潜力的突破方向在于不断强化工科的源头创新，追求从 0 到 1 的颠覆性创造。

而"源头创新"往往需要追溯到"第一性原理"——宇宙最基本的规律与本质问题。钱班作为一个"工科基础"班，其核心意图正是将自身定位为工科与"第一性原理"之间的桥梁。通过这个桥梁，钱班为学生提供了一个平台，使他们能够在工科视角下深度理解和用好"第一性原理"，从而助力工科从基础科学向引领未来的创新高地迈进。

清华钱班的命名，不仅是为了纪念钱学森先生作为力学家的卓越成就，更是为了弘扬他从本源力学出发，不断开拓创新的科学精神。宇宙的基本组成包括物质、能量和信息，其最普遍的现象是运动，而运动的基本规律正是源自力学的核心领域：牛顿力学、统计与热力学、电动力学、量子力学和相对论。

这些本源的力学理论刻画了宇宙中最普遍现象（运动）的最基本规律（第一性原理），因此也为清华钱班学生的探索与选择提供了广阔而"无限"的可能性。这种根植于第一性原理的教育理念，激励学生不仅理解世界的运行本质，更以开创性的思维引领未来的科学与工程创新。

最后特别说明一下：本源的力学显然不同于高校工科领域中大家熟悉的"工程力学"（如固体力学、流体力学等），更不是中学课本中作为物理一部分的力学。

清华大学的书院化[①]

2019 年钱班 10 周年庆后，清华大学的主要校领导、部分院士和院系领导们听取并考察了钱班师生的理念和实践，纷纷表示"这是清华每一位学生都应该享有到的教育"[②]。

2020 年年初，学校安排我在全校与教学相关的中层干部范围内做了一次系统性介绍，引起了广泛共鸣。这个报告可能客观上帮助到学校，借国家开始实施"强基计划"的契机，下决心大范围推动书院制。

2020 年秋，清华大学新建了致理、日新、未央、探微、行健五大书院，共招 960 名新生，约占全校一年本科新生 3800 名的 1/4。充分参考钱班以及其他几个学堂班的办学模式，学校聘请李艳梅、王中忱、梁曦东、刘铮、李俊峰 5 位教授担任上述各强基书院的首任院长。这 5 位院长都是清华大学校内科研教学造诣深厚、富有管理经验、备受师生尊重的资深教授，都有深厚的育人情怀，都把担任书院院长看作自己职业生涯中一项责任重大而又值得倾心付出的事业。

钱班模式的核心理念和方法在这些新设书院中得到广泛借鉴、继承和发展，如以学生为中心，各书院单个学位的学分已全部降到 150 分以下，在提升课程质量的同时更注重发挥学生的学习主动性，为有学术志趣、学术潜力的学生提供"一人一策"，在开放的课程体系基础上注重每门课程的精深学习，研究性学习的体验在各个书院都发挥了重要作用，充分考虑创新人才培养中应有的学业挑战度，突破既有专业院系束缚在全校范围内寻找合适的老师，在人才培养中力图实现通专融合，培养学生深厚的科学（或人文）基础和核心专业素养，等等。此外，钱班经过多年实践探索建立的荣誉学位制度进一

---

① 感谢清华书院管理中心主任苏芃提供了基本素材和初稿。
② 校长邱勇调研钱学森力学班并主持召开工科教学改革工作座谈会，清华新闻（2020–05–15）。

步辐射至致理书院和行健书院。

眼看着这 5 个按照新理念、新体制创建的书院迅速取得显著成效，对学生产生了更大的吸引力，非强基计划学生们的院系领导和老师坐不住了，逐渐开始了对书院制的拥抱。2023 年和 2024 年，针对非强基计划学生，又分别新设立了求真、为先、秀钟、笃实、至善 5 个书院。

人的思维惯性和观念的改变是极难的，却是对行为和决策起决定性作用的。值得一提的是，上述 10 个书院首任院长中的行健书院李俊峰教授和笃实书院张雄教授，都是钱班工作组 10 年以上的核心成员。这使得有了多样性"样品"，未来可以比较研究"理解钱班理念和方法的程度"对书院短、中、长期发展的影响。

最后指出一点，上述 10 个书院整体上都借鉴了通识与创新相结合的 X-书院"体制"。

教育思维的破界和"拔尖计划 2.0"

清华钱班的成功不仅在校内产生了深远的影响，还推动了全国其他高校相关学科的发展。2020—2021 年，除了"拔尖计划 1.0"中的清华钱班，全国共有 14 所"双一流"大学的力学学科被纳入"拔尖计划 2.0"的实施范围。钱班的经验在这些拔尖学生培养基地中得到了广泛借鉴，为提升中国工科教育的基础、推动顶尖大学工科教育的转型升级注入了新的动力。

然而，几年后我们发现了一个值得深思的现象。尽管这些新设立的拔尖班参考了清华钱班的培养方案，也多次听取了关于钱班的报告，但在建设过程中，它们的思维似乎仍然陷入了钱班初创期，甚至清华固体所 2002—2004 年教育改革时遇到的类似困境——仍然停留在以知识传授和学习为主线的传统模式上，仅仅模仿了清华钱班的"外形"，却未能真正领悟和传承其"灵魂"——基本上都不是 X- 书院结构。

经过师生共同的执着探索，到 2019 年，钱班基本形成了一个充满创新活力、朋辈相助、每个人都能快速成长的创新生态。在此过程中，我们的教育思想经历了几次重要的破界，每次认知的破界都伴随着钱班生态的显著升级（见图 16）。2021 年创立深圳零一学院后，我们又经历了一次更大的思维破界，并正在进行更高层次的生态升级，这将是另一个话题。

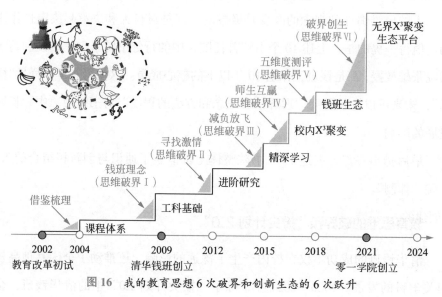

图 16 我的教育思想 6 次破界和创新生态的 6 次跃升

一花独放不是春，百花齐放春满园。清华钱班的成功固然值得骄傲，但仅靠一个成功的案例，无法实现教育改革的全面突破。唯有让更多高校找到适合自己的培养模式，共同创新与发展，才能真正推动中国工科教育的整体提升，迎来教育的繁花似锦。在这样一个共识的基础上，2023 年 3 月，我与郭东明院士（大连理工大学原校长）、韩杰才院士（哈尔滨工业大学校长）、胡海岩院士（北京理工大学和南京航空航天大学原校长）、郑晓静院士（西安电子科技大学原校长）联合发起了"集智共创新时代·2023 年拔尖创新人才联合培养系列研讨会"。先后共有 16 位院士和来自 38 所大学的 230 名教师参与了这 3 期共 9 天的研讨会，会议旨在探讨并提出多校合作的拔尖创新人才联合培养与生态合作机制。

该系列研讨会初步规划为期 3 年，每年举办 3 场，由深圳零一学院与合作高校共同主办。研讨会围绕三大重点主题展开：一是"拔尖创新班的理念、模式、招生与课程体系"，二是"拔尖创新班的系统设计与特色实践"，三是"拔尖创新班的多校联动与生态构建"。通过逐步扩展和迭代，提升各参与团队的拔尖创新班建设方案。截至 2024 年 8 月 5 日，研讨会已成功举办了 6 场，各为期 3 天，会议按预定目标稳步推进，取得了显著成效。

此外，2024 年 5 月中旬至 7 月上旬，我在清华大学、上海交通大学、中山大学、澳门大学、华中科技大学、深圳技术大学、中国矿业大学（北京）7 所高校进行了以"痛快的学与教——创生教育：数智时代全新的教育思考与实践"为主题的巡讲。这些巡讲在校长、院士、教授、教师和学生中引发了共鸣，纷纷表示，希望在我和零一学院的帮助下，建立他们自己的或与零一学院联合创建的 X-书院。

我们共同的目标是，到 2027 年，为工科基础拔尖人才的联合培养构建一个具有中国思路、中国方案和中国特色实践的平台，涌现出一批各具特色的拔尖班实施案例，为各高校的教育转型提供典范，推动思维变革和师资培养，最终为 2035 年实现教育强国、科技强国和人才强国作出独特贡献。

36　启示和思考（23）

启思 23 观念的改变或思维的破界，往往需要经历"惊讶"的体验

这种惊讶，不仅是对原有认知的冲击，更是对传统思维模式的质疑与挑战。从第四章到第八章，我通过时间轴的梳理，回顾了在师生共创和"升阶"钱班生态过程中，经历的 6 次重大思维"破界"，每一次破界，不仅是思维的深刻转变，更为教育实践带来了显著的成效跃升。

然而，我逐渐意识到，如果没有对钱班进行长期接触或深入了解，仅凭参考钱班现有的材料或培养模式，很容易停留在表面，而无法领会钱班模式在理念和实践上所实现的颠覆性创新。钱班不仅仅是在教育内容上的改革，更是在教育思维与方法上的根本性转变。这种转变往往无法通过简单的复制或模仿来实现，而是需要深刻理解其背后的理念与逻辑。

李·斯莫林（Lee Smolin）在《物理学的困惑》中写道："当思想改变思想，那就是哲学；当上帝改变思想，那就是信仰；当事实改变思想，那就是科学。"这句话深刻启发了我。作为一名科学家，我在建设钱班的过程中，始终以科学研究的态度面对教育中的每一个问题。然而，即便如此，我的教育思想也多次因"令人惊讶的"事实而发生了根本性改变。

这种"惊讶"体验，正是来自与事实的直接碰撞。当我们在实践中遇到那些超出预期的结果，或是发现原有理论无法解释的现象时，内心的震撼往往会促使我们反思和调整自己的观念。这种反思不只局限于教育实践的层面，更扩展到对教育哲理的深刻思考。本书梳理了那些改变我思想的"惊讶"事实，并力图通过这些实例，启发更多的教育者重新审视自己的教育理念与实践。

然而，哲学思考虽然重要，但仅凭思考是不足以带来彻底的思想转变的。真正的改变需要大胆的实践，并通过亲身体验来加以实现。只有在实践中不断验证和修正我们的理念，才能完成真正意义上的思想蜕变。这种蜕变不仅是对个人思维的革新，更是对教育模式的深刻重塑。

通过多次的思维"破界"，我逐渐认识到，教育的本质在于促进更好的成长，尤其是思维的成长。若想实现教育的本质，并不能仅仅传授知识，更要启发学生如何去思考、去发现、去质疑。这种教育模式的转变，正是通过不断的实践和反思而得以实现的。每一次的惊讶体验，都为我打开了新的思维空间，使我得以从更高的层面审视教育的本质与使命。

因此，本书不仅仅是对过去教育经历的总结，更是一种对未来教育改革的展望。我希望通过这些思维"破界"的实例，能够激发更多教育者在实践中勇于创新，敢于挑战传统，最终实现教育的真正变革。只有这样，我们才能培养出适应未来社会发展需求的创新人才，从而推动整个教育体系、科技体系和人才体系的持续进步。

第三部分

"大地"上成长

清华钱班成立 10 周年后，我们深刻意识到，要达成发掘和培养有志于通过科技改变世界、造福人类的创新人才，探索回答"钱学森之问"的使命，不能局限于清华园这个"温室"，也不能只关注本科教育。我们需要走向更具挑战性和创新精神的广阔天地，影响千千万万的中小学生和家庭。

我们重新审视了钱班模式的教育理念，认识到"创生教育"不仅适用于大学阶段，也适用于整个黄金成长时期（如 40 岁之前）。在深圳市委市政府的支持下，全球首个零一学院于 2021 年成立。

我们的梦想是，与全国乃至全球的志同道合者携手，尽快开辟出一条与传统教育相容互补的成长第二通道，帮助孩子们更好地成长，形成创新者的"高原"，并在此基础上涌现顶尖创新人才。

为了实现这个梦想，在第三部分中，我们阐述了零一学院的初心与理念，简述了初创 3 年的主要进展，并展望了其作为教育、科技、人才"一体化"试点的中长期发展战略。

第十章
破解"钱学森之问"的最大挑战

清华钱班分别于2017年和2018年年初举办了一次为期4天的"钱班创新挑战营",旨在招募优秀学子。然而,这两次活动中,多数学生表现出"眼中无光"的现象,让我和同事们深感震惊。这一发现促使我从2018年春节假期开始,展开了长达4个多月的深度思考,并最终凝结成一篇题为《"多维测评"招生:破解钱学森之问的最大挑战》的长文①。

这篇文章不仅是对破解"钱学森之问"的一次系统性思考,更为3年后零一学院的诞生埋下了思考的种子。本章解读了这篇文章的核心内容,并补充过去6年来的相关思考与实践。

---

① 郑泉水:《"多维测评"招生:破解钱学森之问的最大挑战》,《中国教育学刊》2018年第5期。

37　2017年"钱班创新挑战营"的震惊和反思

大学生们的普遍性迷茫

进入21世纪后，我和不少清华同事不约而同地观察到一个令人深思的现象：许多在高考或竞赛中表现出色的顶尖学生，虽然在高度竞争的环境中脱颖而出，但却在进入大学后陷入迷茫。这些学生习惯于以短期目标（如考试分数）为导向，他们的学习更多地受外部评价支配，而非出于对知识的真正兴趣或对人生目标的清晰认知。这种惯性让他们在整个大学阶段依然延续了高中的学习模式，把一个新的教育阶段变成了"高四"至"高七"，无法脱离应试的思维方式与竞争框架。

更令人惋惜的是，不少智商超群、才华横溢的学生，直到拿到博士学位，也依然未能找到属于自己的志向和热情，状态有点像是"高十二年级学生"。最终，他们可能在考上大学的那一刻就已达到人生的巅峰，此后逐渐失去了探索与突破的动力和信心。这样的发展轨迹不仅浪费了他们的巨大潜力，也可能为个人和家庭带来难以言说的遗憾与困扰。

问题的根源在哪里？

显然，这种迷茫并非个别现象，而是多方面因素叠加的结果。基础教育、招生制度，乃至大学的培养模式都难辞其咎。然而，更重要的是要找出这些因素中的关键卡点，并探讨破解之道。

不可否认，能够进入国内顶尖高校的学生，无论是在智力、学习能力还是应试竞争中，都是佼佼者。然而，纵观恢复高考以来40多年的发展，从顶尖高校毕业生中涌现的杰出人才比例并不如想象中那样令人振奋[1]。这种反差发人深省，也揭示了我们教育体系深层次的问题。

---

[1]　周其凤、王战军、郭樑、翟亚军著：《研究型大学与高等教育强国》第三章，科学出版社，（2019）。

接下来，通过对比和分析钱班这一特殊案例中，通过两类不同招生方式进到钱班的学生的长期发展，我们或许可以更清晰地找到问题的根源，同时为探索潜在的解决方案提供有益的启示。

钱班的招生

钱班每年招收 30 名新生，主要分两大类 4 种招生方式。第一类有如下 3 种方式，共同特征是学生都已经具备进入清华就读的资格或已经在清华就读，是否选入钱班，由学生申请、钱班工作组自行组织考核和决定。

全国统考：从首届 2009 级开始，在学校支持和协助下，钱班规定仅各省高考理工科前十名具有申请钱班的资格。

二次招生：从首届 2009 级开始，清华所有新生无论高考成绩如何，在刚入学的前三天，都可报名申请转入钱班。

全国竞赛：从 2015 年开始，增加了从全国物理、数学和生物竞赛金牌各自前 50 名中的招生。

因种种原因，对第一种和第二种方式的招生，钱班工作组仅能对学生进行不到半小时的简短的面试，即决定是否录取；第三种方式的招生过程包括为时半天的综合考试加简短面试。

第二类方式的共同特点，是学校具有一定的加分招生自主权。这类招生受教育部强制性要求的影响，不是每年都能进行，且形式也经常变化。过去 15 年，钱班共有 3 个年级进行了该类招生，其共同形式是创新挑战。

创新挑战：钱班 2013 级、2017 级和 2018 级的部分学生是从学校自主招生这一渠道，加钱班工作组组织的为期 4 天的"钱班创新挑战营"进来的。

此外，在大一和大二阶段，不适应的学生可以休学调整，也可以转到其他班；同时也有其他班同学择优补入钱班。

从高考成绩的角度看，从高到低，似乎理应是：方式 1> 方式 2> 方式 4>

方式3,因为全国竞赛金牌获得者一般不参加高考。但从学生4年的实际成长情况、他们毕业时能够获得深造的优质资源角度,以及从钱班毕业后5~10年的发展情况看,第一类和第二类招入的学生的表现呈现出显著不同的特征,即方式3和方式4好于方式1和方式2。

2017 年的震惊

相对于每年全国多达900余万人的高考学生,全国每年能获得省学科竞赛一等奖以上的学生只有1万多人!这些学生,有资格申请"清北"的自主招生,争取高考加分。

2013年4月,我们首次组织了为期4天的"钱班创新挑战营",目的是探索如何从一批已经通过自主招生获得了清华加分的学生中挑选出钱班希望招入的学生。最后成为钱班2013级的30名同学中,有13名是通过这次"钱班创新挑战营"的多维度考查招入的。

2017年1月,第二次"钱班创新挑战营"有1300多名高三和少数高二的学生获得报名资格,这些来自全国各地的佼佼者,至少获得过省级学科竞赛一等奖。学校从中优选了30名学生进入由钱班组织的为期4天的有20多位教师面试、心理测试和多种实践环节的挑战营。首次按照"内生动力、开放性、坚毅力、智慧力和领导力"5个维度,每个维度各5分的标准打分,得到一个让所有参加老师都震惊的结果,即排名前5的,竟然都是高二学生;其他的是高三的学生!难道高三一年的应试准备,就对创新和成才的关键素质造成如此严重的影响?

2018年1月,第三次"钱班创新挑战营"再次成为全清华报名最多的冬令营,有2000多名省级学科竞赛一等奖以上的高三学生报名,共有60多名学生获得资格参加了挑战营。这次挑战营依然是4天,但大大加强了面试环节:除一批资深教授外,还特别邀请了一批有着丰富社会阅历的清华杰出校友参加面试；对所有面试官进行了专业培训；每位学生面试时间平均为45分钟。但让面试官们五味杂陈的是，这个"优中选优"人群，虽有很高的天分和学习能力，但符合钱班需求的学生不多。应试教育让同学们付出了太多，而最应该展现的兴趣、激情、思考等却又明显黯淡。通过这次"钱班创新挑战营"，我们实现了一次区分度明显的创新人才多维度测评[①]。

上述两个案例暗示了一个令人痛苦的现实，即我们的高校招生制度将大量的（很可能占总招生人数的一多半）迷茫学生招进了并不适合他们的"好大学"。这个现象无论在国家层面还是对家庭而言，都非常糟糕，因为这不仅关系到不同类型教育资源能否合理利用的问题，更关系到每一位学生能否在一个适合自己的教育环境下成长的问题。

单一维度测评所导致的思维惯性

爱因斯坦说过："每个人都有自己的天赋，如果用会不会爬树的能力去评判一条鱼，它会终其一生以为自己愚蠢。"

在这个纷繁复杂的世界里，每个人都是独一无二的存在，就像浩瀚宇宙中闪烁的星辰，各自拥有着不同的光芒和轨迹，应该用多维度去评判，而不是考试成绩或全国竞赛等单一维度。因此，大多数经历了持续10多年单维测评系统的学生，都难免在创新能力和潜力方面受到不同程度的"伤害"，有的甚至被"荒废"。

我国现有高考系统最基本的特征是考核学生对知识的掌握程度（简称学习力，它综合反映了学生的智力和努力程度）这个单一维度。这么一个持续被全社会所"诟病"的高考系统，为什么"无比坚韧"地存续至今呢？除了

---

① 郭双双：《本科生科研胜任力：结构、测评、模型与干预初探》，博士学位论文，北京：清华大学，2021年。

上千年科举文化的影响外，根本原因是它具有一个几无替代的优势：通过公平地测评每个学生掌握知识的能力，实现了简明、高效并被全国人民普遍接受的，将全国每年近千万考生与不同层次国家高等教育资源的一种合理匹配。

由于学科的省、全国和国际性竞赛可以较好且相对公平地考量学生的爱好、特长、自学能力，以及部分反映出的冒险精神、勇气与坚持等，因此被接受为高考系统的一个主要补充。竞赛优秀者有获得高校自主招生加分的资格。但竞赛时间的短暂性，决定了竞赛系统主要针对的还是"已知"，依然只是一个重知识、轻创新的"补丁"方案。

僵化的高考选才：迷茫者的"孵化器"

高考是简单高效的。恢复高考40多年的历史一再证明，通过恰当地设计考题，几天考试时间就可以实现对具有不同知识掌握能力的学生清晰、公平的分类。但下面的分析表明，用高考分数作为唯一的招生录取标准，可能会扼杀学生个性和创新潜能，导致产生许多"迷茫者"和"失败者"。

全国千万家庭以把孩子考入"清北"作为梦想。但如图17（a）所示，每年近千万考生中仅有数万人有可能考入"清北"，其中"学神"只占很少部分（学有余力者，假设占数万人中的5%），他们可以轻轻松松考入"清北"；少部分（假设占20%）和大部分（假设占75%）学生，则是竭尽全力准备高考，因为他们没有绝对的把握能上"清北"录取线。除了这些佼佼者外，全国每年几百万的高三学生已经早早放弃了考入"清北"的希望！参见示意图17（b），高考单一维度录取的学生群（左列）与多维测评总分录取的学生群（右列）的对比，如果录取有一个多维度最低加分部分的要求，则将杜绝"死读书"的学生，选入的都是全面发展的好学生，甚至是那些学习力相对较低但创新要素超高的学生（如爱因斯坦、乔布斯）。

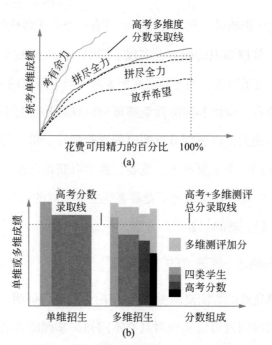

图 17 高校招生成绩与学生人群示意图

问题在于，通过现有招生体系最终进到"清北"的学生中，很多学生已经"用尽全力"了。尤其是高三阶段，他们没有或只有很少的时间和精力，去寻找和发展自己的兴趣爱好，去深入思考考试科目以外的东西，而是整天复习那些枯燥无味的东西，还时不时因为需要保持成绩的稳定而变得更加小心翼翼，不敢试错和创新。换句话说，高考让一些学生用人生当中最宝贵的一段时间追求一个同质化的目标，尽管他们是那么不同。上述分析，也许可以解释为什么 2017 年和 2018 年"钱班创新挑战营"观察到的大部分考生，都带有或多或少的"迷茫者""受伤者"症状。

在我和很多清华同事看来，即使是"学神"们，也常常带有下列受长期单维测评之毒害造成的不利于创新的后遗症：经不起挫折和失败；注重知识的记忆而不是内化，很难实现深度学习。尤其到了钱班，不少"学神"一夜之间（往往不到一个学期）突然发现自己不再是"学神"了，常常产生很大的挫败感；一直的目标"第一名"，变得无法实现，顿时就很"迷茫"了。

更大的问题在于，放弃考入"清北"希望的全国每年近千万考生中的绝大多数（图 17（a）中的"黑线"学生），或许在整个从小学到高中的 12 年中，甚至更长的时间里，内心都有"失败感"。这是一个多么可怕又残酷的现实！若孩子内心不够强大（主要来自家庭），哪里还能够保持住人天生就该有，却不断被应试教育削弱的好奇心、自信、勇气等创新必备素质？

因此，客观上，"清北"可能造成了应试教育弊病的极大化！道义上，"清北"必须责无旁贷地承担起改革应试教育的探路者角色！

38　选择：多维度测评还是教育资源？

不同基础教育模式对创新人才成长影响的对比

有人会持不同观点：缺乏创新人才不能总归责于教育；创新人才是少而又少的，哪有那么多的创新人才？在对这类观点作出回应之前，请看一个对比。

华人和犹太人被公认为是最重视教育、最具智慧的。然而，仅占全球人口约 0.2% 的犹太人产生了覆盖各个领域的约 20% 的诺贝尔奖获得者（更不用说还有马克思、爱因斯坦、毕加索等宗师），而占全球人口约 20% 的华人却只产生了不到 1% 数目的诺贝尔奖获得者。仅有 800 万人口的以色列成为仅次于硅谷的"创新的国度"，而中国至今还少见源头创新的技术。

再看犹太教育对伟大创新者的影响。作为公认的牛顿之后最伟大的科学家，出生于时为世界科学中心的德国并在德国接受大学前教育的爱因斯坦，第一次考大学失败，第二次也仅考上当时名气不大的联邦理工学院（现苏黎世联邦理工学院），上大学时还常常抄袭别人的作业。但他对如何随光一起运动的狂想如痴如醉，并深度自学了尚未列入大学物理教材的电动力学。另一个例子是 20 世纪最具影响力的天才画家毕加索，在他的小学阶段，上课就如受刑：面对"2+1 等于几"的问题，他就一直弄不清，且经常被老师和同学们嘲讽。几乎所有人都认定毕加索是一个弱智，但他的父亲始终坚信儿子虽然读书不行，但绘画极有天赋，给予了孩子最需要的理解和赏识。

上述现象绝非偶然发生。像爱因斯坦、毕加索这样的罕见天才，占世界人口第一的华人难道不应有大得多的概率出现吗？但不幸的是，我们的应试教育往往很早就会将这些创新天才淘汰掉。

通过查阅大量关于犹太教育和文化的资料，以及过去10年间与多位犹太学者的密切合作，特别是与以色列的学生、管理者和创业者等的深入交流，我体会到犹太教育自幼儿阶段起便强调并鼓励以下几点：

（1）遵循内心（内生动力）：倡导每个人尽情追求内心的兴趣与潜力发展；

（2）深度提问：鼓励学生大胆发问，甚至以难倒老师为荣，培养批判性思维；

（3）"拥抱"失败：将失败视为学习与成长的机会，鼓励试错并坚持不懈。

相比之下，华人教育在过去千年中的传统却与这些理念大相径庭，甚至有些背离。常见的现象包括：

（1）更强调服从父母的意愿，而非尊重孩子内心的兴趣和选择；

（2）应试教育不断弱化提问和质疑，学生逐渐失去探究和挑战的勇气；

（3）过于注重短期目标和追求"零失误"，使得失败成为不可接受的结果。

这一对比，为我们反思和改革创新人才的选拔与培养模式提供了宝贵的借鉴。犹太教育的理念值得深入研究与思考，为我们的教育体系注入更多鼓励自主发展、培养批判性思维和正视失败的元素，从而更好地适应未来的挑战。

你与"清北"，彼此成就还是彼此将就

在很多中国家庭眼中，孩子考上北大、清华，是家族的莫大荣光，仿佛从此便锁定了孩子的成功与幸福。如果是省状元，那更成为万人瞩目的传奇。

然而,这种观念更多源于千年科举留下的"光宗耀祖"情结,而非真正理解"清北"教育对孩子的意义。

对那些拼尽全力才勉强进入"清北",却在其中感到迷茫的学生而言,"清北"或许并非最佳选择。每所大学因历史、文化和特色不同,吸引了各具特长的师生和资源。顶尖大学提供了优秀的同伴和名师,但这些资源也可能带来巨大压力。如果学生选择了更适合自己的大学,反而可能有更多时间专注于兴趣和特长的发展,通过社团活动全面成长,释放出更大的潜力,更有获得感和幸福感。

真正适配的大学招生体系,可以从源头上减少学生与学校不匹配的问题。然而,目前国内在招生和学生培养上普遍存在匹配度不高的问题,甚至连高毕业率也往往是以迁就学生、牺牲学校声誉和学生长远利益为代价的。这种扭曲局面主要源于不当的行政考核指标(如以毕业率而非培养质量为标准),亟须改革。

总之,一味地追求"最好的"教育资源,对大多数学生并非都是好事,而是应该追求"最适合自己"的教育资源;再次说明回答"钱学森之问"最大的挑战是,如何识别并招入具有巨大创新潜质的人才。

大学招生是一项关乎国家未来和亿万家庭幸福的神圣工作。只有建立更加科学合理的多维度招生体系,才能确保教育资源的高效利用,帮助每个孩子在适合的环境中成长,为社会创造更大的价值。

创新优秀的标准——创新者的"基因"和五维度测评系统

下面解释一下,目前高考招生体系下的优秀,多数不是创新素养和发展潜力意义下的优秀;钱班提出的五维度测评系统,可对学生具有何等创新素养和发展潜力作出具有明显区分度的判断。

究竟是按照什么标准得出上述判断的呢?究竟是哪些素养对成为优秀创

新人才最有影响呢？最初，是参与钱班项目组和任课的几十位教师，根据他们以往的人生经历和挑选学生的经验，作出的较为主观且因为不同教师采用的标准不同导致的相对不一致的判断，这就至少存在下述 3 个问题。

　　首先，因为这实际上是一个"无限维"的测评，很难长期追踪和研究每位教师判断的好坏，这可能是导致我们的选才水平提高缓慢的原因之一。其次，学生在钱班 4 年，也需要一个多维度而不是单维度（在清华为学分绩），也不是无限维度的评价标准，以引导学生有重点地全面发展。最后，即使清华的大学毕业生也只有很少人在今后担任教师，因此，仅仅只由教师来评价，难免以偏概全，并"职业性"地偏好学习力这个单一维度。

　　在苦苦思索如何构建钱班评价标准的那几年，我们参考了哈佛大学、加州理工学院等名校的标准，学习了心理学和脑科学的有关进展和新认识，并研究了若干著名招聘专业公司的经验，思考最多的问题是：能不能提炼出数目尽可能少，又能体现创新和创新者特质的核心要素（或简称"基因"）呢？创新，意味着破解"未知"并在黑暗中走一段从未有人走过的有风险的路，去探知秘密、"无中创有"。根据对创新的基本特征和创新者基本素养的认识，依据钱班的实践，我们总结出了如下"基因"，统一用于钱班的招生和对钱班学生在大学期间的表现进行多维度测评：内生动力、开放性、坚毅力、智慧力、领导力。钱班将这五大素质简称为 MOGWL，并统一用于招生、本科培养，并在毕业后长期追踪五维度测评的影响。

　　一个特别值得重视的观察是：学生们 4 年的成长优劣，与学生进清华时的高考或竞赛成绩关联度不大，而与他们的创新素养和潜质关联度很大。在这五大素质中，钱班从创建伊始，就将内生动力（或"心想"）列为最重要的要素。因为一个不知道自己"要去哪儿"，甚至连方向都没有的"迷茫者"，是不可能动员起自己所有的潜能，去达成一个艰难的使命（创新）的。

高智商与创新人才的不同

党的二十大后，发掘和培养拔尖创新人才被列为举国努力的最重要的基础性、战略性目标，但在过去一年我出席的十多场教育、科技、人才方面相关的会议上，我忧虑地注意到多数报告人，还是把"英才""资优学生""少年班"等，改贴标签为"高潜创新"。这是把两类不同的概念混淆，由此导致学生们更加"内卷"和家长们更加焦虑。

如果问题都没有问对，怎么可能最终解决问题？

因此，我建议将"拔尖创新"分拆开为"拔尖"和"创新"，甚至，建议考虑将"拔尖"一词明确地诠释为"冒尖"，因为"拔尖"一词容易误导为"拔苗助长"，由此助长出不公平和腐败，而"冒尖"才真正反映出创新人才的成才之路和本质上的公平性。

为什么呢？

因为好奇心乃人之天性，人人皆可创新，"无关"考试成绩和智商。

当然，这不是说高智商不好，高天赋可是国之珍宝呀！但是，从成长和成才的角度看，如果因为过于重视智商（基因），以及主要由智商所决定的教育资源（外因）的分配，则有可能"永久性"伤害了本质上最重要的激情——兴趣—擅长—意义感（内因）。

从创新和成就的角度看，创新与高智商不能相互替代，更不能误以为智商越高，就越是"拔尖创新"人才。

最大的不同是高智商与否在少年期就可以清晰识别，而如何判断创新潜质，则需长得多的时间观察。选拔和集中办少年班的培养方式，很可能仅适合极窄的发展方向（如基础数学和理论物理）和极少的人群；而创新培养，我相信可容纳几乎所有青少年。

即使是"英才"，欧美的定义也与我们通常的理解有所不同。过去近百年间，美国在选拔、培养和使用人才方面取得了显著成就。让我们一起看看他们是如何从国家层面推动这一工作的。

1972 年，美国国会通过了由联邦教育署提交的《英才儿童与特殊才能儿童教育报告》(*Talented Youth and Special Talents Children Education Act*，又称《马兰德报告》)。该报告指出，这类儿童需要在以下某个或几个方面表现出卓越的潜力：(1) 智力；(2) 在特殊学科的学习能力，比如数学、科学、语言艺术或外语等方面具有非凡的才能；(3) 创新能力或富有成效的思维；(4) 领导才能；(5) 视觉和表演艺术能力，比如绘画、雕塑、戏剧、舞蹈、音乐等；(6) 心理动作能力，比如竞技、技巧等。

通过这样的细化分类，美国不仅明确了"英才"的核心特质，还为不同类型人才的发掘和培养提供了科学依据。这种全面的定义和系统性的政策实践，为他们的人才战略奠定了坚实的基础。

对《马兰德报告》，美国国会分别在 1978 年、1988 年、1993 年做了几次微小迭代。我们看到的 1993 年发布的《国家卓越——美国英才发展个案》报告中，将英才定义为分别在智力水平、创新能力、艺术领域、领导能力以及特殊学科领域等方面，表现出超越同龄儿童的能力或超常的潜力。所有这些报告，都是把智力与创新能力清晰分开的。

研究表明，智商多为先天属性，而创新能力主要依赖后天习得。这也解释了为何我们的教育体系中缺乏创新性挑战案例，更少产生从 0 到 1 的突破性成果。

从 0 到 1 的创新，想法 (0) 只是起点，实现梦想 (1 及更高) 则需长期实践，穿越无人区与"死亡谷"。若缺乏强大动力、开放思维和坚韧行动，成功几乎不可能实现。

39　实现多维度测评的路径思考

"钱学森之问"的最大挑战

近现代那些改变了世界的伟大创新者，像马克思、毛泽东、爱因斯坦、乔布斯等，有几个是被"培养"出来的？他们要么没有上过世俗的顶尖大学，要么没有上完大学。他们都是靠着超人的内生动力的驱动，受伟大愿景和使命的召唤，历经千辛万苦和百折不挠，自己"冒"出来的。原因很简单：任何伟大的创新，都是"独一无二的""无中生有的"，哪能光靠学习而成就啊！

可见，清华钱班等国家拔尖人才培养计划要实现国家赋予的使命，最大的挑战是如何从高中生中"挖掘"出具有巨大创新潜质的人才，而不能只靠培养。

对只上过"二流、三流"大学的"中村修二""马化腾"们，东京大学、北京大学、清华大学为什么视而不见？我们的创新人才招生和培养改革，如果不能有效地"发掘"并招入这些有巨大创新潜力的人才，或不能创造出一个他们可以呼吸、生存和成长的环境，所谓的顶尖大学，充其量也就是19—20世纪意义上的了，怕是无法延续至21世纪末期，甚至21世纪中期。

体制内多维度测评的挑战

多维度测评中的内生动力、开放性、坚毅力、领导力等，很难通过一个短暂（如数天）的过程实现，需要的是长期观察，不仅要看学生的个人表述，更要看学生的行动、行为、思考深度等。最好能够从中学就开始对学生进行多维度意义下的观察追踪。

因此，阻碍多维度测评的首要因素是，目前的招生体制没有给予多维度测评所必需的最短时间。钱班至今共进行了15个年级的招生，其中类别一（符合国家统一标准）的招生共12次、类别二（清华自主招生＋"钱班创新挑战营"）仅 3 次。第一类或常规招生遇到的最头痛的问题是，高考或全国竞赛后，有关规定要求学生和大学在极短（通常仅有几天）的时间内完成择校和招生。对于高考生，常常只能进行十几分钟简单的远程面试；对于参与自主招生的竞赛生，也只能进行又一轮考试和简单面试。

相对照，以 2018 年 1 月举行的第三次"钱班创新挑战营"为例，虽然只有 4 天，最后参加挑战营的只有 64 位学生，但参与招生的教师和校友多达 40 多人，前后准备了一个多月；而学校和学生的前期准备更长（两个多月），但过程依然显得过于匆忙。而哈佛大学、牛津大学等的招生，通常有半年以上的时间，进行多维度测评，安排人员（尤其是校友面试官），给学生必要的时间思考、选择、准备自我陈述以及获得有关人员的推荐信等。

即使高校被应许招生自主权，要实现"钱班创新挑战营"强度的招生，目前看来依然有很大困难。这需要有关高校和教师有强烈的动力、投入可观的时间用于招生。不管"高校以培养人才为根本"的口号叫得如何地震天响，在目前针对高校和教师的"重科研、轻教育"评价体系没有得到根本性改变之前，任何大规模的多维度测评招生计划都只能是一种美好的愿望。

"买方"与"卖方"——大学与高中的联动

能够了解高中生具有哪些能力并深刻感受到高考体制带来的痛苦和后果的，是一批优秀的高中教师，尤其是他们的校长。首次让我产生这个强烈印象的时间点是 2013 年 6 月，我代表清华学堂人才培养计划，与上海、浙江和江苏的共 70 余所名校的中学校长进行了交流。2017 年 5 月，钱班组织了第一届"清华学堂钱学森力学班创新人才培养中学校长论坛"，来自全国 12 所著名高中的校长们的发言，更让我深刻地感受到这一点。我们有理由相信，大学与高中联动，为实现创新人才的"精准"选拔提供了最好的条件。但是如何才能将高中教师对学生创新潜力的了解，有公信力地、客观地反映出来？

大数据技术为此提供了实现的可能。

例如，清华大学附属中学开发了一个基于大数据的"学生综合素质评价系统"，已在北京市普及应用。时任该校校长王殿军教授撰文，明确建议实施"基于多维度评价指标的高校招生制度改革"，这是优秀高中校长强烈要求高考改革的一份深刻佐证。

又如，美国近百所著名私立高中以颠覆美国高中评价体系为初衷而成立的能力素养成绩单联盟（MTC），2017年提出了一个以动态的"能力档案"来取代"成绩"的方案，即通过持续追踪记录来评估学生的8项能力：分析和创造性思维；复杂沟通——口头及书面表达；领导力及团队合作能力；信息技术和数理能力；全球视野；高适应性、主动探索、承担风险；品德好，理性兼顾的决策能力；思维习惯。这个方案刚刚发布，就被包括哈佛大学、斯坦福大学等全美80余所著名高校纳为招生的基础。由于著名大学与著名高中的上述联动，有人甚至估计，10年之内，美国的高考将被彻底颠覆。

研究成果是考查高中生创新素养的素材之一

有没有某种经历，使学生在与内生动力、开放性、坚毅力、智慧力、领导力等多个维度有关的测试中"突显"出来，同时还有助于学生在这些维度上的"提高"呢？答案是肯定的，那就是对未知的探索或研究。

关于"突显"问题，能够着迷于自己感兴趣且人类至今未知的科学或技术问题，锲而不舍地寻求解决办法，并将结果有说服力地撰写出来，这种经历的确能够全面又有深度地反映一个人的好奇心、观察力、创造性。通过团队合作研究，还可以清晰地考查学生的领导力和团队合作能力。对相关知识（已知）的把握和解决问题的能力、思维的深度和广度、坚毅力、表达能力等这些创新的核心素养和能力，一般很难通过高考或竞赛得到体现。

关于"提高"问题，对自己着迷的未知的探索，本身就是一个充满激情和乐趣的过程。引导学生对知识自主学习（自学）、深度学习、广度涉猎，可能是目前已知的最为高效率的学习方法。随着互联网和 AI 技术的高度发达和普及，以往研究所必需的得知前沿、定义关键科学问题、面对面接触专家的问题，都可以通过互联网和 AI 以极快的速度不限地域地解决。这使研究不仅可以由高中生实现，甚至最近有一组最年轻者为 8 岁的儿童也在知名学术期刊发表了研究论文。

因此，钱班招生是非常重视学生的研究实践经历的。作为另外一个印证，我们注意到哈佛大学、牛津大学等在选择学生时，对学生研究问题能力的重视，远大于考试和竞赛成绩。

如果以论文作为评价学生研究问题能力的标准，那么，作者对论文的贡献度的考核就变得尤为关键。虽然还没有科学准确的考核作者对论文贡献度的方法，但存在被广泛接受的相对有公信力的方法。如评价学生对博士论文的贡献度问题，除论文导师以自己的学术声誉提供背书外，更关键的是通过公开的博士论文答辩来考核。

此外，借助互联网和 AI，可以将通常坐落在中心城市的优质大学的研究资源有效引入分散在广大地域的中学，尤其是资源缺乏的中学，以满足全民对更加公平地培养和选拔创新人才的需求。

40　启示和思考（24~25）

启思 24　为什么应试教育对思维成长会造成深远的伤害

我们从心理学和文化的两个角度来理解这个沉重的问题。

1964 年，美国的两位博士一年级学生做了一个开创性的心理学实验。实验室里有两个笼子，试验小狗在受到随机电击时的反应。A 笼子里的小狗在面对电击时如果什么都不做，电击会持续 5 秒；但如果它选择去推笼子前面的一块挡板，电击会立刻停止。B笼子里的小狗受到同样的电击，但因为笼子里没有挡板可以推，只能默默承受电击。持续试验64次。第二天，所有小狗被放入一个中间设有一堵很低障碍墙的笼子，只要小狗主动尝试，可以很容易地从障碍墙的一边跳到另一边没有电击的安全地带。曾在A笼子里的小狗几乎全部都跳过了障碍墙，而曾在B笼子里的小狗有2/3只是躺下，被动地等待电击结束。

基于这一实验现象，得出了一个著名的心理学概念，叫"习得性无助"，它证明了导致绝望的不是痛苦本身，而是你认为自己无法控制痛苦。经过64次电击，小狗下意识地形成了思维定式（mental set）[①]，以为事情都是这样的。后来，人们证明了更多的思维定式，比如"习得性乐观"等。

同样的情况也出现在教育中。中小学阶段的应试教育常常让学生经历短期内路径清晰的考试，这与大学中漫长且路径不明确的学习过程形成对比。尽管大学教育应当是对学生进行长期发展和思维拓展的阶段，但应试教育留下的思维定式常常使学生仍旧困于短期目标的模式中。

更深层次的原因涉及文化背景。如果将一个民族比作一个广义的"不老之人"，中国在近2000年中曾是世界上最强大的国家之一。科举制是其最重要的人才选拔制度，从隋唐到清末，它适应了稳定且封闭的社会。然而，随着科技的进步和社会的快速变化，科举制反而成为制约发展的因素之一。科举制已深植于华人的文化基因中，类似于思维定式，使得这一传统难以改变。

---

① 思维定式的脑科学和脑神经发展基础主要是现代认知神经科学和心理学的研究对象。对于这个主题，许多学者和作者都进行了深入探讨。如诺贝尔经济学奖获得者丹尼尔·卡尼曼（Daniel Kahneman）在《思考，快与慢》（*Thinking, Fast and Slow*）著作中，探讨了快速（直觉）和慢速（分析）两种思维方式，涉及了许多关于认知偏见和思维定式的研究。又如约翰·安德森（John R. Anderson）的著作《认知心理学及其含义》（*Cognitive Psychology and Its Implications*），涵盖了认知心理学的广泛领域，包括思维、记忆、语言和问题解决等方面，涉及了大量关于思维定式和大脑功能的研究。

启思 25 让一部分人先"创新成长"起来吧

在 2017 年和 2018 年春节前两次"钱班创新挑战营"的震撼体验，以及 2018 年春节后的深入反思，让我深刻认识到，破解"钱学森之问"需要超越清华园的局限，构建一个涵盖"上游"（中学）、"中游"（大学）和"下游"（顶尖大学研究生院、科研平台、科创企业、创投等）的全链条人才成长生态，并实现可持续发展的大闭环。

邓小平提出的"让一部分人先富起来"的理念在中国改革开放中发挥了关键作用，深刻影响了中国的经济与社会发展。其核心思想是通过放开经济、激发活力，使具有创业精神的人率先富裕，从而带动整体经济的发展，提升全民福祉。

因此，建议国家采取类似策略，支持零一学院等试点项目，并在更多中学和大学中进行广泛试点。通过与教育部高考"小步快跑"式改革相结合，用实践证明接受这一教育理念的大中学生（X 型学子）在长期发展中表现更优，且相对短期内成长速度更快，表现更好（"痛快"），更有可能被顶尖大学录取。这将推动整体教育改革，加速实现教育强国的目标。

第十一章

零一学院：构想、初探和发展战略

彼得·德鲁克（Peter Drucker）在 1997 年曾预测，30 年后现有大学的形态将不再存在[①]。尽管这一预测引发了广泛争议，但他的深刻洞见在许多方面已得到验证。那么，新的大学主流形态将是什么呢？哪个国家将起到引领作用呢？所幸，数智时代背景下，今天的中国与西方国家历史性地站在了同一起跑线上。零一学院能否成为帮助中国率先抓住这一历史性机遇的一个 X 因素呢？

零一学院的使命是：发掘和培养有志于通过科技改变世界、造福人类的创新人才；启迪和帮助无数年轻人绽放创新激情。

[①] 被誉为"现代管理学之父"的彼得·德鲁克，对未来大学的这个观点源于对技术进步和经济全球化对教育系统影响的深刻洞察。他认为传统大学将面临以下几方面的挑战和变革：①信息技术的发展：德鲁克预测信息技术的发展将彻底改变教育方式，特别是在线教育和远程学习的兴起。学生不再需要亲自到校园上课，而是可以通过互联网获取知识。②成本问题：传统大学的高昂成本，包括学费、住宿费和其他生活费用，将使得越来越多的人寻找更经济实惠的教育方式。在线教育和其他非传统教育模式因此会变得更受欢迎。③教育的全球化：随着全球化的加深，教育资源将变得更加全球化，学生可以从全球最好的教育机构获得教育，而不必局限于本地大学。这将导致传统大学面临更大的竞争压力。④终身学习的需求：现代社会要求人们不断更新知识和技能，传统的四年制大学教育已经不能满足这一需求。德鲁克认为，未来的教育将更加灵活，注重终身学习和持续教育。

41 世界顶尖大学

A型学子和X型学子

2021年暑假,深圳零一学院正式启动。在8月2日举行的"零一创新论坛2021第一主题:全球创新教育发展趋势"上,我面向来自哈佛大学、斯坦福大学、巴黎交叉研究所、瑞士日内瓦大学等中外创新教育专家,为参加零一首届"钱班创新挑战营"的300多位大学、中学学生和全体志愿者以及零一学院的员工,做了题为"从A型学子到X型学子的选拔与陪长——从清华钱班到深圳零一学院:探路拔尖创新人才陪长的全新范式"的主题报告。

图18给出了我对A型学子和X型学子的对比概括。

A型学子(外驱、补短/木桶型)
- 追求总分A←门门都A(他人要求、评价体系、短期目标);守成、不许失败……
- 确定性、封闭系统、慢变系统、知识有限、已知……
- 内卷,焦虑或骄傲自满

X型学子(内驱、扬长/激光型)
- 寻找激情/远大目标、全力以赴追求(舍得、长期主义);探险;敢于失败;开放(好奇、自学、批判精神)
- 不确定性、开放系统、快变系统、知识爆炸、未知……
- 孤独,"非共识",受排斥

图18 A型学子与X型学子的特质比较(引自2021年零一学院开学典礼的主题报告)

对比前述第38节提到的"眼中无光",当人们谈论到"眼中有光"时,通常是在描述某人对于某事物的兴趣、激情或者强烈的情感反应,这些情绪通过眼神的自然表达而显露出来,这种状态很难掩饰。

为什么经过高三一年的刷题,就能让大多数应试钱班的学生眼里无光呢?

在回答上述问题之前,让我们先来看一位智者的分享。2019年5月26日晚,央视新闻播放了《面对面》节目对华为创始人任正非先生的独家专访。任先生在专访中说:"完美的人就是没有用的人,没有希望的人。"原话是这样的:

坚决反对（完美的人），我就是最典型的，就是短板不行。我在家里经常太太、女儿都骂，这个笨得要死，那个笨得要死，我这一生就是说短的去你的，我不管了，我只做我这块长板。让我再拼一块别人的长板，拼起来不就是一个高桶了，为什么要自己变成一个完美的人？完美的人就是没用的人，我们公司从来不用完人，一看这个人总是追求完美，就知道他没有希望。这个人有缺点，好好观察一下，在哪方面能重用他一下。如果说他不会管人，就派会管人的副职去，派个赵刚去做政委就行了。

任正非先生的上述理念与我的做事和教育理念高度契合，而应试教育则驱使学生朝相反的方向"扭曲""痛苦"地成长。应试教育导致越来越卷，因为只有门门课的考试成绩都拿 A（接近 100 分），才可能获得极高的总分，进而在争夺教育资源方面获得优势。可见，A 型学子对应的是"完美"，容不得有短板；而人类天性（内因）所决定的自然倾向是 X 型。应试教育对青少年的成长造成了长期不断的压制和扭曲。他们在庞大的 A 型人群中，既孤独又痛苦。

是不是说，X 型学子就比 A 型学子好呢？必须强调完全不是这个意思！而是说，对于数智时代人人都需要发展的创新思维，尤其是对于发展新质生产力必需的 X 型学子，是那些"逃"过了应试教育伤害的"漏网之鱼"，但他们在当前的高等教育生态下依然过得很别扭、难以成长甚至生存。

X 型学子和 A 型学子到底谁发展得更好？回答这个问题之前，不能脱离体系、环境和时代。大体上，选拔体系更适合 X 型学子脱颖而出，淘汰体系更适合 A 型学子生存发展。前者有利于加大"方差"和多样性，后者更容易导致压缩"方差"、强化同一性。此外，因为底层逻辑完全不同，管理一个组织是补短板——要效率，更需要 A 型人才，而创始人需要扬长板——聚突破，更需要 X 型人才。两者互补，才可形成有活力的创新型组织。缺 A 型人才，组织难免陷入一片混乱：摩擦—内耗—分崩离析，"死得快"；缺 X 型人才，组织终将陷入红海，"慢慢死"。

即使在管理领域，可预见 AI 技术的潜力和影响力也将加速增强。AI 技术通过其强大的数据处理能力、机器学习算法和自动化工具，正在使其在管理决策和问题解决方面展示出独特的优势，而人类的独特优势是伦理考量和创新能力等。因此，纯粹的管理岗位将加速减少，管理者的角色必然会更多地与 AI 技术协同工作，发挥各自的优势，共同推动企业和组织的发展和成功。

顶尖大学的关键要素

梅贻琦校长执掌清华大学 17 年，他的教育、学术和治校理念与实践，对清华大学产生了深远影响，被誉为清华"永远的校长"。他在 1931 年 12 月 3 日校长就职演说中留下了也许是中国大学史上最著名的一句话："所谓大学者，非谓有大楼之谓也，有大师之谓也"，深刻地揭示了大学的关键不在于物质条件，而是高素质的师资队伍。他任内一批国内外大师在校任教，如陈寅恪、冯友兰、吴有训、朱自清、梁思成等，奠定了清华在中国乃至世界的学术地位。

他的另一句名言："学校犹水也，师生犹鱼也，其行动犹游泳也，大鱼前导，小鱼尾随，是从游也"，深刻揭示了好大学的师生关系和师生与大学关系的本质。即使开始有了一批大师，但如果迟迟没有值得大师们指导的好学生，则大师队伍不稳；如果没有好的生态，则大师、好学生皆难向上发展。

说到这里，就必须提到梅贻琦校长的前任罗家伦校长的一项历史性贡献了。1928 年从清华学校改名为清华大学后，学生规模不大，但 X 型学子不少。清华大学首批招入的学生数是 281 人。首任校长罗家伦制定了一个现在看来可形容为 X 型学子和 A 型学子兼顾的录取原则：1928 年，总平均 47 分以上，便可录取。据说，1929 年入学的钱钟书，数学 15 分，但他的国文是特优，英文是满分。1931 年入学的钱伟长，数学、物理、化学三科入学考试成绩加起来才 25 分，但国文和历史都是 100 分。这些偏科学生后来都成为享誉全球的一代大师。

规模不大，但大师/学生的比例很高，且梅贻琦倡导陈寅恪先生提出的"独立之精神，自由之思想"，为教师和学生提供了宽松的学术环境，鼓励创新和自由探索。这种学术氛围持续激励师生们在学术上不断追求卓越。

从世界范围看，顶尖大学的关键要素与清华大学的完全一致。无论是 2024 年仅招 222 名本科新生的加州理工学院，还是招收 1102 名本科新生的麻省理工学院，亦还是招收 1607 名本科新生的斯坦福大学，世界顶尖大学具有以下 3 个共性标志：

（1）高密度的"X 型学子"：这些学生具有高远的志向和顶尖的创新天赋；

（2）高密度的"X 型导师"：这些导师曾解决过重大源头创新性问题（X 型问题）；

（3）充满活力的"X^3 聚变生态"：这是一个竞相挑战 X 型问题的生态系统。

世界顶尖大学难以形成，一旦形成便难以撼动，其根本原因在于 X^3 聚变生态的难以形成，一旦形成则具备高度的稳定性。

事实上，曾经发生过的世界顶尖大学的迁移往往都不是简单的模仿和追赶所致，而是由某些革命性事件引发。例如，20 世纪 30—40 年代的希特勒和纳粹党统治迫使爱因斯坦等一批世界顶尖学者从德国迁往美国，导致美国东海岸的哈佛、麻省理工和普林斯顿等大学迅速崛起。另一次则是 20 世纪 70 年代个人计算机和无线通信技术的兴起，使得硅谷成为全球科创中心，推动斯坦福大学迅速崛起为世界顶尖大学。

过去半个世纪，东亚多国多次重金投入试图创建世界顶尖大学，但至今未见显著成功。关键原因之一是未能形成足够密度的 X 型学子群体。我认为这也与东方文化的"求同"与保守谨慎的倾向，以及西方文化的"求异"与冒险精神有关。例如，清华大学和北京大学可能拥有国内甚至全球最高密度的智力或考试成绩优秀的学生，但由于应试教育的惯性，大多数学生仍深陷内卷，真正的 X 型学子仅占极少数（估计不超过 5%）。

上述观察与思考引发了一个关键性问题：要触发并维持一种可持续甚至不断增强的"聚变反应"，所需的学生规模、其中 X 型学子的比例以及教师中 X 型导师的密度应达到怎样的临界条件？

钱班的实践：希望与挑战

为了回答上述问题，我们可以参考清华钱班的一个对比性案例。清华钱班自创办以来，已经完成了 15 个年度的新生招生。其间，分别于 2013 年、2017 年和 2018 年举办了 3 次为期 4 天的"钱班创新挑战营"，旨在通过综合考查来甄别招生对象。其余年度的招生则是基于高考成绩或全国竞赛成绩录取到清华的新生，再通过不到半小时的面试进行选拔。

这 3 次挑战营活动主要以创新潜力为考查标准，旨在发掘 X 型学子。通过这 3 次挑战营进入钱班的学生分别为 13 名、5 名和 5 名，占每年新生数 30 名的 43.3%、16.7%、16.7%。在钱班迄今为止的 12 届毕业班中，这 3 届毕业班在全校每年 100 多个毕业班中，全部获得了当年的最高奖（两次排名第一、一次第二），而其他届毕业班级则未获得最高奖。这一现象显示，16.7% 左右的 X 型学子密度可能是形成 X^3 聚变生态的基本条件。

清华每年录取近 4000 名本科新生，如果按照 5% 的比例估算，其中将有约 200 名 X 型学子。有人可能会认为，将这些分散在清华各个院系的 X 型学子集中起来并不难，尤其是对于每年仅招收 30 人的钱班而言。然而，钱班过去 10 多年的经验表明，高密度汇聚的挑战主要在于：即使是 X 型学子，由于长期在应试教育的环境中，他们往往缺乏主动觉醒，个人或家庭都会优先选择热门专业，而不是倾听内心的召唤；此外，现有的招生体制也往往难以提供足够的时间进行全面考查，以挑选出 X 型学子。

从 X³ 聚变角度和学生本科毕业后分散到 40 多个专业方向深造去考虑，钱班每年 30 名学生的规模偏小。尽管钱班尝试过几次扩大规模，但都未成功，因为各专业院系不愿意将名额分配给钱班，因为这可能导致学生不再继续原专业[①]。

另两个数据也佐证了规模限制的问题：一方面，从 2019 年开始，华为公司每年派出 20 余位专家来给钱班学生介绍挑战性问题，因担心未来选择华为的人数过少，表达了希望更多学生参与的愿望；另一方面，麻省理工的生物物理方向先后至少有 6 位教授表示希望招收钱班毕业的学生，但钱班对生物物理感兴趣的学生每年仅有 1~2 个。可见钱班每年 30 名学生的规模限制了其在全球扩大和强化 X 型导师队伍的潜力，也浪费了钱班学生吸引到的优质深造资源。

参考加州理工、法国巴黎高工、巴黎高师等"迷你"大学的规模以及剑桥大学三一学院的规模，我们认为理想的"临界数量"应为每年招入的学子人数在 100~200 名[②]（见图 19）。

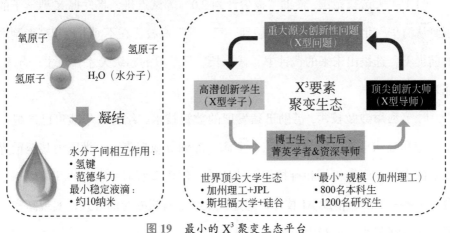

图 19 最小的 X³ 聚变生态平台

---

① 附带说明一下，钱班之所以可以放开专业选择，一个重要原因是初创时，30 位学生的名额是学校单独下达的，与院系无关。

② 罗宾·邓巴的"150 人定律"指出：包括互联网社会工具在内，一个人的交往对象最多约为 150 人；其中能够进行深入交往的约 20 人，而最深交密友为 5 ~ 7 人。这是由人的心智能力决定的，150 人开外的连泛泛之交都算不上。

中国的历史性机遇与挑战

党的二十大明确提出，到 2035 年建成教育强国、科技强国、人才强国，深入实施科教兴国战略、人才强国战略、创新驱动发展战略。高校是教育、科技、人才的集中交汇点，承担着为党育人、为国育才的重任，应积极探索推进教育、科技、人才"三位一体"协同融合发展。这一目标的重要性不言而喻，党和国家也展现了"十年磨一剑"的坚定决心。然而，将这一宏伟蓝图转化为具体的行动方案，依然面临着重重挑战。"十年树木，百年树人"，教育和人才培养是一个长期而复杂的过程，而从现在到 2035 年仅剩的 11 年时间显得尤为紧迫。在此背景下，必须"另辟蹊径"，在思路和方法上大胆创新，以确保目标的如期实现。

清华钱班 15 年的成功实践和深圳零一学院 3 年的初步探索，已经让我们逐渐清晰地看到了这样一条"蹊径"。以下是这一思路的主要核心要点：

（1）扩大选拔范围：借助"拔尖计划 2.0"等试点班，将发掘 X 型学子的视野从清华、北大等顶尖高校扩展到"双一流"高校，在不冲击现有高考制度的前提下，选拔出未来的钱钟书、钱伟长、吴晗般的超级天才、偏才、奇才、怪才。

（2）利用数智技术：借助迅猛发展的数智技术，结合清华钱班已形成的微生态和全球卓越口碑，在北京、上海、深圳等地聚集了一批国内甚至世界顶尖的大学、研究机构和科技创业的地域，创建几所前所未有的开放生态平台——零一学院，借助 AI 技术，通过线上线下有机融合的方式，实现高密度的 X 型学子汇聚，并吸引全球 X 型导师。

（3）推广创生教育：独创和榜样的力量是无穷的[①]，在上述两方面的初步成功，即可迅速将创生教育理念推广至中学教育和家庭，以破解"应试"困境，同时向研究生和青年人才推广，以突破"唯学历、唯论文、唯职称、唯奖项"等限制。

过去40多年，中国在"已知"领域的追赶战略极其成功，大学、科研和产业在一些显性数据指标上纷纷跻身世界一流，甚至在高铁、新能源、5G通信等领域处于世界领先地位。现在所缺的就是一个"东风"——快速形成能够自主培养出定义和开辟改变世界新领域的顶尖创新人才的全新模式。

中国拥有世界上最大规模的高等教育系统，总量上，我们仍有数以千计的X型学子，他们大多数分散在清北之外。作为一个佐证，根据公开报道[②]，1977—2021年中国大学校友共有626人当选为中国科学院和中国工程院院士，其中本科毕业于清华或北大的仅56人，占不到10%。

为何会出现这种现象？可能至少有以下三方面原因：

（1）清华和北大近10年来每年录取的本科新生总数为7000~8000人。估计有数倍的学生也有机会进入这些顶尖高校，但因高考的区分度不高等，导致发挥相对不好而被录取到其他高校。

（2）更多的长、短板都特别突出的天才因现有招生体制可能无法进入清华、北大。

[①] 我至今仍清晰地记得，1985—1988年，聂卫平带领中国队在中日围棋擂台赛上连夺3届冠军。这一壮举不仅标志着中国围棋的崛起，也促使中国台湾的应昌期先生创办了"应氏杯世界职业围棋锦标赛"，被誉为围棋界的"奥运会"。然而，令人意外的是，韩国棋手曹薰铉以"野路子"闻名于世，在1988年首届应氏杯中击败了"追赶并超越了"日本围棋的聂卫平，夺得了冠军。这次胜利迅速点燃了韩国围棋的国际崛起，并使韩国在随后10余年间霸占了世界围棋的顶峰。类似地，榜样的力量是无穷的——正如马尔科姆·格拉德威尔（Malcolm Gladwell）在其著作《异类——不一样的成功启示录》中列举的大量案例所揭示的那样，一旦有人通过"另辟蹊径"登上世界巅峰，往往会迅速激发整个国家在该领域的领先地位。

[②] 从1977—2021年中国大学校友当选院士人数排名看中国名校培养能力，《高等教育观察》（2021）。

（3）"焉知非福"：上述两类学生可能想证明自己不比清北的同学差，而动力更足。尽管就读本科的大学未必能够提供比肩清北的课程水平，但他们学有余力的同时在内因的驱动下可能比在清北的学生更加"自由"。这些都使得他们反而有更大的可能性"自主""痛快"地成长为 X 型人才。

有趣的是，X 型学子本科母校的分散现象，不仅在中国，在全球范围内也类似。根据 2009 年出版的《异类——不一样的成功启示录》，最近获得诺贝尔生理学或医学奖和诺贝尔化学奖的美国人中，毕业于哈佛大学、麻省理工学院、斯坦福大学等顶尖高校的合计不到 15%。

这表明，即使在世界顶尖高校，X 型学子的密度也可能不是特别高。这提示了一个激动人心的前景：零一学院与现有双一流大学的联合，是否能成为实现更高密度 X 型学子汇聚，进而形成更强 X^3 聚变生态的"另辟蹊径"呢？

42　深圳零一学院：理想化 X^3 聚变生态的试点

第 34 节提到了清华钱班的结构——X-书院与中国传统书院、牛津大学和剑桥大学 College（学院）体系及哈佛大学的通识教育与 House 制的异同，特别是 X-书院的创新。在此基础上，我们来描述零一学院的特征、结构和"破界"创新。

了解剑桥大学的人都知道，这所大学的核心在于其 31 个学院。其中最著名的包括三一学院、国王学院（King's College）、圣约翰学院（St John's College）和基督学院（Christ's College）等。这些学院培养了许多杰出的校友，如开创近代科学的艾萨克·牛顿、奠定计算机科学基础的阿兰·图灵、提出电磁场理论的詹姆斯·克拉克·麦克斯韦，以及生物进化论的创立者查尔斯·达尔文。他们的成就永久性地改变了我们的世界。

以三一学院为例，根据官方最新统计，学院共有约 700 名本科生和约 350 名研究生。每个学院由一位大先生（Master）担任首席领导者，负责为学生的成长提供广泛的学术支持和指导。三一学院以其前沿性、创新性和跨学科的学术标准闻名，同时保有深厚的学术文化。学生的专业学习根据个性化需求，分散在全校不同科系进行。

除了剑桥大学的 College 和哈佛大学的 House，清华钱班从创建伊始，还借鉴了法国巴黎综合理工等学院（Grand Écoles）的两个显著特点：①这些学院聘请的老师，有大量来自全法国甚至全世界兼职的一流教师；②学生在读期间必须到企业实习 6~9 个月。

清华钱班还突破了校园、地域和学术的局限，不仅从清华扩展到美国麻省理工学院、斯坦福大学等学府，还从传统学术界延伸至华为等科技型企业。

零一学院与全球现有的"大学"形态截然不同。零一学院的体制在清华钱班的基础上进一步"破界"创新（见图 20），主要表现在 3 个方面：中段（核心），学院与联盟大学试点"X-学院"，共同打造 X 型学子的培养模式和陪长平台；高段，将学科的概念变革为解决重大源头创新性问题（X 型问题），将学科属性的院系升级为中国或世界产学研顶尖创新平台（X 型平台）；初段，学院深入基础教育，推动其向创新教育转型，以涌现和发掘更多 X 型学子。

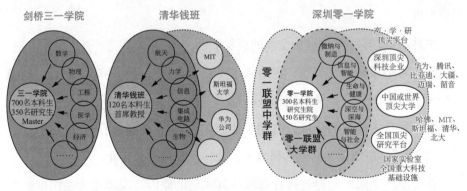

图 20　从剑桥三一学院到清华钱班，再到深圳零一学院的体制"破界"

进一步，零一学院的结构和使命，有机整合了法国巴黎综合理工等精英学院的全球导师、美国密涅瓦大学的全球走读、斯坦福大学的开环计划（Open

Loop）、奇点大学（Singularity University）关注影响亿人的问题、马斯克创办的"至星辰"（Ad Astra）学校的不分年级等创新元素。此外，它将发展成为一个高度依赖网络（IT）和人工智能（AI）的聚变生态（ecosystem）或聚变集结（hub），比传统大学形态更加"轻便"。

简而言之，零一学院是一个跨越学段、学科、地域、文化，共建共赢的综合生态平台。它以创生教育这一全新理念为引领，致力于构建一个梦寐以求，但只有数智时代才可能实现的"理想大学"。

显然，创建首个零一学院不仅是"从0到1"的创业，更是一项极其复杂的系统工程，是一项"从0到1"的社会组织创新，必然要通过反复试错和长期坚持方能实现。

与传统教育模式相比，零一学院最大的不同不仅仅体现在形式上，而在于教育底层逻辑的改变。零一学院采用适应数智时代需求的创生教育理念，而非适应工业时代的传统教育模式。由此，将极大地释放X型学子的创新潜力。通过共创共赢的生态系统，显著放大现有国内"双一流"高校、一流研发平台和顶尖科技企业的巨大资源和能力，在共同培养X型学子的过程中，实现共赢发展。

更妙的是，零一学院这一全新的成长平台，还可以对高考产生"扬长避短"之效——对不仅有清北梦想，更追求人生意义和长远目标的学生而言，既能减轻考上清北的压力，又能利用各高校"齐刷刷"的入学考试成绩为这些学生创造一种自主成长的环境，有利于他们在大学期间脱颖而出，并在毕业后进入"清北"、中国顶尖研究和研发平台及中国顶尖科技企业。

首个零一学院的创建选择在深圳有其深刻的原因。深圳作为中国创新之都，本身就拥有卓越的创新创业基因，包括：几乎所有的"深圳人"都是来自全世界各地、拥有冒险精神的外地人或其后一代、二代；深圳还孕育了华为、腾讯、比亚迪、大疆等一大批中国乃至世界领先的科技企业，以及鹏城国家实验室、深圳清华大学研究院超滑技术研究所等多个世界领先或开创性的科研平台；深圳毗邻首创"一国两制"的香港和澳门，是全球开放、东西文化高度融合的城市。

如果试点顺利实现目标，未来可考虑在北京、上海、重庆、武汉、西安、大连等全国或区域最具创新特色的中心城市建设各具当地特色的零一学院群。它们与公立大学群一起，构成可与美国顶尖私立大学群与公立大学群相媲美的未来高等教育形态，比美国的形态能更好地平衡英才教育和大众教育（见图21）。

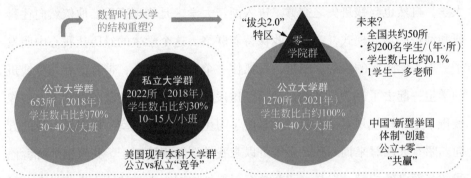

图21 美国大学之间的并行竞争结构（左）和中国未来可能的公立大学与零一平台之间的合作共赢结构（右）[①]

与美国私立大学日益昂贵，导致社会阶层分化加剧相反，借助数智技术，零一学院的成本将越来越低，并与高考制度和公立大学联动，更好地推动社会阶层的跨越流动，实现可持续的发展。

43 三年初探和"3个6年"发展战略

两个先行先试的"小白鼠"

尽管零一学院正式招生是2021年，但零一模式的尝试可以追溯到2017年，涉及当年16岁高中生于昭宽和9岁少年袁士然。这样，我们就有了两个

---

① 引自2023年2月11日郑泉水在"第二届中国基础教育论坛暨中国教育学会第三十四次学术年会"上的主旨报告。

培养时间达 7 年的"样本",来看看零一模式究竟如何对学生产生影响,成效如何。

（一）于昭宽同学：第一个零一"本科－博士生"贯通培养的学生

2017 年清华钱班冬令营有 5 位学生获得了我们的一致认可,希望招到钱班来培养。其中一名学生就是第一个零一"本科－博士生"贯通培养的学生：于昭宽。

尽管在冬令营期间表现亮眼,但他加分后仍然以一分之差没能考入清华大学,自然也与钱班失之交臂。进入浙江大学求是物理班后,他依然向往科研和钱班的培养模式,一直与我保持着联络。这个学生的经历让我心中萌发了"零一学院"的想法。于是,我抓住一个开会的机会,带着他和几位钱班的学生一起去了一趟以色列,开启了这段特别的旅程。在我的鼓励下,他像钱班学生一样规划自己在浙江大学的学习生活,进实验室、探索感兴趣的方向。昭宽大四时来询问我,是否可以来我的课题组读博士,我遗憾地告诉他我的名额已经招满。但是,昭宽放弃了新加坡国立大学的博士生奖学金,坚持要追随我——他想做与传统超导研究不同的方向——将自超滑作为研究核心,探索电学相关问题。昭宽的这种坚持和热爱,深深地打动了我,于是,我决定尝试采用折中的办法培养他,学籍保留在浙江大学,联合培养在清华大学。为此,我专门联系了浙江大学的一位副校长来推动这一方案的实现。转眼,昭宽已经在研究上有了不小的进展,我对他的这种培养方式也影响了后续零一学院的学生陪长体系的设计,即学籍保留在各高校,但联合培养的大导师在零一这个大平台。

　　来到郑老师的课题组后,我迎来了科研道路上的全新阶段。
　　在郑老师的指导下,我开始接触更多具有挑战性的实验和理论研究。其中,实验现象的解释是最让我印象深刻的部分,我曾与清华大学的徐志平老师展开了多次深入讨论。由于我的学籍仍然在浙江大学，这便形成了一种独特的科研模式：由郑老师主导，同时接受浙江大学路欣老师和清华大学徐志平老师两位青年导师的实际指导。这种多元化的合作模式不仅拓宽了我的学术视野，也让我能够从不同的科研视角切入问题，找到最适合的解决方案。郑老师的指导超越了技术本身。他经常向我传递关于科研的深刻见解。他强调，思维决定高度，高度决定视野，视野决定选择，努力决定成败。这些话语始终激励着我。（于昭宽）

（二）袁士然：第一个进入零一体系，16岁本科毕业的学生

零一学院是一个开放的陪长生态，我们不用学段、学籍这些在创新人才培养中略显古板的"旧枷锁"来限定任何一位有天赋、有潜力的孩子。如果来我们的暑期学校转一圈就会发现，不仅有大学生、高中生，甚至还有小学生。其中，一位格外小的学生就是零一生态里的一个典型案例：袁士然。

袁士然8岁就辍学在家了。这是一个从小对数学有非常浓厚兴趣的孩子，一直把数学当游戏。他在北京一所民办学校的国际部上小学二年级时，经过学校测试，各科水平已经达到美国11年级的学业程度，学校按部就班的教育已经满足不了他的学习需求，因此辍学后在家继续使用网络平台自学。士然的自学天赋不仅限于数学方面，他的外语也全部是自学的。10岁时雅思考试成绩7分，托福考试109分；12岁时自学法语，获得了法国教育部颁发的DELF B2等级证书，因此可以自由地在网上选择自己喜欢的大学课程学习。他仅用两年多时间就获得了美国麻省理工、哈佛等大学的20多门本科，甚至硕士课程的认证证书，还在清华大学学堂在线以满分的成绩获得了C++等课程的优秀证书。

我在2018年钱班工作组白峰杉教授的介绍下与袁士然见了一面，这一

面令我印象深刻。虽然当时他只是一个 10 岁的小孩子，但是知识储备、思维水平展现出了极大的潜力。于是，我邀请他来参加钱班的一些活动，士然的表现屡屡令我惊喜。例如，在 2020 年 12 岁时入选了钱班组织的开放性暑校，还是人工智能小组的组长。

2020 年士然想参加高考上大学，于是我给他写了一封推荐信。北京市第二十二中学愿意接收他入学，便将相关材料上报给了东城区教委和北京市教委，获得批准后，士然有了正式的高三学籍，参加了 2021 年的高考。那年夏天在深圳参加完我们零一暑校后的第二天，13 岁的士然就到昆山杜克大学报到，成为当年最小的大一新生。他在昆山杜克的学习也非常顺利，仅用 3 年时间就达到了本科毕业要求，提前毕业。

虽然士然后来的学术兴趣在计算机科学和人工智能方面，但是他有一个非常突出的特点是跨学科思维。有一次我找士然来清华大学聊天，向他介绍了我的张量研究方向。他很感兴趣，应对张量研究这种需要极强数学基础的方向也几乎不费劲儿。这时常令我深思，我们的教育体系里有没有给这些天赋异禀的孩子提供自由学习的机会和认定。2024 年他作为论文第一作者发表"可动态压缩辐射场"（"SlimmeRF: Slimmable Radiance Fields"），将张量拆解融入 3D 视觉领域，实现了对视觉成像精度与质量和内存空间的动态平衡；不通过训练就能使模型适配不同应用场景。他的这篇论文在瑞士达沃斯举办的国际三维视觉顶级会议（International Conference on 3D Vision）上，荣获唯一的最佳论文奖，他也成为该会议有史以来最年轻的获奖者。

士然目前在美国加州大学伯克利分校电气工程和计算机科学专业进行硕士研究生学业。他通过公开招考将于 2025 年成为清华大学求真书院和智能产业研究院联合培养的博士生。深圳零一学院和我个人都将持续关注他，希望他回国后能够继续把自己的热爱和天赋发挥到极致。

魔法学校：X-Camp

2021 年 7 月 18 日是一个值得铭记的日子，深圳零一学院在众人的期待中正式开学，以清华钱班和零一学院联合举办的"钱班创新挑战营"形式，迎来了首批近 300 名大中学生。正值新冠疫情在全国蔓延，所有师生都尽可能地封闭在学院内，但这并未阻挡他们的热情与投入，学生们忙碌、兴奋，洋溢着快乐。

4 周后的结营汇报上，线上线下汇集了包括十几位院士在内的数百位政府官员、学者、教师和企业家，聆听学生们的展示。很多参与者纷纷表示：倍感振奋，看到了未来的希望——尤其是那些入选为零一少年和零一学子的学生们，他们眼中的光芒与杰出的表现令人惊艳。华大基因创始人汪建先生在现场停留了近 7 个小时，顾不上吃晚饭，当场邀请 4 名学生连夜参观华大基因总部，诚邀他们未来选择留下来工作。

这一开始充满了令人兴奋的气息，蕴含着零一学院初创者们的荣光与梦想（参见附件 6）。

然而，所有的重大源头创新，无不源于被大多数人视为疯狂的想法，必须在黑夜中坚定不移地穿越漫长的"死亡谷"。零一学院也不例外，而对此，我早已在心理上做好了准备。经过多方努力，2022 年 6 月，我举家从北京迁居深圳，成为清华大学深圳国际研究生院创办 20 年来首位从清华本部全职调任的院士，以此实际行动表达了我对办好零一学院的义无反顾的决心。

深圳市政府与创建团队商定的零一学院初创与探索模式期为 6 年。截至 2024 年夏，学院初创期正好走过半程，因此此时进行一次深度回顾与总结非常必要。

初创期设定的核心目标如下：

（1）找到高密度汇聚一批 X 型学子的有效方法和途径。

（2）这种汇聚不仅让这些 X 型学子获得在其他地方难以得到的卓越体验，还能够在全球范围内吸引认可这些 X 型学子创新潜力的 X 型导师，进而点燃 X^3 聚变反应，形成卓越的口碑与品牌。

（3）这种点燃与聚变应能及时形成闭环，实现可持续性，并产生螺旋上升的"飞轮效应"。

上述核心目标环环相扣，犹如从"两体"运动到刘慈欣的"三体"运动，复杂性大幅度增加，从稳定变异为不稳定，导致真正实现起来极具挑战性，因为其核心在于构建一个极具活力的顶尖创新生态。这需要不断地试错，保持足够的耐心，并执着地坚持。在打造整套模式的过程中，还需尽快锻炼出一支卓越的教师与运营团队。

围绕核心目标（1）和（2），从最小的切入口着手，零一学院在过去 3 年间于坪山基地（2024 年加上新启用的南山总部）测试了 6 期为期 2~4 周的"颠覆性创新挑战体验营"（X-Camp），累计考查了大范围初选出的逾千名大中学生。

每次学院的 X-Camp 开学时，我都会住在坪山基地，与学生们同住，沉浸式地参与他们的课程、科研实践及多元文化活动。这么做是因为我希望直接聆听孩子们的反馈。

让我特别欣慰和备受鼓舞的是，大批钱班毕业生（包括在第四章到第十章中提到的大多数人）志愿成为 X-Camp 的辅导员和讲师，积极参与到零一学院的建设中。他们以实际行动表达了对零一学院这个相当意义上清华钱班"亲弟弟"的接纳、认同、呵护和支持。比如，钱班 2017 级毕业生胡脊梁同学，每年都从麻省理工学院来给参加 X-Camp 的学生上课；钱班 2019 级毕业生崔森同学，带领他的人工智能与教育创业团队，全力协助零一学院创建急需的数智化平台。

世界顶尖科学家协会（World Laureates Association, WLA）是一个汇聚全

球顶尖科学家的国际性组织，成立于 2017 年，总部设在中国香港。目前，该协会拥有 50 余位诺贝尔奖得主，是亚洲地区规格最高、影响力最大的科学组织之一。

"科学 T 大会"作为世界顶尖科学家年度论坛的标志性活动，旨在为热爱科学的青少年搭建与顶尖科学家面对面交流的平台，助力未来科学人才的成长与发展。在上海举行的 2024 年"科学 T 大会"中，来自全国各地的 100 名优秀青少年脱颖而出，其中有 16 位是通过 2024 年零一 X-Camp 选拔出的零一少年，他们在大会上展现出的才华与热情，成为一道亮丽的风景线。

零一初创期的最大收获

总结最大收获、不断聚焦优势，是创业期尤为关键的战略。初创 3 年，零一学院办学本身的最大收获或进展可归纳为如下：

（1）基本验证了 X^3 聚变概念。尽管 X-Camp 汇聚时间只有短短的几周，但这段经历深刻地改变了参与学生们的思维和人生，许多人形容零一学院就像一所"魔法学校"。在学生们反馈的"来零一的最大收获"中，最多的几项为：高密度地与一批创新方面极其优秀的学生相遇并成为志同道合的朋友；相互间激发起之前难以想象的创新能力，包括好奇心、批判性思维、交流与表达能力、自信心、敢于试错和接纳失败等；大大开阔了视野，接触到顶尖实验室、顶尖科技企业和顶尖导师，受到优秀年轻老师和钱班毕业生的个性化、有深度的指导等。这些反馈中的核心收获，恰好直击了传统大学本科教育中的 4 大痛点——缺乏"创新同辈富集的环境"，缺乏"充满创新活力的生态"，缺乏资深导师的"科研启蒙"以及缺乏真正关注学生成长的"成长教练"。零一学院为创新型学生提供了国内独一无二的资源和支持体系，极大地激发了他们的成长与创新潜力。

最令零一的老师们感动和鼓舞的是，一批自 2021 年起就一直追随零一探索步伐的学生的感受：

> 绝大多数学生其实都认为零一学院存在着太多的问题，但大家不会去过多贬低零一，相反大多数学生都把零一目前的问题当作一个"大挑战"一般积极寻找办法，并努力让学院的员工和高层听到这些声音。这就是零一的魅力，无论它变成什么样子，至少它真正点燃了一些人，改变了一些人，给过一部分人以希望（我曾听一位同学说"零一就是这些年挺过来的信条"）。

（2）集智共创未来教育范式。过去3年，零一学院的实践吸引了20多所大学"拔尖班"数百位老师的参与。零一学院的本校老师们反馈称，学生在零一学院收获了极强的自信心、全新的学习方法和成长理念，结交到一群志同道合的年轻朋友。此外，这些学生的成长在所在学校也产生了积极的扩散效应，形成了"聚在零一一团火，散在四海满天星"的局面。老师们的切身体会，再加上过去两年零一学院举办的6期"集智共创新时代——拔尖创新人才联合培养系列研讨会"，以及我2024年5~7月围绕"痛快的学与教——数智时代全新教育的思考与实践"这一主题在清华大学、上海交通大学、中山大学、澳门大学、华中科技大学、深圳技术大学、中国矿业大学（北京）等大学的集中巡讲，使得一批大学的校长和院士们与零一学院达成了共建顶尖创新人才培养体系和生态的协议或意向。这为线下高密度汇聚X型学子提供了更加广阔的空间和机会。

（3）清晰了短、中、长期发展战略。呼应国家的2035年建成教育强国、科技强国、人才强国和到21世纪中叶全面建成现代化强国的战略目标，从创立的2021年算起，零一学院总体发展战略可表述为"3个6年"（见图22）。

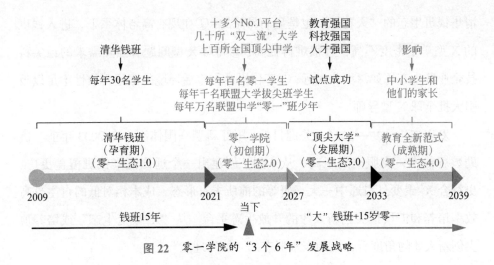

图 22 零一学院的"3 个 6 年"发展战略

初创期（2021—2027）的首要建设目标是走通一个模式，使得每年有 75~100 位按现有高考录取制度录取到全国各高校的 X 型学子，能"柔性"地高密度汇聚到零一学院。这里的"柔性"，是指这些 X 型学子多数时间还是在学籍高校就读，少数时间汇聚到零一学院和与零一学院合作的在深 X 型平台。

无论是实践的层面还是按"X^3 聚变"第一性原理，都指明了这些 X 型学子和 X 型平台，加上香港、澳门等地区更加开放的生态，可强有力地从全球吸引一批 X 型导师，并高效、高密度地汇聚到深圳，进而创建出一个"X^3 聚变生态"。

这里的高效，指的是就形成"X^3 聚变生态"而言，并不需要极其昂贵地全时聘请一群 X 型导师，因为 X 型学子的一个标志就是内生动力和积极主动性极强，只需要 X 型导师在关键点上"点拨"或支持一下就可以了。而这些点拨，除了很少的面对面时间，都可线上进行。

相对照，在教育部"拔尖计划"和清华大学的大力支持下，经持续 15 年的师生共创，清华钱班形成了一个微型（每年 30 位新生）"X^3 聚变生态"。但清华钱班生态的"天花板"也是显而易见的：①在现有高考体系下，进入钱班的 X 型学子密度不高，且很难再提高；②离对 X 型问题有强烈需求的顶尖科技企业群生态（如深圳）太远；③工作平台与生活环境的国际开放性不足以吸引大批全球 X 型导师。

发展期（2027—2033）关键目标：用好新型举国体制，在 2033 年前，借助数智技术，克服空间距离，从 0 到 1 创建出一个远比清华钱班覆盖更广、更符合 X^3 聚变且贯通中—大—研等的前所未有形态、成本相对低的自主且高效率培养和汇聚顶尖创新人才的开放生态平台。从"X^3 聚变生态"或培养顶尖创新人才的角度看，成为未来形态的"加州理工"。

成熟期（2033—2039）关键目标：影响和帮助广大青少年成为创新的主人，成为数智时代创新教育全新范式的开创者和持续引领者。

44　启示和思考（26~27）

启思 26 创建零一学院的最大幸运，是恰逢最好的天时、地利和人和

零一学院能够在"黑夜"中艰难前行并逐渐"看清"前进的道路，最大的幸运在于遇到了历史性的天时、地利与人和。

首先，党的二十大将教育强国、科技强国和人才强国的建设确立为国家最高战略，并在党的二十届三中全会上再次强调，决心通过新型举国体制在 2035 年实现这一宏伟目标。在这一背景下，零一学院率先探索学段破界，成为推动这一国家战略的一次重要尝试。

其次，零一学院得益于地处粤港澳大湾区核心地带、拥有"中国创新之都"美誉的深圳市。深圳市委市政府大胆突破，坚定支持创办首个零一学院。2022 年 11 月 15 日，广东省及深圳市主要领导共同见证了试运行一年多的零一学院正式揭牌；2023 年 8 月 17 日，广东省委主要领导和全体省委常委考察

零一学院，对其理念和实践给予高度评价和殷切期待。

最后，清华钱班和零一学院的开创性实践多次受到《人民日报》、新华社等中央权威媒体的关注与报道。2023 年 2 月 11 日，我应邀在中国教育学会主办的"第二届中国基础教育论坛"上，以清华钱班和零一学院为案例，在教育部主要领导等的见证下，做了题为"拔尖创新人才基础培养——实践、启示与建议"的主旨报告，产生了广泛影响。据悉，全国线上线下逾 3800 万名教师和校长参与了学习。2024 年 6 月 20 日，在深圳市政府的大力支持下，清华大学深圳国际研究生院正式成为零一学院的举办单位。从此，零一学院站上了清华大学和深圳这两大"巨人"的肩膀，能够更加自信地肩负起自己的历史使命。

这些历史性的支持与认可，使得零一学院能够坚定前行，迎来光明的发展前景。

启思 27 唯有具备坚韧不拔的精神，方能实现零一学院的使命与愿景

创建零一学院，是一次"从 0 到 1"的创业实践，致力于实现教育、科技、人才"三位一体"的全新模式，而非简单复制已有大学的模式。零一学院在初创阶段所面临的挑战，与所有初创企业的挑战类似，但更加艰巨，因为现有大学的主要使命和形态在近 200 年间几乎未有大的变动。

领英（LinkedIn）联合创始人里德·霍夫曼曾形容创业的挑战和紧迫性："创业就像把自己从悬崖上扔下去，然后在下落的过程中组装一架飞机。"这句话正是我内心感受的写照，也是我紧迫感的来源。为了确保零一事业的成功，必须以"九死一生"的创业心态，打造出一个齐心协力、勇于攻坚克难的核心团队，并汇聚越来越多的志同道合者。

第十二章
痛快成长的第二通道

1977年恢复高考和1999年高等教育向大众化转型，为我国在过去40余年中以奇迹般的速度追赶发达国家作出了不可或缺、不可磨灭的历史性贡献。然而，随着产业升级的加速和中国在2010年前后跨越中等收入门槛，成为中等偏上收入国家后，我国高考招生制度及其带来的应试教育弊病，犹如滚雪球般不断积累，难以找到有效的破解之策。

挑战与机遇并存。我国的政治体系和历史文化与西方大相径庭，这使得单纯的模仿和追赶难以实现超越。与此同时，这种不同也蕴藏着独特的优势。借助从工业时代到数智时代转折的强劲东风，我们更有机会开辟一条与传统学生成长通道相辅相成的"第二通道"，以实现教育强国、科技强国、人才强国的创道超车。

45　内生动力的本源和成长节奏

内生动力的本源——需求层次

在影响个体一生成长的三大要素——天生禀赋（基因）、环境条件（外因）和内生动力（内因）中，应试教育往往倾向于高估"基因"的作用，而相对忽视环境条件和内生动力的潜力。与之形成鲜明对比的是，创生教育强调"内因"的优先性，认为内生动力的重要性远高于天生禀赋和环境条件。

那么，究竟什么是内生动力的普遍性本源呢？下面我从人的需求层次和成长节奏两个角度来看待这个问题，争取有一个更全面的理解。马斯洛将人类需求分为六个层次[①]，从低到高分别是：

（1）生理需求：食物、水、空气、睡眠等基本生存需求。

（2）安全需求：身体安全、经济稳定、健康保障及免受威胁的环境。

（3）社交需求：亲密关系、友情和群体归属感。

（4）尊重需求：包括成就感、地位及他人认可。

（5）自我实现需求：实现潜能，追求理想与目标。

（6）超越需求（后期补充）：超越自我，关注帮助他人、追求真理或宇宙联结。

人的本性是在较低阶需求满足后，逐步向更高阶需求迈进。最初，人们往往通过追求财富来满足从第一层到第四层的需求；当财富达到自由后，便会渴望追随内心，专注于自己最感兴趣的事，以实现自我——开发潜能，完成个人理想与目标。进一步，则是超越自我，进入"无我"的境界，关注他人福祉、探索真理或与宇宙建立深层联结。

由此可见，以内生动力驱动成长的教育，不仅需要满足个性化需求，还

---

① 亚伯拉罕·马斯洛（Abraham H. Maslow）的《动机与人格》（*Motivation and Personality*），哈珀＆罗（Harper & Row）出版（1954 年第一版，1970 年第二版）。这本书对心理学、教育学、管理学、社会学等领域产生了深远影响，马斯洛通过这本书成为人本主义心理学的奠基人之一。

应适应个体随时间不断发展的动态特性，是有节奏的。这样的教育并非终结于某一阶段，而是一个开放且持续的过程，引导人走向无限的可能性。

内生动力的本源——成长节奏

从心智发展和学习进阶的角度来看，我认为个体在不同学段的成长关键可以划分为以下 5 个阶段，每一阶段的核心特征和挑战与心智发展规律紧密相关：

Ⅰ. 在已知领域（"白"空间）——基础认知与探索阶段

学前阶段：好奇心和提问驱动的学习。

- **特点**：这是个体心智发展的萌芽期，好奇心成为最大的驱动力。孩子对身边的事物充满兴趣，善于提问和观察，渴望探索周围的世界。

- **成长关键**：通过引导性问答和游戏化学习，帮助孩子积累感知经验，鼓励他们保持提问习惯和对未知的兴趣。

小学阶段：动手做感兴趣又有意义的事，如帮助做家务，开始自学。

- **特点**：小学阶段，孩子的认知能力逐渐增强，具备了一定的动手能力和独立思考能力。兴趣是这一阶段的重要动力来源。

- **成长关键**：除应继续鼓励好奇心和提问外[1]，应该鼓励孩子通过动手实

---

[1] 据心理学和教育研究统计，一个充满好奇心的小学生每天可能会提出 200~300 个问题。提问不仅是孩子探索世界的重要方式，更是培养批判性思维和创新能力的关键起点。2021 年，一篇题为 "Building Student Capital: Assessing the Trajectories of Cognitive Skills in Higher Education in Four Countries" 的论文发表在顶级期刊《自然·人类行为》（*Nature Human Behaviour*）上。这项研究通过对中国、印度、俄罗斯和美国 4 国 STEM 专业本科生的纵向研究，评估了他们在大学期间批判性思维和学术能力的发展轨迹。研究结果显示，不同国家的学生在这些能力的发展上存在显著差异。特别是中国学生，在大学 4 年的学习中，批判性思维能力未见提升，甚至出现了下降。这一发现引发了对各国高等教育教学方法和培养模式的深刻反思。从我的观察来看，这一现象的主要原因或许并非始于大学阶段，而更可能与中小学教育中的提问文化有关。在许多中国学校，学生的提问往往被视为对课堂纪律的挑战，而非鼓励好奇心的表现。老师对学生提问的频繁打压，可能逐渐让学生形成"不提问"的思维惯性。这种习惯延续到大学后，可能成为批判性思维能力发展的重大障碍。这也提醒我们，真正要提升学生的批判性思维能力，需要从教育的源头出发，重视并鼓励提问文化，培养学生的独立思考和探索精神。

践解决现实问题，例如帮助做家务或进行简单的小制作。此外，应支持他们尝试自学，逐步培养独立学习的能力。

Ⅱ.初入未知领域（"灰"空间）——探索与定位阶段

中学阶段：项目制学习（PBL），尝试并思考未来发展方向。

- **特点**：中学生开始接触更复杂的知识体系和跨学科内容，对自我认知和未来方向产生模糊的思考。PBL（问题驱动学习）是这一阶段的有效学习模式。

- **成长关键**：通过解决开放性问题，引导学生学会在多学科知识间建立联系，并培养批判性思维和自主学习能力。在此过程中，帮助学生初步思考兴趣、能力和未来发展的可能方向。

大学阶段：进阶研究–精深学习（APRIL），找到未来发展方向。

- **特点**：大学阶段是从广博学习走向精深研究的关键时期。学生需要在广泛的学习基础上逐步锁定兴趣领域，并通过持续的学习和研究明确职业和学术方向。

- **成长关键**：提供高质量的学术指导和研究机会，帮助学生掌握精深学习的能力，明确自己感兴趣的专业方向，甚至开展自主的小型研究项目，为未来的职业或学术生涯奠定基础。

Ⅲ.深入未知领域和创新（"黑"空间）——专业突破阶段

研究阶段：在明确方向上奔跑，逐步达到博士或年轻专家水准。

- **特点**：这一阶段是心智高度发展的关键时期，个体在某一专业方向上进行深入探索和创新，挑战逐渐加大。

- **成长关键**：通过高度集中的研究过程，培养科学思维、解决问题的能力和创新精神。目标是取得独立的科研成果或行业认可，达到博士或年轻专家水准。

攀顶阶段：创新或创业，攀登行业或学术巅峰。

- **特点**：这一阶段的个体在自身专业领域已经具备扎实的理论基础和实践能力，他们着眼于前沿问题或颠覆性创新，十年磨一剑，推动领域的重大突破。

- **成长关键**：鼓励独立思考、冒险精神和持久的耐力，通过与顶尖同行的竞争和协作，冲击行业或学术的世界顶峰。

Ⅳ. 获得学界或社会认可，继续取得世界级创新成果

顶尖人才阶段：40~60岁，持续突破并建立领域标杆。

- **特点**：这一阶段，个体通常已取得显著的学术或行业地位，开始对领域的发展趋势产生深远影响，并通过不断创新巩固和扩大自身的贡献。

- **成长关键**：在坚持深度研究的同时，拓展领域的广度与影响力，关注跨学科协作，推动社会应用和重大突破。

Ⅴ. 启迪后人、推动领域更大发展（"传承"阶段）

大师阶段：60~80岁，培养后继者，成就更大梦想。

- **特点**：这一阶段，个体从领域发展的直接参与者逐步转型为导师和战略指导者，通过启迪学生、培养助手，实现知识和价值的传承。

- **成长关键**：通过教学、科研指导和行业洞察，帮助后辈超越自己。注重价值观的引导和精神力量的激励，推动领域更大范围的创新和突破。

总结

从"白"到"灰"，再到"黑"空间的递进，不仅体现了人类心智发展的不同阶段，也揭示了从基础认知到终极创新再到价值传承的完整成长路径。这一过程不仅是知识的积累，更是心智的全面跃迁，为个人成长和社会发展奠定了深远的基础。

上文列出了我对人才成长沿传统的 A 通道（学前、小学、中学、大学至创新）与正在开辟的 X 通道（阶段Ⅰ～阶段Ⅴ）不同阶段的大致情况（见图 23）。

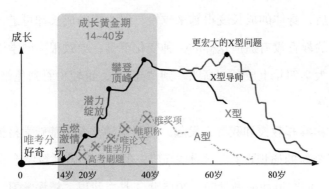

Ⅰ.**在已知领域（"白"空间）**
- 学前：好奇心和提问驱动的学习；
- 小学：动手做自己感兴趣的、身边的、有意义的事情（如家务），开始自学；

Ⅱ.**初入未知领域（"灰"空间）**
- 中学：项目制学习（PBL），尝试多个 PBL 并思考自己的未来发展方向；
- 大学：进阶研究-精深学习（APRIL），找到未来发展方向；

Ⅲ.**深入未知领域和创新（"黑"空间）**
- 研究：在明确的方向上奔跑，挑战度越来越高，达到博士或年轻专家水准；
- 创新：十年磨一剑，攀登上世界顶峰；

Ⅳ.**取得多项世界级创新成果**
- 顶尖：40~60岁；

Ⅴ.**帮助和指导学生与助手，实现更大创新梦想**
- 大师：60~80岁。

图 23 创造性思维成长和成就的节奏

A 通道与 X 通道的对比

（一）A 通道的局限

如果将中国当下承载着教育最大负荷，但被应试教育"紧箍"的公办大学与中小学称作中国青少年成长的 A 通道的话，则从零开始创建的零一学院，将与现有大中小学体系开展合作，共同开辟第二通道——X 通道。

A 通道相对保守刻板地参照年龄分段，如学前 1~6 岁、小学 6~12 岁、中学 12~18 岁、大学 18~22 岁、硕博连读 22~27 岁等。中外的实践皆表明，对大多数孩子而言，这个分段在工业时代是比较科学的。主要的原因可能是，方便"公平性"地实施规模化教育，且由于从出生开始，孩子们的心智成长是从"0"开始，相对青年时期的激烈、非线性变化，幼少时期的变化相对线性，差别不大。

成为青年后，身体的成长变得越来越慢，但心智的成长却可进入非线性加速期。我们的教育没有适应这样的一种变化节奏，导致很多同学因为惯性步调一致地将大学四年上成了"高四"到"高七"，也较少看到免修、跳级、提前毕业等现象。

2014年，白峰杉教授和我等人发起，为清华学堂6个基础学科拔尖班学生开设了一门全新的通识课程"学术之道"，由6位首席教授结合自己的学术人生，与学生们交流如何做学问。2015年4月，我以"精深学习"为主题与学生们交流时，谈到我在大学期间免修了多门主课，当时还是大二的钱班2013级的多位同学站起来了，问为什么他们"不被允许"免修。我转头请教在场的教务处分管拔尖班的张文雪副处长，回答说教学条例规定是可以的，但实际操作中很难，可能是因为没有几个任课老师和工作人员愿意给自己添麻烦。听说在钱班2013级集体给陈吉宁校长写信反映这个问题后，才出现了免修。

再回想起我在1977—1993年接受到的"最好"的教育，我意识到能否免修、跳级、提前毕业、破格等的关键，不在学校的规定、不在学生，而是能不能遇到像杨德品、黄克智等这类口碑好、学问高、真正乐于育人的好老师、大先生。此外，学校也可以制定相关政策，例如"前测"，即一门课开课前考试，既可以让教师了解学生的基础水平，差异化地教学，也为鼓励学生提出免修申请提供制度支持。幸运的是，好的教学主管因为认识到位，是可以做到的。例如，2022年，我给分管副校长杨斌教授打电话力荐当时仅本科毕业两年、正随我直博的黄轩宇同学提前博士毕业，讲了几分钟就获得了他的支持。2023年年底，黄轩宇同学在直博不到三年半后，破格获得了博士学位。

在知识稀缺的农业时代以及需要普及知识的工业时代，A型学习是教育的主体。而在数智时代，特别是有了 ChatGPT 后，知识性学习正急速变得越来越"唾手可得"，相对照，X型学习将快速成长为教育的主体。

（二）A 通道与 X 通道的互补

在零一学院的探索中，传统的 A 通道和正在开辟的 X 通道展现了两种截然不同但互为补充的学生成长路径。

A 通道代表了传统的教育模式，其阶段大致对应学前、小学、中学等逐级推进的教育体系。这一通道的最大特点是高度标准化，重点放在"类同"上，类似于体操比赛中的"规定动作"。在 A 通道中，学生按照年龄和学段的节奏步调一致，整体效果是均值高、方差小。虽然这种模式能够确保大多数学生达到一定的水平，但难以培养出特别突出的学生，同时也不太宽容传统意义上的"差"生。

X 通道则是一条全新的成长路径，分为阶段 I 到阶段 V。与 A 通道不同，X 通道重点放在个性化和差异化上，强调"不同"，如同体操比赛中的"自选动作"。在 X 通道中，学生通过"破格"的方式实现超常规成长。这一通道打破了年龄和学段的限制，鼓励优秀学生能够突飞猛进，同时宽容那些暂时遇到困难或尚未找到激情的学生。

在 X 通道中，教育不再是单一的标准化路径，而是为每个学生量身定制的成长之路。这里，个性化发展得到了极大的重视，学生们可以根据自己的兴趣和能力找到最适合自己的成长方式。通过这种方式不仅培养出了更多的创新人才，还让每个学生都能在自己的节奏中找到成长的快乐和自我超越的动力。

零一学院规划在未来的 3 年，在有关教育主管和研究部门等的支持和指导下，通过逐渐扩大的大学和中学试点班，基本探索成功一个打通 X 通道的大中贯通和本研贯通模式。

46　第二通道：成长"天梯"

攀登世界顶峰的 X 型问题

（一）X-Challenge：成长天梯

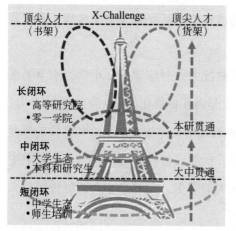

图 24　重大源头创新性问题（X 型问题，X-Challenge）：顶尖创新人才的成长天梯

对于未来的顶尖创新人才，其 X 通道，是由科技或产业重大源头创新性问题（简称"X 型问题"，X-Challenge）牵引的，未来有无限发展可能的"天梯"（见图 24）。例如，埃隆·马斯克（Elon Musk）提出的移民火星计划，理查德·费曼提出的毫米到纳米尺度的机器世界等。

2024 年，深圳零一学院的一批大导师或顶尖平台，首次尝试提出了九大 X 型问题：

- 如何成为人类生存禁区的拓荒者？——贺福初院士

- 如何理解生命系统的涌现行为？—— Jeff Gore，MIT 教授

- 连接神经元与人工突触：如何突破神经形态计算的基本极限？——Alexander Siria，巴黎高师教授

- 探索消化吸收的奇妙世界：如何实现对人体胃肠消化道内生化过程的精准监测？——陈晓东院士

- 如何在人工智能时代大规模培养创新人才和促进社会公平？——汤敏

- 超滑微系统：走进无限可能的微小世界——郑泉水院士

- 低空飞行挑战：如何成为飞行高手？——杨军院士

- 如何实现面向地外长期生存驻留的地外资源开发与药物干预保

障？——中国航天

● 如何使用 AI 帮助人们实现更健康的生活方式？——韶音科技

（二）3 类"疯狂"或"荒谬"的问题

爱因斯坦有一句名言："如果一个想法在一开始不是荒谬的，那它就是没有希望的。"托马斯·阿尔瓦·爱迪生也有一句名言："天才就是百分之一的灵感，和百分之九十九的汗水。但是，这百分之一的灵感远比百分之九十九的汗水重要。"纵观历史，所有"从 0 到 1"的创新，在爆发前都难免经历一段漫长的"死亡谷"；而顶尖创新人才解决的是"从 0 到 1"的创新问题，这些问题一开始都是听上去"不可能"的、"荒谬"的。

"从 0 到 1"创新者能够透过漫漫长夜预见到爆发，并敢于在其他人还在茫然或犹豫不决时毅然投身其中。例如，比尔·盖茨（Bill Gates）19 岁还是大三时，选择了从哈佛大学退学，专注于他与童年好友保罗·艾伦（Paul Allen）共同创办的微软公司（Microsoft）。埃隆·马斯克刚进入斯坦福大学读研究生两天后，决定退学，专注于互联网、可再生能源和太空探索等领域的创业机会，成就了 Tesla 和 SpaceX，颠覆了汽车和航天行业。

人生只有百年。从推动顶尖创新人才成长的角度看，也许可以将绝大多数疯狂或荒谬的问题，分为以下 3 类：

第一类是百年不遇却被旷世奇才洞察到的问题。我立马想到的案例是爱因斯坦的狭义相对论、质量能量关系和广义相对论。但爱因斯坦的深刻洞察之所以能够成功，乃百年不遇，没有可普及性。

第二类是指不违反已知物理定律，但被大家都认为将在很长的时间内"不可能"实现的科技，胆敢去做这种事的人，往往被认为是"疯子"。例如，直到 2010 年前后，几乎所有行业专家、投资人还都认为，纯电动汽车商业化至少还需要 30~40 年的时间。然而，短短 10 年后，"疯子"埃隆·马斯克创办的电动汽车公司 Tesla 的市值就急升为全球所有公司的头几名。

第三类可谓"师生机遇"问题。革命性的思想、方法、科学和技术突然出现时，其真正的潜力很可能是未知的。比如，20 世纪初的量子力学、1975年的个人计算机和 1989 年的互联网。只有很少人有足够的远见、激情、毅力和运气，并且还需要在恰当的年龄，才能够抓住这些机遇。

上述 3 类问题，在零一学院统称为 X 型问题（X-Challenge）。

问题的深挖、选择和幸运

但是，如果你有幸遇到一位好的导师，则抓准第三类问题机遇的概率，就可以大大提高。故把这类问题叫作"师生机遇"问题。亚瑟·C. 克拉克（Arthur C. Clarke）是 20 世纪著名的科幻作家和未来学家，他科幻作品里的许多预测都已成现实，如通信卫星、月球探索、全球信息网络、平板显示器与电子书、虚拟现实和增强现实等。克拉克"三定律"中的第一定律说："当一位杰出但上了年纪的科学家断言某件事是可能的，那他几乎肯定是正确的。当他断言某件事是不可能的，那他非常有可能是错了。"

最有可能产生顶尖创新人才的，是第三类问题，即"师生机遇"问题；第一类和第二类问题，本质上是无师自通。毕恺峰的"机遇"（人工智能）—"师"（华为）—"事"（盘古气象大模型）和黄轩宇的"机遇"（自超滑）—"师"（郑泉水）—"事"（超级微发电机），都可以归纳为第三类问题。

为什么第三类问题最能吸引"大师"呢？我认为有如下 3 条原因：

（1）全世界有一批大师，他们依然有着疯狂问题或创造了重大机遇，但错过了亲自动手从事疯狂问题研究的黄金年龄段。

（2）尤其在当下的中国，他们的研究生，受到早出成果，快发、多发论文的压力，往往不敢、时间上也常常不够来开启一个疯狂问题的研究。

（3）如黄轩宇案例所示，如果能够激发起天赋高的大一、大二学生对这些疯狂问题的激情，初生牛犊不怕虎，既没有论文的压力，且距离博士毕业还有 10 余年的时间，这些同学有着最大的机会和能量，去解决这些疯狂问题。顶尖人才有时扎堆出现，主因是重大机遇问题（如量子力学）的出现。

2021 年 4 月，在清华大学即将迎来 110 周年校庆之际，杨振宁先生接受专访时寄语青年学子：

> 我看到过上千个博士生，有的 10 年以后非常成功，有的却失败了。不是因为成功的比不成功的聪明多少、努力多少，就是非常简单一句话：有人找到了正确方向，有人却走进了穷途末路，费了很多时间得不出结果。所以，我给研究生一句话：要清楚方向，选对方向！

面对越来越不确定的未来，该如何才能"选对方向"呢？按照杨先生的意思，在黑暗中却能"选对方向"，还能坚持住、"活"下来，应该是最大的幸运儿。

问题牵引的学习与成长

聚焦去解决自己感兴趣、擅长且有意义的问题，按"跳一跳够得着"的原则，从易到难，从微创新到小创新，到中创新……逐渐升阶，是每个青少年都能实现个性化地痛快成长的有效途径——X 通道。从整天埋头读书、按部就班升级的 A 通道分出尽可能多的时间来，交叉着去多运动、与人交流、在 X 型通道上创新实践、跳跃上升。在创新的驱动下，学习变得有针对性，不仅有趣，而且有意义。这一切都会给学习者带来更健康的人生，带来不尽的乐趣，而不是被迫下的苦恼、无奈和痛苦。这一切还会带来能力和思维的提升，使得学习效率大大提高，避免思维的僵化。

47　让人人享有创生教育

如果你想造一艘船，不要鼓励人们去伐木、去发号施令、去分配工作，唯一要做的是教会人们去渴望大海的高深莫测。

——法国飞行家、作家　安东尼·德·圣－埃克苏佩里

真正的重大源头创新，发端于内心深处对未知的好奇、对创造的渴望。这种渴望，恰如大海般深邃、壮阔，激励着人们不断探索、发现、创造。而要培养这种渴望，中学时期无疑是最好的节点。中学生正处在人生的"拔节孕穗期"，如果我们能在这个时期点燃他们内心的创新之火，让他们尝到创造的快乐，感受到探索的魅力，那么他们的创新潜能将被充分激发，他们将终身怀揣一颗渴望创新的心。

反观传统应试教育，往往重在"伐木"（传授知识）、"发号施令"（布置任务）、"分配工作"（安排课程），却忽视了唤起学生内在的兴趣和动力，学生或许学会了"造船"的技能，内心却可能从未真正向往过"大海"。

所以，中学创新教育要做的，就是唤醒每个学生心中的"大海"。让课堂成为探索未知世界的旅程，让实验成为挑战定律的游戏，让阅读成为畅游想象的空间……在潜移默化中，学生们会爱上提问、尝试、想象的过程，创新将成为一种内在需求、一种生活方式。正如清华附中原校长王殿军所言："创新的种子，播撒在中学，会结出最丰硕的果实。"

试想这样一个场景：清晨的阳光洒进教室，一群朝气蓬勃的中学生围坐在一起，讨论着一个令人兴奋的话题——"未来城市"。

"我觉得未来的城市应该是立体的，不仅地上，地下、空中都应该充分利用。"

"对，还要有高速的真空管道交通，大大缩短出行时间。"

"建筑材料也要升级换代，既环保又智能，能自动调节温度和湿度。"

孩子们的想象力在自由驰骋，一个个颠覆性的创意跃然纸上。

与此同时，操场上正在进行一场别开生面的体育课。学生们正在测试自己设计的"智能运动器材"：有监测心率的跳绳、能自动调节高度的篮球架，甚至还有会"舞蹈"的足球。看着自己的创意变成现实，孩子们的脸上满是兴奋和成就感。

在实验楼里，一群"小小科学家"正在埋头钻研。他们或是在显微镜下观察自己培育的新型藻类，以期改造大气，或是在3D打印机旁"打样"自己设计的机器人……科学的种子正在他们心中茁壮成长。

在清华附中的"零一学堂"创新实验班，上述围绕真实问题的生动学习场景已经成为现实。在这里，讨论氛围自由而深入，学生们的思维火花不断碰撞。学校不再是被动灌输知识的场所，而是一个创意迸发、活力四射的"创新孵化器"。

同样的创新教育理念，也在深圳格致中学得到了积极实践。该校创建于2021年，与深圳零一学院合作，打造中学版零一创新学生培养体系。学校以"一核三臂"课程为基础，推行小班化、个性化教学，营造以学生自主探索为核心的创新生态。在此环境中，学生主动报名科创项目，通过兴趣驱动进行探索。

覃凯同学作为深圳市2023年唯一被中科大少年班录取的学生，正是这一生态的典型代表。在格致中学，学生们在浓厚的创新氛围中相互激励，形成开放、探索的文化。这激发了学习内驱力，使学习从被动接受转变为主动探索，从任务变为实现梦想的有趣过程。零一班的学生们相互启发，创新机会不再局限于少数尖子生，而成为每个有意愿学生的日常。

这种同伴互动和教师引导构建了充满活力的创新生态，推动了学生全面成长。创新文化成为学校发展的基石，也显著提升了学生的学习效率和动力。不仅如此，数据表明，参与创新项目的学生成绩非但未受影响，反而明显提高。这种以学生自主成长为核心的教育模式，值得更多学校借鉴。

通过考试选拔人才，兼顾效率与公平，为所有普通人提供了跃迁的希望，这种方式有上千年科举制度的文化惯性，也有阶层跃升的现实动力，至今仍然有效。然而，我们也不得不正视现实：以考试为中心的教育模式，已无法完全满足数智时代对多元人才的需求。

正因如此，教育部发布的《教育部关于做好 2024 年普通高校招生工作的通知》中，明确指出"加强基础学科拔尖创新人才选拔培养""统筹实施强基计划、少年班、英才班、保送生等各类拔尖创新人才选拔培养政策""深化考试内容改革""注重考查学生的必备知识、关键能力和学科素养，引导培养探索性、创新性思维品质"等一系列方向。这些变革方向为创生教育提供了不可或缺的根基滋养。我们有理由相信，通过清华附中、深圳格致中学及更多实践互动的成功试点，创新人才培养的"第二通道"将在不久的将来实现倍增甚至指数级爆发。

播种创生教育，中学不能缺位；厚植创新沃土，当从启蒙抓起。陶行知先生曾说："什么是教育？往简单地说，就是养成恒产。什么是恒产？是养成努力向上的精神，是好学深思的习惯，是心明手巧的本领。"创生教育，正是要从中学阶段开始，让学生以"向上的精神""好学深思的习惯"和"心明手巧的本领"，勇敢驶向人生的大海，在航程中乘风破浪，实现自我。

后记

本节内容，由施卓彬女士起草，我略作修改和补充。

48 启示和思考（28~30）

启思 28 A 通道与 X 通道——高原与高峰的有机结合

A 通道的存在源于教育资源的稀缺与巨大需求之间的不匹配，是目前已知"最经济"的方式用来实现教育资源的公平分配。同时，它也为高峰式突破的 X 通道奠定了基础。通过长期的积累和稳健的学习，A 通道构建了个人能力的"高原"，成为进一步发展的根基。而人工智能技术的普及，有望大幅降低个性化教育的成本，让高端教育资源更加普及，从而培养出更多创新人才，助力他们在高峰领域取得突破。

X 通道代表的是创新和突破的力量。它依赖个人独特的思维方式和创意，从现有的知识积累中发现新的可能性。X 通道的成长往往是质的飞跃，比如技术发明、艺术创作或解决复杂问题等，展现了个体突破常规的能力。这种高峰体验不仅让人感受到非凡成就，还因其不可复制的独特性，为领域发展注入了活力。

尽管 A 通道和 X 通道看似是两种截然不同的发展路径，但它们实际上彼此依存，缺一不可。A 通道提供了扎实的知识储备和技能支持，使得高峰式突破成为可能；而 X 通道的创新成果则为基础积累赋予了更深远的意义，使成长轨迹充满成就感与使命感。教育的关键在于实现两者的动态平衡，既要为高原式的积累提供稳固的条件，也要为高峰式的突破创造资源和空间。

A 通道与 X 通道的结合对教育体系有着深远的启示。教育不仅需要注重基础能力的稳健培养，还要通过个性化的教育模式激发学生的创造力和突破潜能。在不同阶段，教育策略也应有所侧重：基础教育阶段更注重高原式积累，而在高等教育和职业发展阶段，应更多鼓励高峰式的飞跃。同时，教育体系还需要设计多元化的激励机制，既奖励持续努力，也鼓励创新表现，避免单一的评价标准抑制某一方向的发展。

启思 **29** 榜样的力量是无穷的——再看让一部分人先"创新成长"起来

通过小范围试点的成功，并借助不断增强的数智技术，这种成功能够迅速扩展到更广泛的群体。成功者的影响力如同涟漪般传播，每一波都成功激发并帮助更多人取得同样的成就。以每年 2 倍这种指数级的扩展效应意味着，10 年后，成功者的数量可以从最初的 1000 人扩大到 100 万人，实现 1000 倍的增长。

不与应试教育冲突，反而能提升学生学业成绩，并不是创生教育的目标。

以问题探究和进阶研究为牵引的创生教育理念，着重于发现和培养具有 X 型特征的学生。近年来，这一类型的学生在创新方面的潜力正在引起国内外教育界越来越大的关注，教育研究者们发现，年轻人的兴趣越早被激发，就越有可能在成长黄金期绽放潜力，成为创新人才。

正是基于这样的研究和思考，我们认为，普及创生教育不仅是零一团队的愿景和梦想，也是时代和国家的要求。在改革开放 40 多年后，中国社会和经济发展，已经开始全面呼唤创新，渴求有创新能力的人才。我们稍加注意便可发现，其实当下传统的应试教育也在发生变化，政府的教育主管部门一方面探索通过改革考试、增加考题的灵活性，来尝试发现人才；另一方面，还在开拓多样化渠道，让更多具有创新潜质的人才能走向更大的舞台。

展望未来，我们更加坚信的是，随着人工智能技术不断渗透进入日常生活，创生教育所希望培养的创新思维和能力，将像今天的计算机操作技能一样，成为人们的必需品。只有拥有这种能力的人，才能在社会生活中立足。因此，让年轻一代尽早触及创生教育，培养他们的创新思维，将逐渐成为全社会的共识。

因此，我相信，只要坚持在创生教育道路上前行，它的教育理念一定会惠及和影响一代中国人！

启思 30 融合东西方文化精髓，为了全人类命运共同体的可持续发展

零一学院的使命是发掘和培养能够通过科技改变世界、造福人类的创新人才，启迪和帮助无数年轻人绽放他们的创新激情。这一使命并非简单的教育目标，而是一个融合了东西方文化精髓的远大愿景，既包含了对个体创新精神的极致追求，也承载了对全人类共同福祉的深切关怀。

在文化融合方面，零一学院的使命体现了东西方文化中卓越"基因"的精髓。在过程上，学院倡导"求异"的精神，这是一种勇于突破常规、挑战现状的创新思维。这种求异不仅仅是为了在科技领域取得突破，更是为了在思想上激发创造力，推动社会的进步与发展。通过这种思维方式，学院希望培养出具有独立见解和创新能力的人才，使他们能够在全球化的背景下，通过科技创新引领未来的变革。

与此同时，零一学院的使命也以"求同"为目的，旨在通过科技造福全人类。"求同"并不是抹杀个体差异，而是强调在多样性中寻求共识和共赢。这种精神强调的是在全球范围内，跨越文化、地域和民族的界限，共同应对人类面临的重大挑战，如气候变化、能源危机、公共卫生等。通过培养具有全球视野和社会责任感的创新人才，零一学院致力于为全人类的可持续发展作出贡献。

在数智时代，这一使命的实现显得尤为重要。随着人工智能、大数据、物联网等技术的迅猛发展，世界正处于一场前所未有的变革之中。在这样的背景下，零一学院不仅关注科技本身的进步，更注重如何将科技转化为推动社会进步的力量。零一学院希望培养的创新人才，不仅要掌握先进的技术，还要具备将这些技术应用于实际问题的能力，以推动社会的可持续发展。

此外，零一学院的使命也超越了国家的界限。虽然首批零一学院植根于中国，肩负着为国家培养创新人才的责任，但它的视野和目标却是全球性的。

零一学院的创建者们相信，科技的力量不仅可以为中国的发展提供动力，更能够为全人类的共同进步贡献力量。在这个意义上，零一学院的使命不仅仅是为了中国的发展，更是为了全人类的福祉。

综上所述，零一学院的使命是一个既宏大又具体的目标，它融合了东西方文化的精髓，强调通过"求异"来推动创新，通过"求同"来造福人类。在数智时代，这一使命的实现不仅是对中国的贡献，更是对全人类可持续发展的承诺。通过培养具有创新精神和社会责任感的人才，零一学院正在为实现这个使命而不懈努力。

附　件

附件 1

郑泉水院士：二十年跨界创新的反思与建议 ①

> 前注 | 原文根据郑泉水在国家自然科学基金委（2021 年）和中国力学学会（2022 年）的两个同名报告整理而成。

1　背景和我的研究简况

1.1　时代背景和挑战

近年来，国家对创新人才的重视达到了前所未有的高度，源于国家发展最核心要素，已从模式或增量型创新——快速追赶，转变为能否实现"从 0 到 1"创新，能否自主培养国家战略创新人才。我们面临的挑战不小，特别是习总书记在 2021 年 9 月中央人才工作会议上专门指出，相关体制机制改革"破"得不够，"唯论文、唯职称、唯学历、唯奖项"（"四唯"）等现象依然存在，人才评价体系有待完善；要把培育国家战略人才力量的政策重心放在青年科技人才上；等等。

有人预言：凡是在中国接受过基站教育和大学教育的学生，将来都不可能成为源创性的科学家。从全球华人对比犹太人的人均获科学诺奖数只有微不足道的 1:2000 这一数据来看，上述"极端"说法或许有一定道理。

---

① 郑泉水院士：《二十年跨界创新的反思与建议》，《力学与实践》2022 年第 44 期。

1.2　我的学术之道

因为"文革"，我阴差阳错地走了一条"非常规"的求学之道；又因种种机缘巧合，我的学术之道更加的"非常规"。下面，我把我的特殊学术经历和反思分享给大家，看看能否给各位带来某种"矫枉过正"之效和特别的参考。

我先概要说一下我自己的研究经历。虽然我本科念的是土木工程，但我最先研究的是应用数学和力学基础。出访英、法、德 3 年多，于 1993 年回国到清华大学任教职后，我从应用数学与力学基础转向研究材料的本构关系。到 1999 年，我快 40 岁的时候开始反思，如果继续沿着当时的方向走下去，"天花板"看得很清楚。我研究的是非均匀介质的理论，但我意识到材料研究最重要的很可能不是均匀化理论，而是强韧性，以及发现全新功能的新材料。同时我也注意到，获得过美国国家科学奖章的力学家，比如冯·卡门、冯元桢等，都不是做纯粹的力学，而是借道力学做改变世界的研究。因此我开始思考去做某个前所未有或有很大争议、需要力学基础并且看不到天花板的"方向"。我运气比较好，出道早，32 岁成为清华的正教授，有些"老本吃"。当然现在的局面比较复杂，清华的年轻老师在 40 岁之前评上教授变得非常难（虽然我自己在清华大学职称评审委员会里，常常力推他们通过，但很难改变大环境）。我花了很多时间来重新思考未来做什么，2000 年决定做纳米力学，当时还没有纳米力学一词，我算是投入得比较早，虽然依然没有跳出力学，但还是往前跨了一大步，从宏观到纳米。从 2002 年开始，我逐渐把"自超滑"做了起来。自超滑是我 10 多年后才清晰定义的一个全新领域，研究的是固－固界面间的"零"摩擦滑动；后来自然又延伸去开启了一个特异的固－液界面方向——"极端疏水"。同一时期，2001 年，我开始关注并研究本科生培养问题，到 2009 年创办了清华钱班，在这方面花了很多时间。到后来，我逐渐意识到，"从 0 到 1"创新与顶尖创新人才培养是密不可分的。

2　自超滑技术：从 0 到 1

2.1　初试"蓝海"

为寻找未来方向，2000 年年初我安排了一次学术休假，去美国加州大学河滨分校的蒋庆教授那里待了两个月。交流后，知道他也遇到了类似的困惑。一起调研和探讨后，我们决定尝试一下碳纳米管的问题。当时力学界较普遍认为连续介质力学不能研究纳米材料，但我们注意到，材料界为测一个碳纳米管的杨氏模量，用电共振的方法测量共振频率，再用悬臂梁弹性模型反算出杨氏模量。结果算出的杨氏模量居然随碳纳米管直径的增加呈一个快速的下降，差了一个量级。对此他们也无法给出合理解释。因为我对各向异性和非线性都很熟悉，所以猜测到可能是出现了局部的失稳。组成石墨的石墨烯特别薄（单原子厚度），它的弯曲刚度很低，一旦失稳，抗弯能力就完全不行了，相当于有效高度就变成了只有直径一半左右的高度，梁的弯曲刚度是高度的三次方，这样一来就下降为 1/8，这就很好地解释了这一现象，其间我们也找到了失稳的实验证据。

我们比较幸运，这项工作一炮打响，第一篇论文就发表在了物理学最负盛名的期刊《物理评论快报》（*Physical Review Letters*）上。这项工作也使得碳纳米管力学不仅在中国，而且在世界范围内都取得了一个先驱性进展；论文第一作者、我的博士生刘哲也获得了全国优秀博士论文奖。

2.2　仰望天空

不久，我就看到了碳纳米管力学的"天花板"，感觉还是太低了。2002 年，我的主要精力转向了自超滑技术研究。这个转向起因于一次偶发事件——我和蒋庆教授提出的一个概念和理论预测，即把多壁碳纳米管的内管抽出来，释放以后它会沿着轴线来回振荡运动。当时是赴美开会途中，我在蒋庆教授家住了两晚，提出和推算了这一猜想，前提是假设没有摩擦磨损。这一概念被著名专家在《物理评论快报》（*Physical Review Letters*）上评价为第一个机械振荡频率可以达到 10 亿赫兹范围的器件，认为它对未来的多项关键技术将产生非常重要的影响。比如通信，波的接收需要滤波，采用的是共振器，如此高频率的机械共振器从来没有过。

因为这项工作，国家自然科学基金委主任和清华大学科研院分别紧急设置了专项基金，资助我牵头快速成立了课题组开启实验研究。我从来没做过实验，但非常幸运地邀请到了清华材料领域的朱静院士，中科院物理所的薛其坤院士、吕立和翁羽祥研究员，以及北大电子器件领域的彭练矛院士等一起合作。这些合作很关键，否则我有极大的概率"死"在路上，更不可能走到今天这么远。

2.3　无知无畏

我很快意识到，碳纳米管振荡器做不成——振荡频率太快了，只能用光测；而碳纳米管只有几十纳米的光测范围，需长时间吸收光子，但高频使得没有足够时间吸收足够多的光子以探测频率。我提出一个大胆的设想，即改用微米尺度石墨。我认为采用多层石墨，也会产生类似碳纳米管振荡器的现象。这里面有一个小插曲，当初我提出改用石墨的时候，遇到一片反对声，大家认为完全不可能——如果存在我预测的现象，铅笔都不可能在纸上写出字了！但我还是相信自己的直觉，决定做。这个决定背后还有一个非常大的动因，是当时我已经朦朦胧胧认识到，碳纳米管振荡器即使能做出来，也依然是在科学层面，因为无法一模一样地批量生产出碳纳米管振荡器产品。可能是受到某次有微纳加工领域专家参加的跨界交流（我常参加此类交流，且于 2010 年创建了清华大学交叉研究试点机构——CNMM）启发，我意识到用微加工技术可以用石墨制备出成千上万"一模一样"的"产品"。现在回头看，这是一个至关重要的洞察。

当真要开始做时，另一个难题来了，我只能找自己的学生做，而我当时只有力学背景的学生。幸运的是，其间我刚好有一位喜欢动手实践的博士生——江博，他从小就对机械特别感兴趣，喜欢开汽车，经常拆了又装。大概有两三年的时间，实验一次又一次地失败，观察不到预期结果，我的力学和物理基础以及不断深入的理解在这段艰难时期起到了非常重要的作用。当时我也是焦头烂额，因为精力都投入其中了，其他方面的产出快速下降。我跟江博一起讨论分析各种可能原因，整个过程中，我也在拼命地看书、请教、做判断，因为考虑到搭进去的不只是我，还有一个学生能不能毕业的问题。最终，我们观察到了石墨自回复运动现象，并于 2008 年在《物理评论快报》上发表了相关成果，标志着我们终于从"死亡谷"谷底走了出来——国家自然科学基金委追加资金资助了我一个重点项目，接着清华大学投资近 2000 万元，支持我牵头成立了"微纳米力学与多学科交叉创新研究中心"（CNMM），有来自清华、北大、中科院等力学、材料、物理、化学、制备等各领域的 20 余位教授加盟中心，1986 年诺贝尔物理学奖得主 Heinrich Rohrer 担任中心首席顾问。自超滑科技的创立和清华钱班模式的创建，中心在其中起到了至关重要的作用。

2.4　自超滑

自超滑的原始概念或许可以追溯到数十年前。假如从文献来看，我至今看到过的最早一篇可以跟自超滑关联上的文献发表在 1983 年，通过建立相互间由非线性弹簧连接的两条一维原子链模型，理论预测可以实现静摩擦等于零。但这篇文章发表 35 年之后还很少有引用。真正产生影响的是一项发表在 1993 年的"错误"工作——学者用分子动力学计算"发现"不只是静摩擦为零，它的动摩擦也等于 0；但是动摩擦等于 0 的结论很快就被证明过于草率，即仅能持续不超过 1 纳秒。所以这件事在相当长时间里几乎没人相信。真正的转折点是到 2008 年，我们实现了石墨片自缩回现象。为解释这个现象，我们注意到了之前的一些相关文献。到 2012 年，我和博士生刘泽、杨佳瑞等证明了其实就是一个非共度接触引起的摩擦抵消现象。这项工作引起了全球性关注，可谓自超滑技术的开端。到 2016 年，我渐渐清晰了如何定义自超滑这一全新的概念。什么叫自超滑？就是直接接触的两个固体表面作相对滑移时，发生持续不断的摩擦近零、磨损为零的状态。其中最异乎寻常（区别于极低摩擦，又称超润滑）、更加接近物理本质的关键点，是磨损为零。我们又花了多年时间，才实验证明了这一现象的真实存在。从 2012 年到现在，我们申获了上百项技术专利，研发了数个产品原型样机，并在《自然》（Nature）杂志主刊上发表了该刊的第一篇自超滑的综述展望。

2.5　自超滑技术的意义

为什么自超滑非常重要？它其实涉及物质世界的一个最普遍的物理现象——运动。从科学层面讲，牛顿定律、狭义相对论、电动力学、量子力学讲的都是运动。从技术层面讲，人类历史上最伟大的十大发明，车轮经常被放在第一位。所以，运动涉及太多方面，导致的影响也巨大，比如说直到今天，全球一次性能源损耗有 25% 因摩擦产生，机械失效的 80% 由磨损导致。进入第四次工业革命的一个基本途径是器件的小型化，像通信连接、人脑机结合等，全都需要小型化，但是摩擦磨损是这条基本路径上原理性的"拦路虎"。因为无法绕开，很多技术实现不了。自超滑很可能成为第四次工业革命的一项根技术。

宏观上，发生摩擦磨损的原理非常简单，即表面凹凸不平，相关研究一直都在持续，如近期《自然》（Nature）主刊上就有好几篇相关论文发表。正常的摩擦系数，固体之间在 0.1~0.5，加入润滑油后也仅降低一个量级左右。日常遇到最滑的，比如滑冰的冰刀与冰之间的摩擦系数大概也就 0.01。所以自然会好奇，假如（原子意义上）接触面平滑会怎样？物理上，两个平的表面之间依然有四种力，其中共价键、金属键和氢键，都会产生很大摩擦；不仅有摩擦，还会有磨损。还有一种可能的力是极小的范德华相互作用，它是有可能摩擦近零的。当然表面上还会有一些吸附，本质也是在表面上形成氢键，即使接触区一时能被清理得干干净净，面临的问题是滑动的时候又会产生。所以，正常情况下摩擦为零不可能，磨损为零也是不可能的。

自超滑已经实现的纪录有哪些？我们实现了 100 千米滑移零磨损；没有再跑下去，因为花的时间非常长。只要有磨损，不管多小都会有积累；但是磨损为零一直是零积累，除非是某些宇宙射线导致新的缺陷出现。我们证明了保持自超滑状态所许可的压强可高达 5GPa；速度高达飞机的速度——1000 千米时；测得的自超滑最低的摩擦系数是 10^{-6}。此外，利用已经实现的单块自超滑片尺度（10 μm×10 μm），已经基本可以构建从微观到宏观的各种各样基于超滑的应用；现在我们是聚焦在微米，未来可能走到宏观层面。

3　自超滑技术：从 1 到 N？

3.1　"从 0 到 1"创新双重"死亡谷"

回归到什么是"从 0 到 1"创新。"从 0 到 1"创新特指可能产生巨大的历史性影响，甚至是改变世界的源头创新。"从 0 到 1"创新意味着后面必须还做到从 1 到 N，不知道 N 有多大，但要非常大，才可以称作一项"从 0 到 1"创新。自超滑技术目前只是走过了从 0 到 1 的阶段，能不能走过从 1 到 N？我对此抱有信心。

这个时间周期非常长，一定会遭遇大大小小的"死亡谷"，"从 0 到 1"创新是一个大的"死亡谷"；从 1 到 N 创新，即产品的"从 0 到 1"创新，也要跨越一个大的"死亡谷"，且后面这个"死亡谷"可能更大，尤其是对科研人员来讲。我自己由于早年积累了较好的口碑，其间成功渡过了很多难关，但在决定走向自超滑技术相关产品的研发之路时，依然遇到了非常大的困难，没有人相信我们可以走过去。类似这种情况是很普遍的。20 世纪初美国莱特兄弟发明了飞机以后，尽管美国经济早已经是世界第一了，依然有两三年的时间美国人说莱特兄弟是骗子，美国人怎么可以做源头创新？直到飞机在欧洲引起了轰动。美国真正在源头创新方面走通，是在"二战"结束，从德国挖走了一大批顶尖科技专家，尤其是范内瓦·布什于 1945 年撰写了《科学：无尽的前沿》报告以后。

3.2　我的"惨败"初试和"复活"

技术大多是有时间窗口的，如果没有及时做，一项非常有潜质的技术（如自超滑技术）可能就错过机遇了。从"第一性原理"看，我认为自超滑技术研发是可以做的，因此我花了很多时间去尝试，甚至卖了房去创办了第一家公司。其间，唐仲英基金会（中国）专门捐赠了我 900 万元，北京市科委也资助了 500 万元，对自超滑技术走向研发起到了极为重要的作用。因为卖房，有人就相信我，跟投了钱；后面别人又把资金抽走了，我赔了更多钱。直到深圳市和深圳市坪山区两级政府在 2019 年投入 2.5 亿元，我们又从社会上筹资了 6000 多万元，成立了世界上首个自超滑技术研究所（深圳清华大学研究院超滑技术研究所）和产业化公司（Friction X），才走到了现在的阶段。我们相信在不久的将来，会渡过"死亡谷"的谷底。我们已经研发出了五六个原型样机，下一阶段是与几个头部公司合作，一起聚焦产品样机。这真是一个很长的周期，但我们已经走过了将近 20 年，相信再过 10 年能够走通。

科技成果产业化对学者来说，是一个更大的"死亡谷"。因为商业与学术研究的思维是不一样的。科学研究，是 100 个失败里面只要有 1 个成功了，报道这 1 个成功，顺带注明另有 99 个失败就可以了，因为科学最主要的是发现。做产品，是 100 个里面，即使成功了 99 个，有 1 个失败可能都算不上成功。

经历过惨痛的失误，我十分认同人们总结出的源头创新技术市场化的如下若干原则。首先，要确定自己是否真的极其想做一项颠覆性的革命技术。其次，时机很重要，早了不行，晚了也不行。再次，开头的选择特别关键，要避开"大"和"全"，关注能不能在一个小市场形成垄断；只有垄断，才可能实现指数级上升。另一个非常重要的是团队，如果没有好的年轻团队肯定做不成，因为"从0到1"创新要花10年、20年，需要团队成员精力充沛、年轻、无畏。此外，是否有足够持久的市场。巴菲特一年只投资一两个项目，他说过一句很形象的话：最重要的是要找到一个坡道，这个坡道布满了雪，没人走过，你把雪球滚下去，它会越滚越大；这个坡道要非常长，雪球就可能滚得巨大无比了。不久前杨振宁先生在清华大学110周年校庆前的一次访谈中，也说到类似的意思：最重要的不是聪明，不是努力，而是方向。

3.3　创新之国——以色列的启示

以色列创新做得非常好。2013年我在以色列拜访了两位物理学家，创业的时候都60多岁了，当时他们的技术已经产生了4家上市公司。他们告诉我创业成功的4条公式：第一条是，做之前不存在的问题，但要有潜在的巨大需求；第二条是，要有雄心；第三条是，有很清晰的解决方案；最后一条是，找一个经理，要用年轻人，他可以对技术一窍不通，但是要信仰该技术，足够聪明，足够开放，愿意学习。最后一条让我很震撼，给我的启发非常大。

自超滑技术怎么走下去？我举自己的两个案例。第一个发生在2021年，聘请了我的博士毕业才半年的学生彭德利来管理Friction X。第二个案例最初发生在2016年，我在美国偶遇老朋友王中林院士，他在研究摩擦纳米发电机（TENG），TENG非常有前途，但他遇到一个很棘手的问题，用摩擦发电，摩擦的同时会造成器件寿命缩减，因为摩擦会导致能耗，造成效率低。他建议我去尝试在发电机领域应用自超滑技术。我很认同自超滑发电机的用途前景会很广，于是动员我的博士生来做，但没能激发起一位学生来做这个方向。后来我找到了清华钱班当时是一年级的一位学生，叫黄轩宇，他说他愿意试一试，慢慢就做起来了。理论上证明了微纳尺度下，自超滑发电机可以比TENG提高1000倍效率，寿命就更别提能提高多少了。理论验证成功后，一批博士生、博士后跟着他一起把样机也做出来了。我们把"能够在极其微弱、频率随机不定的外界激励下，高效地将激励的能量转化为电能，且尺度微小，功率密度极高，寿命超长的发电机"，命名为超级微发电机。这也是世界上第一台超级微发电机（原型样机）。我们目前已布局申请了多项专利。

3.4 颠覆性技术从细分市场开始

前面提到，先要聚焦某个细分市场，未来才可以走得长远。超级微发电机第一个有可能做到独占的"产品"，我们认为是未来可用于脑－机无线通信的发电机。比如埃隆·马斯克把脑－机有线通信做得非常好，下一个目标是植入和无线化。但他提出用无线充电的方案，原理上是非常困难的，尤其是放在大脑里面，因为无线充电难以做小且"爱"发热。超级发电机是有可能做到的，它不仅微小，且几乎没有什么热耗散，因为"没有"磨损摩擦。又如血糖检测，目前植入进去之后不能解决长期供电的问题。再如我们现在用的心脏起搏器的电池，体积大、寿命短。超级发电机如何发挥作用？我们人体到处都分布有血管，心脏跳动的时候会引起血管内血压的变化，所以你只要稍稍压扁一下它，受压之处就可以感受到压力变化，进而带动超级微发电机发电。与我们合作的专家、医生和医疗器件公司等认为，如果一路顺利，5~6 年内可以完成装置系统、模拟实验、动物实验、临床实验等。我们相信在一个产品取得突破之后，未来就会有非常大的前景，涉及介入医疗、物流、智能商标、国防工业等。（后记：黄轩宇领衔申报的"基于自超滑的超级微发电机"项目，在本报告 3 天后的 3 月 22 日，赢得了科技部主办的首届颠覆性技术大赛总决赛最高奖——优胜奖。）

4 启示和建议

4.1 我关注创新人才培养的初心

回顾整个 40 多年学研历程，我再补充一下为什么对培养创新型学生有很大的热情——从 2001 年开始，特别是 2009 年创办了清华钱班之后，我用了20 年时间持续不断地深入思考、研究和实践如何"发掘和培养有志于通过科技改变世界、造福人类的创新人才，探索回答'钱学森之问'"。

首先，是我在研究条件极困难的原江西工学院时期的求学和研究（1980—1989），除了本校恩师杨德品教授，多位著名教授（清华大学黄克智院士、北京大学郭仲衡院士、湖南大学熊祝华教授等）给了我极大的帮助和鼓励。这段经历，促使我思考并通过清华钱班和我 2021 年领衔创建的深圳零一学院，系统性实践（全球）杰出导师对（全球）高潜创新学生的跨地域培养。

其次，是 2000 年以来的 20 多年里，我的科技创新研究全是我的学生具体做，我站在高处给他们指路、排忧解难、及时提出更高的要求等。然后是有很多（来自物理、材料、化学、微纳加工技术、摩擦学、MEMS、电子等领域的）合作者，做交叉甚至跨界创新，一定要有合作者。上述过程也培养了很多好学生，他们不仅与我一起开创和发展了自超滑科学技术，且自主开启了相关全新理论或技术方向。如马明副教授开启了"范德华界面动力学"方向的研究，不仅仅是固 – 固界面，还有固 – 液界面；徐志平教授开启了自超滑多物理场的基础与设计理论；刘泽教授开启了一项力学与先进微纳制造的交叉研究，即研发了适用于各种晶体金属的纳米成形技术；黄轩宇博士生（清华钱班 2016 级学生）从大一开始，开创了超级微发电机这个前途无量的新方向等。

从 2003 年开始，我也做了很长时间湿润界面的研究。超疏水材料从 1996 年被提出，到目前为止一直没有得到公认的好的应用，最大的问题是它的不稳定性，有来自化学的不稳定性，有来自力学结构的不稳定性，有来自湿润状态的不稳定性。结构稳定性和湿润稳定性是我和前博士生吕存景、李延深等率先做起来的，目前正致力于将研发的超级稳定的超疏水材料推向大规模实际应用。

4.2　建议

建议方面，我归纳三条：第一，我们力学界要去思考未来是什么。如果现在还完全局限于力学，将来恐怕很难产生对国家有重要影响的成果。现在这个时代，必须要有原创性的东西，这是国家最核心的需求。"从 0 到 1"创新往往来自不同学科的交叉，它需要非常好的科学基础，力学天然具有这方面的优势，关键是你是否知道真正的、本质的问题在哪儿。假如说 15 年、20 年以后，你希望能够有很大的成就，换句话说能够对国家有很大的贡献，我认为现在就要打好力学基础，去介入重大的问题。第二，"从 0 到 1"创新前提是方向大致正确，其次是要足够聚焦、长期坚持。要找准小问题，进而放大，不要去做太多的问题。第三，"从 0 到 1"创新与培养年轻人密不可分。15~20 岁是点燃激情的年龄段，我们现在的高考是不敢出错，"四唯"等科技评价体系也使得年轻科研人员不敢做大问题，这样一来我们走的就是一条一般的路径。我们希望可以引导中学生开始思考大问题，及早地发现并激发有创新潜质的年轻人，这也是清华钱班团队创办深圳零一学院的初衷。

4.3　让我们一起，携手共创未来

关于钱班和零一学院，可参考不少公开的报道，如《人民日报》2021 年 11 月 1 日曾以"十二年深耕，清华钱班探索自主培养创新性人才，'试验田'育出'创新苗'"为题做了整版（深度观察）报道；又如我和同事撰写的《从星星之火到燎原之势：拔尖创新人才培养的范式探索》（中国科学院院刊 2021 年第 5 期专刊《建设世界科技强国》）。

我这里特意说一条"功利性"心得：每一项"从 0 到 1"创新都是一个长达 10~20 年的历险记，而顶尖创新人才是在"从 0 到 1"创新实践过程中成长起来的。我已年过花甲，对未来的所有"疯狂"梦想，没有高潜创新学子的同行，将永远变不成现实。因此，"力出一孔"，我和团队在"自超滑技术"和"拔尖创新人才培养模式"的研究，当该以双螺旋的方式跋涉迈进。

深圳零一学院计划借助数智技术，把全国乃至未来分布在全球的创新高潜学生、深圳顶尖科创企业的重大问题和全球顶尖导师，不求拥有，但求成效地高密度汇聚在一起，形成追求"从 0 到 1"创新的小生态、产生学生一

问题—导师"核聚变"。零一学院试运行一年来，已初显其可行性、吸引力和影响力。欢迎力学界同事以不同形式参与和共建零一学院这一开放互赢平台。假如你要去做问题，要引导一批年轻人跟着你一起来做，到研究生阶段才开始的话，他多半已经不敢做了。我希望零一学院能够汇集更多这种年轻人，我们一起来培养，一起携手快速成长。

致谢

除了正文提到的人与事，还要感谢近 20 年来未显名的我的所有学生、与我合作过的同事、所有的（特别是在我艰难跋涉"死亡谷"期间的）支持者，特别是几十年如一日坚定不移全力支持我的家人。

附：报告现场的部分提问和郑泉水的回答

提问 1：我目前所在的平台没有那么大，本人也没有像您年轻时候那么卓越，所以我们没拿到许多重要的基金项目支持，需要说服年轻的学生们相信我们，跟着我们一起拼搏，过程中遇到了很多可能在您的平台上没有遇到的一些问题。对于我们这种平台较小和本身学术地位并不高的人，做原创性的工作有没有什么建议？

回答：我很理解这种困难。自己的内心是第一位的，如果不是极其想做，我会建议不做，因为创新需要跨越"死亡谷"。只有你极其想做这件事，才有可能得到（投资人的）支持，投资人包括商业投资，也包括学术界老前辈的支持，两者都很重要。比如像我，当时有一位 1986 年的诺奖得主，他认可我们的方向。获得这种认可非常重要。第二条，要选一个细分市场，多用途是没用的，集中精力在细分市场尽快取得突破。"尽快"是一个关键词，要学会力出一孔。

提问 2：我的问题是，"从 0 到 1"的创新非常有价值，但是在实际的教学过程中，我发现有非常多才华横溢的同学，后面就想进体制发展，但是他的才华其实是非常好的。这是我近期碰到的一个问题，能否请您再给我们指点一下，如何把这些有"从 0 到 1"原始创新潜质的学生很好地选拔出来？

回答：选择做自己想做的事情，不管别人怎么议论，这种人是天生的，我把这种人称作 X 型人才。另外一种叫 A 型人才，考试总成绩要最高，每门课都要得 A。人天性都是 X 型的，但是我们目前的环境是鼓励 A 型，考核指标、考核成绩。脑科学表明，人会很容易形成一种思维定式，在某一个方向尝试几次失败之后，最后就认定这件事永远不可能成功。突破思维定式，需要花非常长的时间。经过高三一年的考试训练、大学几年 GPA 考核训练，学生要从模式里面跳出来非常难。清华钱班的做法是，首先尽可能选拔不以成绩为最终追求目标、敢于冒险、敢于承担风险的学生。这类人聚在一起，他们会相互学习、共同成长。然后是改变、改造的过程，短则一年，长则三年、四年、五年。一般情况下，大一开始改变，大二左右进入状态，大三放飞，但是也有不少学生到大三才开始改变，还有个别毕业的时候都改变不了。如何改变？创造一个环境，鼓励学生去做他自己最想做的事，然后找老师帮他。做，是做研究，不是说，不是学。只有做研究，才能发现问题，找到方向。从比较简单的研究做起，成功以后有了正反馈，再鼓励他挑战更难的，逐步把格局打开。零一学院当前的做法是，沿用清华钱班模式先在小范围试点，帮助几所学校构建体系。我对力学抱有很大的信心。我相信，力学对未来的创新所发挥的作用，要比现有细分的学科，如机械、精仪、土木、航空航天等机会大得多。力学最大的问题是，不知道哪里有问题。我建议，力学系的老师们多与其他院系合作，这样才能更好地找到大问题。

提问 3：我在固体力学方面研究了很多年，我想问一下，固定力学一些传统的研究方向，比如材料的动态力学性能、本构关系这样的研究方向，您坦率地讲，到底还值不值得我们花很大力气在理论上进行研究？

回答：基础研究是一波一波的，比如物理到了 19 世纪末的时候，大家认为物理研究已经到头了，但后来出现了相对论、量子力学。我不认为固体力学的理论研究到头了。但是，固体力学是否有重大的突破机会，我个人的看法是，目前的机遇很少，这也是基础学科都会遇到的问题。也有一些领域，比如固体可柔性支架、高度各向异性材料的力学、自超滑，还有相当多的问题可以做，固体力学在其中起到非常核心的作用。假如能找到这种问题，就会有很大的突破机会。如果只是完善理论，可能有意义，也可能没有意义；即使有意义也可能是在几十年以后，理论研究也许不是一个最好的选择。

提问 4：想跟您请教，以您自超滑创新性成果的研究过程为例，理论与实验动手实践，您觉得在突破的时候哪一个更重要？我们是应该更注重理论还是实验，使得突破能够发生？

回答：我的回答是，这两者都不是，是思维。不管是理论、计算，还是实验，如果能够达到一个非常高的境界，都可以取得突破。它本质上是一种思维，对具体的事物有透彻的理解，进而上升到思考层面，这对突破会有巨大帮助。

我自己的研究生，不管是研究理论、做计算还是做实验，我的核心是会训练他们的思维，如怎么提出问题，问题背后的本质是什么，等等。当然，思维层面的提高非常慢，要持续深刻地思考，找到物理本质。观察到的所有东西，最终下来既不是个公式，也不是具体的事物，应该是一个图像，然后在其中形成很多联想，这样才可以取得突破。

从根本的原因再出发，问题的解决就变得更简单。问题解决之后，逐步总结出找到根本原因的方法，这样一来，往往又可以解决一大片问题。所以，要学会提问，不只是一个层面的提问，是不断地往深层找原因，这对创新，尤其是长周期创新来说非常重要。

提问 5：您讲到思维非常重要，比如培养研究生，它是一个自然的过程，在导师的指导下，不断地通过思维训练。对本科生的话，是不是说在培养的过程中，也是最好有问题驱动，让他在学习的过程中，通过不断加深思维获得精深学习和创新能力的培养？

回答：是的。比如说学生做了研究，可以组织他做报告分享。做报告的过程，就是一种思维训练。也可以鼓励他写文章，写文章对思维的挑战更大。不要只是简单地做完研究，要有所提炼，这就是一个思维训练的过程。

附件 2
接受自己的不完美

前注 | 从 2022 年开始，时为清华大学教育学博士生的王金羽同学采访了一组清华钱班的同学和老师，以"无问西东系列"的形式发表在清华大学校友会刊物《水木清华》上。本附件为 2022 年发表的"无问西东系列"之三①。

看过我们前两篇故事（指"无问西东系列"黄轩宇和胡脊梁）的读者或许会好奇：钱班的学生是不是都是竞赛选拔进来的？"普通"一点的学生在钱班会如何成长呢？钱班有没有女孩子？带着相似的疑问，记者将这一期的故事锁定在了钱班一名 2 字班（指 2012 级）的女生身上，她甚至不是"普通"，而是整整 4 年成绩都徘徊在及格线边缘。

2022 年 1 月 6 日上午，在清华大学校内的清青咖啡门口，记者见到了身高 178 厘米、头戴胡萝卜帽子的袁博，当时她睁着一双漂亮的大眼睛看着记者，略显文静。直到 10 分钟后听到记者上午 10 点还没来得及吃早饭，她"扑哧"一声笑了出来，把蛋糕往前推了推，道"那还是你多吃点吧"。

"万万没想到学了四年数学"

时间回到 2012 年的夏天，北京市要求考前报志愿，二模成绩还不错的袁博怀揣着"一心想要精忠报国"的热情，在高考第一志愿栏内填写了清华大

---

① 王金羽：《袁博：接受自己的不完美》，《水木清华》2022 年第 3 期。

学航天航空学院。虽然从小就想做个科学家，但是进入大学以前她并没有对哪个具体的领域产生过笃定的兴趣，只是看到"钱学森力学班"六个字就被点燃了拳拳爱国之心。当年钱班在北京市的招考要求先报航院，考入以后再面试，6月，袁博以北京市前50名的高考成绩考入航院、入围面试，并最终进入钱班学习。

> 我一开始是希望本科的学习能让自己做一个比较偏基础同时又
> 比较有用的东西，万万没想到学了四年数学，现在想想还是好难。

钱班在2012学年的课程设置要求的总学分是162学分，其中数学、物理、力学等基础和专业主修课程必修学分80学分。虽然相较于同时期清华大多数的理工科院系学分并未过高，但是因为钱班课程教学大多为单独定制，难度要求更大，比如强调思辨性和背后原理的"数学分析"，令学生"闻风丧胆"的湍流（"流体力学"课程内容），所以"学了四年数学"只是一个虚指。不过袁博第一反应还是用了"痛苦"两个字，来形容这段本科期间的课程学习。

> 当时过得很痛苦，有很多同学是竞赛上来的，感觉他们学那
> 些就很轻松。我也不知道为什么他们就能学得很轻松，但我就学
> 得很痛苦。

记者后来在钱班现在的项目主任、当年力2的班主任何枫老师那里了解到，因为不太理想的学习成绩，何老师曾经与袁博恳谈过多次，也询问过她是否想要转出钱班，不过这个看起来大大咧咧，但是却异常坚定的姑娘执意要留下来继续"吃苦"。

　　我把袁博约到紫光实验大楼的地下食堂，我们俩一边喝着饮

料，我一边问她，我说，袁博你自己感觉能不能坚持下去？她说，

我要坚持下去。我说，那你要想坚持下去，就一定要咬着牙坚持。

　　言及这段近 10 年前的往事，何老师一会儿锁着眉头，一会儿又释怀地微笑，"现在想想，袁博真的不容易，我每次都为她提心吊胆，因为她老在及格线那里徘徊"。而对于袁博本人来说，"痛苦"的过往已经成了"现在想想其实还好"，因为没有执着于用考试成绩评价自己，回看那段挣扎的往昔反倒平添了一分诙谐。

　　最搞笑的是后来博士毕业搬宿舍的时候我收拾出本科期间的

那些课本，打开一看，我说这都是什么，我真的学过这么难的东

西？三重积分你让我再算都不可能了。

"我长大要做科学家"

　　"小时候我爸爸问我，你将来要做什么？我说，我长大要做科学家！"回忆起这一段，袁博漂亮的大眼睛一闪一闪的。其实这个梦想对于孩子们来说都不陌生，特别是翻开 20 世纪 90 年代出生的那一代小学生作文，或许能找到大半，但不是所有人都能坚持不变。尽管钱班的课程很难，但在这里，袁博离自己的理想最近。在钱班，除了精深的课程学习要求，还有日益完善的本科生科研训练体系和与之相搭配的支撑脚手架。后者正是袁博"赖也要赖在这里"的原因。首先，钱班的培养体系帮助袁博建立了对科学研究的感性认知。钱班每一名学生都能在项目组提供的导师库中选择一名老师作为自己的新生导师，定期与之交流讨论。新生导师不仅为初入大学的学生们的学习、

生活解惑，而且以其自身的言行为学生建立起对学术工作的认识。袁博的新生导师是航院的钟北京老师。

> 钟老师是做航空发动机的，很热情，经常跟我们聊天。大一给我们讲过中国发动机的问题，说我们科研项目发展有一个问题，就是要求的项目时间很短，但是像发动机这种事情，需要收集很多数据，要有一个原始的积累，但项目周期很短，要想在两三年就作出东西的话不得不去借鉴国外的，这样可能对自身的发展有一定的局限性，当时还不太理解。现在我博士都毕业了，我知道做一个东西要沉下心去，可能多花时间但我想作出一个比较精品的研究。

其次，尝试自己的兴趣和了解科研的过程。2012级的钱班已经基本建立了与现在一致的科研训练体系雏形：大二参与大学生研究训练（Student Research Training，SRT），大三一年的开放创新挑战性研究（Open Research for Innovation Challenge，ORIC），以及大四半年的高年级学生研究员计划（Senior Undergraduate Research Fellowship，SURF）。尽管何老师对袁博的SRT和ORIC都赞不绝口，但是她本人将其归类为"试水"。她在航院的两位老师那里分别探索了不同的科研项目，但都是跟"表界面"相关。在这个过程中，袁博逐渐发现自己对"仿生功能材料及其表界面行为"的兴趣浓厚。相比于纯力学推导，本来也很喜爱动植物的她在这一类研究中找到了乐趣，并将此戏称为"大自然的搬运工"。也是因为这两段科研训练的经历，袁博在大三暑期联系暑研时也选择了相关的方向，只不过这一次胆子更大了些，从表界面进一步延伸到新材料及其背后机理，并且去了医学院。暑研的刘静教授也是袁博的博士生导师和现在的博士后合作导师，这是后话。

尝试自己的兴趣和了解科研的过程后，钱班的 SURF 环节推动学生进一步跨文化交流和体验不同的科研氛围。袁博的 SURF 去了美国约翰斯·霍普金斯大学的怀廷工程学院（Whiting School of Engineering），这段经历不仅与前期在国内的科研实践感受不同，而且也深深影响了她之后的研究工作。

其一，尽管在前期的项目中都进入过实验室上手操作，但国内的实验规范相对宽松，袁博 SURF 期间树立了更严格的实验规范和安全意识。比如化学品的分类管理及实验室准入培训，相比于严格的美国实验室，国内的实验室在某些管理方面还是略显随意了些。尽管我们整体科研水平已经有所提升，但意识到我们在各处细节上还是有追赶的距离。

> 除了学习了很多实验相关的知识，实际操作了很多，而且因为那边的实验室很规范，实验室安全管理很严格，所以一直影响到我回来之后。我现在管我们的实验室，有时候看到乱乱的实验台都忍不住想发脾气，我说："你们能不能保持整洁，做好安全防护！"

其二，与异国导师的沟通和文化的交流丰富了学习和科研体验。一方面，较为规范和固定的导学联络程序让袁博慢慢改掉了不好意思找老师的旧习惯；另一方面，因为导师是韩国人，两个人彼时又都在美国，就会有很多文化上的交流和碰撞。受到现行情势的影响，出国访学在近两年的困难有所增加，但钱班一直强调让学生 SURF 期间走出清华的重要性，正如首席教授郑泉水院士在项目例会中所说：

> 学生在 SURF 期间必须走出舒适区：一是实战，把课程和科研训练的基础和能力在一个新的环境里检验、锻炼、提升；二是

社会认知，在不一样的情境里去认识世界。否则，学生的全世界就是清华。

其三，对自身能力的认识。虽然袁博在 SURF 期间没有所谓发表等"产出"，但是依然觉得自己能力上有提升，并且还"替他们搭了一个实验装置"。这种真实可感的过程性收获都对其后续的科研发展奠定了基础和心理加持。

其四，找准自己的方向并深耕下去。随着从表界面到新材料的科研探索，袁博在医学院刘静教授那里完成暑研后，于 2016 年正式成为刘老师的博士研究生，从事室温液态金属新材料领域的研究，也取得了一些开创性的成果。回想当初，袁博在清华 info 首页看到刘老师关于液态金属变形机器的研究，"有了一种自己要是也能上 info 首页就好"的愿望。5 年后（2020 年 4 月 4 日），进入刘静老师课题组的她的研究（轻量化液态金属复合材料体系）也被登在了首页。2021 年夏，袁博顺利博士毕业，并入站做博士后，与刘老师继续合作。尽管袁博离成为一名真正的"科学家"还任重道远，但沿着理想之路不断前行总是令人心潮澎湃的。

"本科四年都过来了还怕什么呢"

上文寥寥几行字，很难概括一个 20 岁出头的女生几年来攻读博士的不易和科研探索的艰辛。但让记者很意外的是，支撑袁博在困境中坚持的，竟然是在钱班的本科教育经历。一方面，课程学习比较困难的她经历了"明明在努力，但好像怎么都看不到成效的痛苦"，这份心理上的磨炼成为她日后成长中无可替代的抗逆力来源，"科研有时候也会很痛苦，但一想本科 4 年都过来了，我还怕什么呢？"另一方面，钱班给予了她宽广的眼界、扎实的基础和更深入的探索经历。

钱班提供给我们很多的平台、导师库，还有很多讲座之类的，相当于开阔了学生的视野，让我们知道原来世界上有这么多方向……而且很多知识虽然我可能忘了，但是现在有一些现象或者什么东西我看一下，就会有一种直观的感觉——用我当时学过的或者某一种角度来解释，我再去看相关的原理也会相对快，基础还是在的……我读博以后上手很快，我都很惊讶很多人不会做实验，我特别喜欢做实验，在本科期间也很好地锻炼到了，怎么设计实验、处理结果，如何完成一个整体的架构、系统地思考。

110 周年校庆之际，清华大学推出"清华新思"系列，讨论高等教育领域人才培养和教育教学的热点议题，郑老师总结钱班在拔尖创新人才培养方面的经验，认为重要的是"帮助学生找到热爱的方向"。袁博很幸运地找到了，而且多亏了郑老师的帮助，她有机会将理想照进现实。虽然 7 字班以前"清华学堂人才培养计划"的学生都自带保研名额，但是袁博的成绩实在过于一般，需要首席教授亲自担保。

我很感谢郑老师，给了我这么一个机会，因为我的成绩太差了。我到现在还记得郑老师当时跟我说，"给你一个机会，就看你将来做得怎么样"。我现在觉得好像没有太辜负他，但是将来还是要继续好好做，感觉他对我们每个人都有很深的期望。

回望本科期间曾经带来痛苦的课程学习，袁博会摆着手说"基础课绝对不能'砍'"；言及充满挑战的科研探索，她会边笑边兴奋地说，"科研我总会发现新东西，就算是一个失败的结果，我也会想为什么会失败，很享受"。教育关注的不是当下的"成绩"，而是长远的意义。"拔尖创新人才培养"的路径不全是"拔"尖，更要让学生成为最好的自己，才能创新地建构未来。

本科4年的课程学习成绩固然非常重要，但4年在整个人生中也只是很短的时间。清华每年3000多名本科新生，当然会有什么都会的"大神"，但也有做不到方方面面都很优秀的同学，有一些挣扎和迷茫。而且世界上优秀的人太多太多了，现在回头看看，我觉得与其一味与别人"卷"来"卷"去，更多的是要能够坦然接受自己的不完美，重新审视自己的内心和能力，找到自己想做也能做的，并坚持做下去，寻找出属于自己的道路。虽然我现在还有很多方面要去提升，也有很多困难要一一去克服，但我想只要坚持着向前走，总有一天我也能作出自己梦想中的研究。

美国著名教育学家约翰·杜威曾经深刻辨析了"无目的的坚持"和"有目的的意志"，并认为坚强和脆弱的意志之不同在于理智，在于对"行动结果考虑的坚定和全面程度"。换言之，袁博在令其痛苦不堪的课程学习中一直"咬着牙"坚持，不是盲目的"赖着不走"，而是明白自己对科学研究的热爱，清楚钱班对她而言，是本科生能够接触科研最好的平台。在钱班的4年，高挑战度的课程学习只是未来科研探索的铺垫，真正改变她人生轨迹的，是得以自由地探索自己的兴趣、探究科学和未知。

后记

当天访谈结束后，袁博惊叹于10年匆匆而逝，非常感恩在钱班经历了最包容个性发展的本科教育，遇到了最支持学生多样化成长的老师们。晚上，她给首席教授郑老师和当年的班主任何老师写了邮件，表达自己的感念。她向记者分享了郑老师的回信，也希望把郑老师的赠言送给每一位正在园子里努力追求自己理想的同学："怀抱梦想，竭尽全力，积跬步以至千里！"

附件 3
拥抱变化的探路者

前注 | 本附件为 2022 年发表的"无问西东系列"之五[①]。

钱班很多毕业生在海外深造，跨过时差进行视频通话对记者来说并不陌生，与本期主角（杨权三）的两次访谈也都是线上进行的。不过，看见一只灰色的加菲猫在屏幕下方大摇大摆地走来走去却很新鲜。每次猫主人都将其抱下桌子，柔声道："你先下去玩。"黑色头戴式耳机、黑框眼镜，以及比军训式寸头长不了太多的发型，如果不是在家里穿着简单舒适些，换上一件格子衬衫，就是"教科书级"的标准理工男生。只见他笑起来眼睛弯成月牙，脸颊一侧有浅浅的酒窝，讲话条理清楚、不紧不慢。

钱班的进阶式科研训练体系中，最创新大胆的当属大三一整年的开放创新挑战性研究（Open Research for Innovation Challenge，ORIC）。在这个项目正式成为全体学生的必修之前，首席教授郑泉水院士和项目负责人徐芦平老师提前半年进行了"测试"，选择了两名大二学生来做"小白鼠"。本期故事的主角就是其中之一。回忆当初，他是怕被拿来比较的那一个，常常在汇报进展之前焦虑不安。怎么定义本科生科研中的个体成长与发展？比起当时当下的成绩或文章等可量化的指标，在更大的时间尺度上，或许有更多的探讨空间。

---

① 王金羽:《拥抱变化的探路者》,《水木清华》2022 年第 5 期。

杨权三是 2012 级清华钱班的学生，本科毕业后前往美国西北大学 John A. Rogers 课题组攻读博士，研究方向是可降解的微机电系统和相关的软材料力学；2021 年取得博士学位后进入美国麻省理工学院机械工程与麦戈文大脑研究所（Mechanical Engineering & McGovern Institute for Brain Research）的 Edward S. Boyden 课题组和 Peter T.C. So 课题组做博士后，在博士研究的基础上搭建三维微纳米制造的技术平台。身为一名年轻学者，权三的谷歌学术档案中记录了他 29 篇学术发表，1500 余次引用；其中最高引用的文章是 2017 年发表在《科学》（Science）上一篇关于适用于各种潮湿表面的坚韧黏合剂的研究，当时他是共同作者之一；其后在《科学》上发表文章的他，身份已经是共同一作；博士期间的核心工作，也以第一作者的身份先后发表于《自然》（Nature）的重要子刊 Nature Materials 和 Nature Electronics。

"挫折没什么大不了"

杨权三形容自己本科期间的学习是"中不溜秋"，从来也不是特别追求考试成绩；他的平均绩点在全班前六七名。权三一直很乐于探索，力 2 班主任何枫老师说他是"很自信，很有内生动力的孩子"；ORIC 负责人徐老师形容他是"敢想敢干"。2014 年春季学期，郑老师和徐老师选择了自信又大胆的权三和另一名钱班学生在大二下学期先行尝试 ORIC 项目，并在半年后，全体力 2 同学进入大三之后将 ORIC 项目全面铺开作为必修，一直延续至今。

但是如果看了权三的简历以为他的科研经历是一路开挂，或者顺风顺水就是个美丽的误会了。钱班提倡学生在科研中探索，可探索本身没办法保证每个人都会收获成功的快乐。杨权三和另一名同学当时都在郑老师的课题组做 SRT，进入大二下学期的 ORIC "测试"阶段，他们分别对两个不同的课题开展自主研究。权三从最初被选为"小白鼠"的开心兴奋，到周五汇报的焦虑难过，只用了 1 个月，倍速跌落谷底；而另一个发现是"谷底"可能还没有"底"。

　　我最开始是没有什么担心，反而非常开心可以被选为两个"小白鼠"之一做这个项目，大不了就没成果而已。但是两个人最大的问题是怕比较。做得都好，我觉得非常好；做得都差，我觉得无所谓。一个人做得好，一个人做得差，就会有非常大的压力。后来一到周五我就紧张，因为要汇报；汇报之后又很难过，下一周再循环。

ORIC的设计初衷是让学生尽可能自主地进行科研训练，本科生参与科研已经是挑战了，对自主的界定会加重影响这期间的体验和难度。权三所谓"做得差"不是单从成果来看，而是期间"没有任何真正的科研思路"。郑老师定义了一个研究问题后，并没有特意安排专门的博士生来带他，杨权三凭着一点直觉单枪匹马、挂帅上阵，读文献、列实验计划、测试实验设备。一个月后，他在进展汇报中遭遇"滑铁卢"。现在回忆起来，他认真地说自己当时没有"对研究的主人翁心态"。

　　我自己去看其实看不懂，但最怕的是什么？不问。我就没问，就一直自己去做。我以为这问题挺简单的，把一切都想得非常理所当然，然后列了一个实验计划，后来看起来都非常不切实际，没有真正意识到里边的困难点在哪儿、怎么去克服，整个研究都是按照郑老师的理论框架去实施，我并没有一个主人翁心态。啥也没做出来。

"大不了就没成果"是一句乐观的心理建设，经历以后能接受长时间的投入却"啥也没做出来"则需要一些勇气和时间。之前跟何老师访谈的时候，她略显心疼地讲到权三在这次"小白鼠"期间"受到了很大的挫折，很影响他的情绪"。现在的权三倒是已经全然不在意自己在这一段科研中体验的挫折感，他觉得"挫折也不意味什么"，最重要的其实是"怎么应对挫折"。细数起来，那是 8 年前的事了。他可能不太能特地回忆起来，当时的自己委屈地跑去何老师办公室诉苦。成长不在一瞬间，风物长宜放眼量。

这段科研经历之于杨权三已经是过去式了，但是对于注重师生共建的钱班来说却异常宝贵，特别是 ORIC 项目。在 ORIC 的迭代设计中，钱班注重让学生的科研体验既有原创性和挑战性，还能够充分发挥自主性，并且在过程中提供方法指导与情感支持，等等。负责人徐老师回忆这一段对于学生、教师而言都非常大胆创新的探索时，格外肯定了权三"不会被挫折打趴下"的性格。

> 权三非常敢想敢干，尽管踩了不少坑，但是不会轻易气馁，总会斗志昂扬。对 ORIC 而言，他具有非常重要的 founder effect（奠基者效应）。

而权三回忆里那个略显威严的郑老师和黄轩宇（"无问西东"系列第一个故事主角）所形容的郑老师似乎不太重合。在第一次和权三访谈后记者跟郑老师交流了这个疑惑，郑老师直言："其实每带完一个学生都会反思自己。"《礼记》有言"教学相长"，学生成长的背后是教师的心力和投入。第二次访谈的时候，记者把这件事告诉给权三，他笑道："那我的'小白鼠'经历对后面的学弟学妹们有帮助就很好啊。"

发现自己和"拥抱变化"

> 无论是做科研还是做什么，不要太看重某一次挫折的影响。特别是本科生阶段的科研，有人能收获成果，有人收获不了而已。

很多时候，不是你做得不好，可能就是各种各样的原因，非常偶然或者必然地导致了未能达到预期的完美结果。能做的是把接下来的工作做好，想做什么，就继续做。

"小白鼠"经历只是杨权三本科期间的注脚之一，他仍旧热爱探索。进入大三后，权三和其他同学一样正式开启了 ORIC 项目，并在何枫老师和郝鹏飞老师的课题组出色地完成了一段科研探究，把气泡引入液滴使得后者均匀沉积来抑制"咖啡环"现象，最终取得了 99 分的成绩，全班第一。

钱班为学生提供了多种多样的途径去发现自己。大四的 SURF 期间，杨权三在哈佛大学锁志刚教授课题组探究软材料的力学行为，正是在后者的建议下决定去西北大学 John A. Rogers 课题组读博，进一步探索软材料力学和器件。

回忆本科教育，首先涌入杨权三脑海的，是钱班的人。"钱班的人都非常厉害，都是天才。"同班同学也许会带来同辈压力，也许会打开广阔世界。对于权三来说，后者就是大学本科 4 年的最大意义。相比于严格的导师监督和一系列科目考试，年轻人汇聚在一起相互交流、彼此学习，会是更好的心智训练（约翰·H.纽曼）。在钱班，权三逐渐明白很多事情并不必须汲汲争抢比较："这个世界非常大，空间和机会也很多，一个领域是能够容下多个人的，在自己的路上好好走下去，心无杂念才能作出更好的工作。"

在强调多元、探索的钱班，权三逐渐认识自己、认识他人。本科学习以前，学生免不得习惯于沿着他人给自己设定的计划和完成方式执行，有时候会模糊权威、家长、师长等重要他人的期待和自己的期待之间的差别，或者为了尽快取得成绩，获得他人的肯定，而有意迎合外在评价体系，例如 GPA、文章发表、专利申请等。事实上，大学恰恰不应当是一段延续外在评价的时间，而是"一段特定的时光，被专门腾出来尽最大可能地培养最清晰的自我意识"

（self-awareness）（卡尔·雅斯贝尔斯）。

> 学生要享受一些大学生活的美好。学有余力的同学确实应该多进行科研尝试，但是取得丰厚的科研成果并不该是本科生科研的目的。我觉得本科生做科研最重要的是要找到科研兴趣，多尝试，多去不同的课题组逛一逛、试一试。毕竟本科生参与科研的目标不是为了攻克重大难题或者发高水平的文章，不一定每个东西都要作出来什么成果，多做做才会知道自己到底喜欢什么、想做什么。

权三现在的研究工作是开发一套三维高分辨率微纳米制造的技术平台，探索其在纳米光子学和纳流控芯片方面的应用。他介绍时，将这种等比例缩小生动地比喻为漫威电影中的蚁人。从博士早期钻研制备工艺到开发技术平台，有学术志趣的发展，也有他自称"很俗套的原因"——"拥抱变化"。或许所谓创新，就蕴含在不断探索和发现中，潜藏在对变化的热切渴盼中。

> 我现在正在做的技术平台有非常多的可能性，我也很乐意去继续探索现在这个技术平台的新应用和新场景，在未来我觉得我依然会对所有新鲜的技术感兴趣。

学术作为"志业"

当问及迄今最满意的研究，杨权三绕开了发表在 *Science*、*Nature Materials*、*Nature Electronics* 等极为抢眼的期刊上的文章，而是博四、博五期间攻克的一个技术平台问题，所整理的文章于近期被 *Nature Communications* 接受。尽管对于现阶段的权三而言，更顶级的期刊发表之于职业生涯发展具备更高的价值，但他认为研发能被更多人应用的技术平台是对于整个科学领域更有意义的一件事。

> 这份工作真的能被别人所利用。我之前主要做器件，倾注了很多新的概念和想法，但是这些器件有较高的技术门槛，很难吸引更多的人加入这个领域。现在我提供了一个更简单、便捷的技术平台来帮助大家做更复杂、更多功能的器件。或者说，在短时间内，其他研究人员看到我这篇文章，就能够通过我的技术平台来实现自己的概念和想法。未来可能会吸引更多的科学研究者加入这个领域，这是一件对我来说很有成就感的事，同时也是对这个领域有很大帮助的一件事。

杨权三把自己对研发技术平台的偏爱归纳为理想和兴趣。说起来源，大概要回溯到大三，当时谢惠民老师在课上说自己在做无损检测，但所使用的器件一般都比较大，不便携。课后权三兴冲冲地跑到谢老师办公室，说想把这套器件做成便携的，让人们随时随地都可以做无损检测。没想到的是，谢老师对钱班的学生还有更高的期待。

> 谢老师看着我，沉默了两秒后说："我觉得你们钱班的学生，还是应该朝着更重大的挑战去奋斗，比如说，就像之前的科学家们创新性地研发出原子力显微镜去观察到之前没有能力看到的微观细节一样，你们应该也要去建立一些新的技术和平台，去探索未知。"

权三谈起自己现在的理想就是：未来能够做一些对科学挑战甚至是重大

社会挑战有帮助的技术平台。而他这方面的兴趣则不全是来自理想，而是在探索和尝试中发现，相比于基本科学原理、制备器件，他更喜欢研发技术平台。权三坦言，在刚开始念本科的时候，以为所有的科研都是做科学探索的，技术研发要在工业界做，后来才发现，很多技术也必须在大学里研究。记者跟他分享了 2022 级一名钱班本科生对郑老师的提问：*"现今社会，做科学重要还是做技术重要？"* 郑老师的回答是：*"你喜欢什么最重要。"* 闻言，权三的眼睛又眯成了弯月牙：*"我完全同意郑老师说的。"* 无论时代如何发展，大学培养人，终归是"从人类基本的求知意志中获取开展教育活动的动力"（卡尔·雅斯贝尔斯）。

对于未来的职业，杨权三笑嘻嘻地畅想着大学教职的美好。言谈之间，依稀可见何老师描述的那个自信阳光的大男孩。成为大学教师对他最大的吸引力在于"可以做任何想做，有利于这个社会的东西"，比起多少受限于所在课题组和合作导师，他的好奇心、理想和"拥抱变化"的心态使得他希望能够尝试更多可能的研究。另外，权三还想成为一名可以兼顾教学、人才培养的教师。他略带害羞地说：*"我还想教书、想培养学生。"* 在美国西北大学读博期间，权三带过不少本科生做科研，他会欣喜于后者的成长和变化，也会从中思考。

> 以我粗浅的认识来说，本科生科研应该是从自身的兴趣点出发，受日常生活的启发，进行在实验技术手段上要求不那么高的科学研究。这样的话，本科生能够大致系统性地走完整个科学研究的过程，获得科学研究的成就感，为接下来研究生阶段的重大科研挑战打下夯实的基础。

为了解释得更清楚，权三举了麻省理工学院近期一项奥利奥饼干的研究作为例子：如果我们扭开奥利奥饼干，为何奶油夹心总是倾向于粘在某一侧的饼干上？这个研究团队的主要成员就是博士生和本科生，他们针对这一日常生活里的普遍现象，系统性地进行了关于"牛奶最喜欢的饼干"的断裂和流动的科学研究。权三有感而言，本科生参与科研，对问题的兴趣才是重要的，哪怕实验器材只是随手可得的几块饼干。对比他带过的本科生科研和自己经历的本科阶段的科研，他反复琢磨着措辞，希望表达出应当被重视的是探索本身的意义而不是科研课题的难易。

> 对于我来说，过了这么多年，回头去看"小白鼠"时期，可能觉得当时做的东西或许稍微有点难，但是如果表达的措辞稍微不太对，可能就变成了"不要让本科生去做挑战性的研究"，那就容易误导别人。我不是这个意思。而且我看之前报道的本科生在郑老师那里做超滑的学弟，我觉得就做得很好，你能说那课题不难吗？本科生最应该做的事情就是从自己的兴趣点出发。我自己现在和以后的科研也是一样。

马克斯·韦伯 1918 年在慕尼黑大学的演讲被很多学者奉为圭臬："在我们这个没有上帝，也没有先知的时代，把学术研究生活体验成一种本来意义上的天职。"回顾杨权三的本科教育、科研经历，讨论学术是否是"天职"或许有些过于沉重了。他经历的挫折、拥抱的变化和怀揣的理想，实际上印证了好奇心本身才是探究宇宙奥秘、揭示万物规律的动力源泉。钱班十余年来致力于在本科教育中探究"钱学森之问"的破题思路，呵护、重拾对世界的好奇心正是其中之义。

附件4
人生的两点间　直线不是最短

前注｜本附件为 2022 年发表的"无问西东系列"之六①。

2022 年年末，在北风吹落清华园里一片片金灿灿的银杏叶时，深圳温暖如春、上海不觉寒意。记者跟张泽在周日晚上 10 点开启了视频连线，在节奏飞快的"大湾区""长三角"一同向西北望，遥想四季分明的北京，回忆曾经活泼跳动的青春。不知不觉快两小时过去了，与这个扎着马尾、戴着眼镜，笑起来有整整齐齐一排白牙的女生有种倾盖如故之感。

熟悉我们系列故事的读者也许有疑问：钱班的学生是不是都在本科甚至更早就立志要做科学家？本科期间是不是已经经历几段科研训练、在尝试中有了明确的方向？事实上，本期故事的主人公在大学前 3 年面对科研就有畏难情绪，倒是在清华纷繁的社团活动中玩得很开心，一次海外研修才终于打开了她求知好奇的本心。多元的钱班有多样的成长故事，包容的老师眼里并非只有天才或平平无奇。

张泽是 2011 年安徽省高考状元，同年进入清华钱班学习。本科期间，她愿意每周花 10 多个小时参加国旗仪仗队严格的训练和活动，却不敢随意尝试大学生研究训练（Student Research Training，SRT）；会在学姐的招揽下无

---

①　王金羽：《人生的两点间　直线不是最短》，《水木清华》2022 年第 6 期。

惧加入女足俱乐部，但看到"湍流"相关的研究题目就发慌。直到大四在钱班必修的海外研修中，张泽才感受到科研带来的兴奋、"剥洋葱"般的刺激。2015 年毕业后，张泽被斯坦福大学机械工程专业全奖录取攻读博士学位。张泽的博士导师 Arun Majumdar 是美国工程院、科学院院士，曾任美国能源部先进能源署首任署长。Arun 录取张泽的那一年，刚卸任政府职务全职来斯坦福任教不久；张泽坦言，进入课题组是从实验室装修开始的。在经历博资考失利、去创业公司实习等一系列"弯路"后，张泽获得了博士学位，并直接回国加入华为海思研究部。

跳动：欢脱和不安

回顾作为"省状元"选择钱班的理由，张泽跟大多数钱班人一样，答案都是"理科工科都喜欢""没想好学什么"。钱班宛若一个大型中转站，在确信它的学生心目中，如果没想好目的地的话，来这儿准没错——来了以后哪儿都能去。2011 年是钱班成立的第 3 年，还没有形成整套的科研进阶训练培养体系，比起清华其他理工科院系，那时的钱班最大的特点是有很多更具挑战性、定制化的课程。不过这些倒没难倒张泽，大一那一年她沉浸在清华多样的社团活动里。

> 清华的各种资源都很丰富，我就广泛地参加尝试了。军训的时候就加入了国旗仪仗队，每周可能花 10 个小时在训练和各种活动上，之后还跟室友一起参加了女足。此外还有西麓学社（国学晨读协会）、思源计划（饮水思源，服务社会，优秀学生培养计划）以及航院体育部的一些活动，我玩得倒是很欢脱。

有时候，一个人停不下来可能是没有找到合适的停留点。在紧张的学习生活之余，跳动在热闹欢腾的社团活动中来维持某种意义上的忙碌充实。一年级的时候，张泽平衡得很好；进入二年级开始更多地承担组织者的角色，担子骤然加重。

> 我印象最深刻的就是航院体育部长的工作，需要非常多的沟通。有一次上专业课，我的手机从一开始响到结束，不停地有短信、电话进来。我感到自己的学习非常受影响。到班主任张雄老师来找我谈话，我才知道成绩从班级前两名掉到了中游。张老师也没说我不好什么的，只是问我有什么原因或困难，我就跟他说了我的情况。后来纠结了很久，大二寒假之后把体育部长辞去了。

钱班首席教授郑泉水院士曾经多次提到，学生来到钱班以后老师们的第一件事就是帮助他们改掉用应试的思路进行本科学习，希望每一个学生都能在大学期间找到自己的方式去表现自己，换言之，找到属于自己的赛道。郑老师会强调学好单科不是为了 GPA，所以互相也不要去打听考试分数。钱班这一点在张泽的访谈中得到了证实。她第一次知道自己的成绩是在报名思源计划的时候，第二次就是班主任的这次沟通。

可是自己的赛道在哪里呢？张泽跳动的欢脱生活中隐约闪烁着不安。当时的钱班没有必修的科研训练，SRT 只是一个选择。张泽拉开长长的 SRT 列表，感觉每一个项目对自己而言都非常难。

> 很多项目我连题目都看不懂，比如"湍流中的什么什么分析"，湍流就够吓人的了，还什么分析。我就很畏难。

面对真正的科研问题有畏难情绪，应该是大多数本科生们的真实写照。

哪怕能自如地应对钱班高挑战度的课程，张泽还是会下意识地逃避科研。大三的时候，她选择的第一个 SRT 是做音乐机器人，"这和大多数科研训练不太一样，更像是工科实践。但是很容易有成就感，因为上手简单。"不过在钱班，即便是刚成立的第一届，科研训练都是"躲"不掉的。自 2009 年创办以来，钱班就有了必修的海外研修项目，也就是后来进阶式科研训练体系中的 SURF 环节（Senior Undergraduate Research Fellowship，高年级学生研究员计划）。谈到海外研修，2014 年的张泽和 2022 年的张泽一样激动，前者是怕虎的牛犊终于还是闯了森林的豪情——"既然免不了，那就好好试试"；后者则是清楚地知道，"因为这段经历，对科研的态度和人生方向的选择都彻底改变了"。

发现：激情和过程

海外研修前，张泽面前有两个选择：去加州大学伯克利分校做机器人或者去加州大学圣迭戈分校做传热。从本科生的角度来说，学校的排名已经足够作为选择的主要考虑因素。但是作为钱班人，张泽觉得自己要多试试。如果去伯克利就只是对 SRT 的延续，既然钱班鼓励学生走出去、多尝试，那就不能白白浪费这个机会，她鼓起勇气准备接受本科以来第一个真正的挑战。

> UCSD 是我的新生导师任建勋老师介绍的，我有一点忐忑，
> 也有一些向往。郑老师希望我们每个人都找到自己热爱的方向。
> 所以我想是不是趁着这次机会，可以换个不一样的方向再找找看。

张泽在 UCSD 的导师是 Renkun Chen，尽管是华人，但从见面到海外研修结束，他一直用英语跟张泽交流，维持了一个彻底的跨文化环境。不仅如此，他对张泽的指导也很耐心。不过，真正让双方都被激发、充满研究热情的，则是其间张泽和导师共同提出的一个问题：是否存在热的超导体？海外研修期

间，陈老师分享给她很多论文，其中一篇仿真论文的结果在张泽看来很奇怪，一根碳纳米管莫名其妙地振动起来了，她觉得无法解释这个现象，陈老师也不能。这个问题一直萦绕在张泽心里，直到她跟同学闲聊的时候，突然想到是不是可以用声子的爱因斯坦凝聚（BEC）来解释。带着这个疑问来找陈老师之后，张泽感觉到这位导师也被激发了。

> 有两个例子：一个是以前我也经常在组会分享一些大胆的想法，但都没有深究下去，而且都是我去找他问问题，而在我讲了声子BEC的想法之后，很意外地，组会之后他来了我的办公室找我继续讨论；另一个是他找了几篇相关的论文，周五跟我说周一有时间一起讨论下，在此之前他从来没有给过我任何做事情的期限。

在这个过程里，张泽一直很主动。周一还没等老师找来，她已经去敲门汇报了。随后她发现，陈老师对这个问题真的很上心。随着研究的开展，她也逐渐了解到，陈老师在大约10年前思考过一个声子局域化的问题，类似于热的完美绝缘体，和热超导正好是两个极端情况，却又有类似的物理背景。在和导师一起调研和试图回答热超导这个问题的过程中，张泽也得以观察：一个成熟的科学家是如何读论文、如何思考问题的。

> 我发现陈老师周末也读完了那些论文，而且比我理解得更透彻，这让我很激动。在这之前我还不太会读论文，都是从第一句话读到最后一句，是陈老师让我知道了，可以先看图，再看前言跟结论，然后边读边猜、快速获取信息。

　　只要探究的激情在，那么过程本身就是奖励。虽然科研之路不会因为不畏难了就自动变简单，但是张泽在这个过程中收获了看不见的勋章。一方面，她猛然意识到 BEC 的基本理论在钱班的课上，陈民老师提到过，只是自己当时没有真正理解，所以激励着她又把那些内容重新学了一遍。另一方面，她发现很多自以为很简单的问题，其实根本没有想清楚，科研的过程就像"剥洋葱"，很刺激也很新奇。

　　　　比如说什么是温度，温度计测量的就是温度吗？那温度计是什么原理，测量的值准不准呢？如果从物理上来定义，温度代表原子振动的能量，那需要多少个原子？一个原子能不能定义温度？还是说需要一万个？一个原子有没有温度？很多问题都可以这样无穷无尽地挖下去，看似简单的概念背后的思想并不简单。在这种像"剥洋葱"一样的理解加深的过程里，常常会经历几周的低谷、一刹那的兴奋，紧接着又是几周的低谷，而后一刹那的兴奋。而就是那一刹那的兴奋，可以弥补之前所有的低谷、辛苦。

　　探究这一问题的过程对陈老师而言是唤醒"多年前"的疑问，对张泽来说则是面向"未来的"疑问，她的求知欲被点燃了。"因为这个问题，我想读博士，我想做科研。"回国后，她自学了很多研究生课程，心心念念想把研究继续做下去。只是确实太难了些，而且在研究过程中一直发现新的问题，走向新的方向，慢慢地跟最开始的方向几乎没什么联系了。好在，在这个过程的边缘，问题的中间，还有他人的意外之喜。当时在 UCSD 访学的一位老师跟张泽交流后，也被深深吸引，并一直深耕于此。

　　　　几乎是五六年后，陈老师转给我一篇论文，是那位老师课题组的研究。那位老师还发了朋友圈，说当时跟清华的一个本科生探讨这个问题，现在终于有了一些回答。我很触动，也很感动。这就是科学的魅力、科研的魅力吧。

觉悟：出离和回归

在海外研修接近尾声的时候，张泽也在申请读博。2015 年，她以全额奖学金被录取到斯坦福大学机械工程专业，师从 Arun Majumdar。在写这篇稿子的同时，记者刚好在读《乔布斯传》，其中一章是 "The Drop Out: Turn On, Tune In"。想到张泽博资考失利、去创业公司实习，甚至一度想要放弃博士学位，或许这是个成长期相似的主题。

> Modern Electron 是一家能源领域的初创企业，致力于研发小型高效的热离子发电装置。我短暂地逃离了斯坦福，看看自己能干什么。加入的时候公司只有十几个人，大多是北美各高校的博士毕业生。现在已经有超过 50 人的规模，获得了包括比尔·盖茨在内的多项天使投资。

当问及有没有考虑过留在这个创业公司的时候，张泽很坦诚，直言那时已经做好了决定，只是最后跟 Arun 告别的时候动摇了，又回到了学校。

> 我前面已经跟父母、同学、朋友、实习公司的老板和同事都聊过了，我打算随后就跟 Arun 说我不想读了。那天我是给他打电话的，因为信号挺不好。但是他坚持视频，最后就是电脑视频、手机打电话。他看着我，问我为什么。我跟他说，前面做得挺不顺利的，也觉得不太开心，那个方向我也不喜欢，你也不在乎，

为什么要做呢？在这里实习还挺开心的。他就跟我说，你没有领会到科研的真谛。科研并不是一个要让导师喜欢或者讨好谁的事情，而是你自己想要做的事情。开不开心可能不是那么重要，重要的是有没有满足感和意义感。科研或许不能让你开心，但是能让你感觉到满足、有意义。

在这次跟导师的交流里，Arun 坦陈因为个人原因未能在实验室花足够的时间和精力，也为没有顾及她而抱歉，同时表明会支持此后张泽选择的研究方向。张泽说，聊到最后，沉默地彼此互相看着，直到 Arun 的太太喊他回家吃饭，张泽感受到了 Arun 的真心。

回到学校后，在近半年的时间里，Arun 每周六早上和张泽一起寻找和探讨博士选题。从之前心心念念的声子 BEC 和局域化问题，一步步走向微观材料的操控和观测，最后把研究确定在将光谱技术和电子显微技术结合起来的可行性，发展纳米尺度下的光谱学信息成像方法。这一方法结合了光子和电子这两种表征手段的优点，可以同时获取光谱中高能量分辨率包含的材料组分电子能级等信息，和电子显微学中的纳米级分辨率包含的空间分布信息，可能在表征材料局部缺陷态、光催化机理研究等领域有所应用。

事实上，这是一个无比大胆的尝试，张泽本人对这个研究方向的决定形容为"愿赌服输"。博士答辩的时候，Arun 自豪地介绍张泽的创新研究，因为他本人在这一领域并无研究背景，组里也没有博士后或其他人可以予以张泽相应的指导，Arun 称赞她：

集勇气、独立的思想、坚持和专注力于一身，能够广泛地寻找各种人沟通、获取需要的资源、完成困难的研究，并且保持对新想法的开放心态，具备激励其他学生并慷慨地指导他们的能力

267

（a combination of courage, intellectual independence, persistence, resourcefulness, singular focus, openness to new ideas, the ability to inspire other students and generosity to mentor them）。

那个在本科前三年面对科学研究有畏难情绪的小姑娘，独自一人在异国他乡，面对全新的研究课题，要拥有怎样的勇敢和坚韧才能坚持到底！不过张泽描述起那些科研攻关过程中的生活，倒没有失去颜色。

> 其实一直到博士第五年、第六年都没有论文。我也是慢慢让自己的心态放松，开始跟朋友出去骑车、爬山，到没有信号的地方徒步几天（不建议模仿），一起看星星，一起吐槽。在疫情期间还在宿舍阳台上用 3D 打印机打印了一个鸟窝，装了摄像头，近距离观察了一对小鸟筑巢并生育五个宝宝的过程。

在交流中张泽跟记者分享，她并不是到了斯坦福才有这份"愿赌服输"的勇气。而是从在钱班读本科开始到今天的 11 年间，一直这样鼓励自己。她希望自己可以大胆地尝试，哪怕必须承担风险。

> 我觉得"愿赌服输"在某种意义上，是个很积极的词。自己选择的路，就踏踏实实地走下去，不后悔也不抱怨。其实一路走来，回头看，才知道在这个过程中，路边的风景已经是满满的回报，又哪来的"输"呢！

想到 Arun 对科研意义的理解和张泽一路上"愿赌服输"的探索，不由得询问她，她眼中的钱班，是不是一个专门孕育科学家的地方。张泽回复道："钱班想培养的应该是真正思想上独立的人。"的确，独立地面对、独立地思考、独立地决定、独立地求索。钱班或许并不是万能中转站，而是思想独立者的领地。钱班从只有一个海外研修项目，到今天发展出一整套进阶式科研训练体系和课程体系，其背后的逻辑并不仅仅是让学生收获一些基本的科研技能、扎实的基础知识或者找对一个理想的方向；而是相信学生在大学期间可以逐渐具备独立思考的能力。这一体系鼓励学生大胆尝试、理性判断，期望学生从中有所体验并受益终生。

纽曼在《大学的理念》中这样写道：

> 大学不是诗人或不朽作家、学校创始人、殖民地领袖、国家征服者的诞生地。它并不承诺能够培养出新一代的亚里士多德、牛顿、拿破仑、华盛顿、拉斐尔、莎士比亚，尽管过去它一直隐含着这样一些自然的奇迹。大学教育是一个通向伟大而平凡之目标的伟大而平凡之手段。

在"基础学科拔尖学生培养试验计划"的背景下，钱班在不断创新人才培养的路径，同时也在努力探寻着大学教育古老的初心。沿着一条笔直明确的路线前进，或许是抵达目的地的最快方式，但或许少了诗和远方。在快节奏的当下，钱班尝试让教育的内核慢下来，学生可以试错，可以徘徊，可以思考，终将独立又坚定地抵达。

附件 5
聚在水木一团火，散自钱班满天星

前注 | 本附件为 2023 年发表的"无问西东系列"之七 [①]。

清华钱班 2018 级（力 8）是钱班创办以来的第 10 届。本文的 4 位主人公都毕业于力 8。有意思的是，他们也都来自清华附中。这在钱班历年的招生中绝无仅有。

马竞泽长着小精灵一样的耳朵，尖尖的下巴稚气未脱，说话时会有一点腼腆，现在德国马克思·普朗克天体物理研究所读博。方政清剑眉星目、喜欢做夸张的表情，李京洋更含蓄稳重些、讲起话来不疾不徐，他们都在清华直博一年级，方政清在航院，李京洋在机械学院。丘铱可在清华苏世民书院读硕士，他为人谦和又难掩才气，隐约中有种"才子佳人，自是白衣卿相"的超脱感。

中学阶段有升学的压力，但他们眼中的清华附中，学习氛围浓厚的同时课外活动也很丰富。附中提供很多优质的资源，比如科学讲座、学者交流，尽管未必当场就能完全听懂，但那些诺贝尔奖得主说的话、科技前沿的动态依然流淌进了少年们的脑袋，影响了他们对未来的描画。"不能说是完全决定了职业，但是很大地影响了我们的选择。"（方政清）说来也巧，在他们升入高中部的 2015 年，恰逢附中百年校庆，附中开设了"高研实验室"。作为

---

① 王金羽：《聚在水木一团火，散自钱班满天星》，《水木清华》2023 年第 1 期。

第一批可以在自家高中感受科研的学生，他们几个都曾小试牛刀，学习体验了 Arduino 编程、基本的焊接操作、3D 打印建模等。这或许是他们最初有意识地体验科学探究。"我发现我们可能更集中地对科学这件事情有更深刻的认识。"（丘铱可）

时间若白驹过隙，4 个男生在 2018 年的夏末从隔壁的清华附中来到了对他们而言并不陌生的清华大学，开始了在钱学森力学班 4 年的学习，陈常青老师是他们的班主任。

马竟泽：热爱合唱也醉心天体物理

热爱合唱　在其他人闹哄哄的时候，马竟泽更喜欢安静地含笑倾听。其他三人喜欢叫他"小马"，马竟泽不比他们小，也没有矮多少，只是确实比他们瘦很多。刚入学时陈老师就嘱咐过他："清华有个特别好的传统——锻炼身体。"但是，大学 4 年唯一让他拿到 C 的必修课就是体育。倒也不是他不听话，有些事情不能勉强。在紧张的课程学习、科研训练之余，为了通过清华的体育测试，马竟泽也要坚持锻炼，只不过身体会有些负担。偏内向的他更喜欢用艺术调剂生活，"压力大的时候，一周会去一两次合唱队"。马竟泽 4 年的选课列表里有长长的一串艺术选修课："音乐中的文化""合唱艺术""音乐会合唱""西方音乐剧史""音乐剧排演""西方音乐史""不朽的艺术"和《红楼梦》导读"。一所大学的传统是一种扑面而来的氛围，可以选择任其呼啸而过、我自是我。马竟泽不是热爱奔跑的"小马"，是会弹钢琴、喜欢合唱的"小马"。

醉心天体物理　"马竟泽是真正喜欢科学的一个人。"（丘铱可）

马竟泽是 2018 年北京市高考第三名，从小热爱物理的他想试试不一样的培养模式，就来了钱班。现在看来，这里确实很适合他。"大一上的时候可能还比较紧张忙乱，但是大一下做 SRT 之后我开始更加认同钱班的理念——找到自己热爱的方向，所以就不太在意上课的成绩要怎么好，而是找到自己喜欢的方向去做。"翻看马竞泽的成绩单，那些让学生们在考试周"破大防"的数学课、力学课有明亮的 A 也有潇洒的 B，只有钱班特色的科研训练都是 A+。陈常青老师说："马竞泽在选择了一个研究问题后，就会很投入、非常专注。"

开启第一段 SRT 的时候，马竞泽和大多数上手真实科研问题的本科生一样，有点慌乱无措，经历了半年多的"水黾"研究后他得到一个结论："我好像对实验不太感兴趣。"不过指导老师田煜对这个肯钻研的学生很是用心，布置了一篇文献综述锻炼他查阅文献和英文写作的能力，这也促成了马竞泽本科期间的第一篇作为第一作者的 SCI 发表，投出去时他刚结束大二上学期的学习。

后来工科生转向了天体物理研究，是个有趣的故事。2019 年，马竞泽的表姐送了一本拍摄土星和木星的图集给从小喜欢天文的他。"我在里面看到土星的北极有一个正六边形的风暴，当时我就觉得很有意思，为什么一个风暴不是圆形的，而是正六边形，就像外星人做的一样。"马竞泽找到陈老师讨论这个问题，与此同时，还提了另外 3 个研究问题。陈老师告诉记者："其他几个我也照样布置任务让他都去调研了，我发现他关于土星环的调研最深刻，也许他自己内心最喜欢的就是这个。"马竞泽花了很长时间找导师带他，他给一些可能相关的领域的老师都写了邮件，直到清华物理系研究磁流体天体物理的楼宇庆教授回复了他。大二下学期，马竞泽和楼老师共同讨论后选择研究"具有随机横向磁场的超大质量恒星"。那半年居家上课的日子里，班里有同学用家中的浴缸做实验；学习"流体力学"也给马竞泽的研究提供了很重要的一个思维视角——"无量纲化"。除了这门挑战度很高的课程和钱班其他硬课，马竞泽那学期还为这项研究自学了广义相对论。

大三 ORIC 开题前夕，天文界发现了一个新的现象——引力波探测器探测到了以往认为不可能形成的一个非常重的黑洞——这也成为马竞泽的 ORIC 选题。马竞泽在此前研究的基础上，准备用一个更专业的天体物理软件去模拟整个恒星的演化。"当时清华没有什么人可以帮我，那个软件有一个邮件列表，可以发问题。我就在邮件列表里面发了几次不同的问题，有一个软件团队里面的人经常给我回复。"同时，马竞泽发现，软件的两位核心开发者都在德国马克斯·普朗克天体物理研究所（马普所），于是在大四联系 SURF 时询问是否可以在线做研究。后来才知道，回复他邮件的就是 SURF 研究组里的博士后，人家看了他问的问题觉得靠谱才愿意收。SURF 期间，他开始研究两颗恒星互相绕转过程中，向宇宙当中抛出的元素，相比于它们在单个恒星系统当中抛出去的元素有什么不同。马竞泽对这个研究方向十分痴迷，本科毕业后，他放弃了另一所美国名校，选择在马普所读博以继续这项研究。

"有一次在大巴车上，我看见小马在车窗上推导公式。"（李京洋）

大四 SURF 的同时，马竞泽也进行着大三暑研的收尾工作。他的暑研导师是美国内华达大学拉斯维加斯分校物理与天文学院的张冰教授，在张老师的悉心指导下，他完成了"具有有序磁场或随机磁场的相对论斜激波：切向场支配""磁化相对论性外流的反向激波形成条件：协调理论与模拟"两份研究。连同之前与楼老师合作的黑洞研究，马竞泽已经先后在最顶级的天文学期刊之一——英国《皇家天文学会月刊》（*Monthly Notices of the Royal Astronomical Society*，*MNRAS*）发表了 3 篇文章。他宛若一颗新星，横空出世、明媚耀眼。

方政清：学霸方导梦想成为航天人

学霸方导 "方政清是我们 4 个中最像北京理科优秀高中生的一个人。"（丘铱可）

方政清对自己的评价是"不太像钱班人"。钱班是一个公开不提倡刷绩点、追求考试分数的所在，钱班首席教授郑泉水院士不止一次强调，希望钱班能够"帮助学生找到热爱的方向"，郑老师期望学生能够有方向地、精深地学习，哪怕一学期只学好一门。如此看来，方政清大学四年的成绩确实很"不钱班"：

他本科期间修了 67 门课，只有 5 门没有拿到 4.0 分（满）的绩点（P/F 除外），5 门中还有 4 门是 3.6 分。需要强调的是，钱班的整体课程设计在清华的本科学习中处在非常难的那一档，能够始终保持拔尖的成绩，意味着方政清相当聪明且勤奋，甚至有点跟自己较劲。

初识方政清时，他因为投入准备考试而非常疲惫；那时他大三，回顾起大一两门 B+ 的"高等微积分"，他说："我们班的数分太难了，郑建华老师给我们讲的是一种'很数学'的数学。"（钱班的老师和学生们习惯称这门"高等微积分"为"数学分析"或"数分"。）也许，这种学霸人设是惯性，毕竟他从小就是"别人家的孩子"，追溯到小学，马竟泽都被发到过方政清六年级的笔记；"附中同届和下两级的人基本都知道我，因为考了太多次第一名。"他们班还有一个奖，名字就叫"超越方政清奖"。只是现在他有些遗憾，"当时的思想观念没转过来，现在我觉得有时间刷题，不如去谈个对象"，他挠着自己许久没剪的头发如此说道。

方政清在班主任和其他 3 人的叙述里，是一个很"正"的人。大一时他是钱班的班长；2021 级本科生入学之前，大四的方政清被委任为辅导员，他责任心强、有服务集体的爱心，因此 2022 级也由他来带。陈常青老师讲道："我当初跟政清说，希望他未来不仅成为航天领域顶尖的科研人员，还要成为帅才。"就在访谈开始前，方政清还在跟丘铱可关切地询问着"大一的数分成绩出来没"，后者是大一的助教。关心归关心，他没有把自己对好成绩的追求迁移到学弟学妹身上，作为过来人他更希望他们能在钱班提供的平台上自由探索。力 1、力 2 的学生如果因为兴趣找到方政清，他就会联系自己认识的相关领域的人给他们介绍、答疑。

梦想成为航天人　"我有一个非常朴素的信念：希望每个钱班同学，都能实现自己最开始的目标，或者说，每个人都有充分追逐自己梦想的权利。"（方政清）

4 个人当中最早有目标的人就是方政清。2018 年钱班还在航天航空学院，成为航天人就是他的目标。按照钱班人才培养的设计，学生需要在大学四年完成一系列进阶式的科研训练：大学生研究训练（Student Research Training，SRT）、开放创新挑战性研究（Open Research for Innovation Challenge，ORIC）、暑研、高年级学生研究员计划（Senior Undergraduate Research Fellowship，SURF）。大多数钱班同学会在 4 年里到不同院系尝试不同方向的科研。笃信自己会从事航天工程的方政清 SRT 和 ORIC 都是在航院郑钢铁老师的指导下完成的。在 ORIC 期间，他尝试把卫星的姿态控制方法用到汽车悬架振动控制上，还带领几名力 9 和力 0 的同学一起去内蒙古包头组装了一台车。可惜成果并不及预期，好在钱班 ORIC 注重的不是结果而是过程。

在大四的 SURF 期间，方政清在华为公司参与自动驾驶的研发，ORIC 期间习得的技能使他成为同组中最懂硬件的人，"组里除了我，没人会组装那些'乱七八糟'的东西"。本以为这一路工程研究项目经历会使他照着自己的目标继续笔直前进，可是三年前那个提到工程会眼睛放光的方政清如今有了新的想法，现在直博一年级，他说想试试理论研究。曾经因为确信自己更热爱工程所以对钱班学那么难的数分略有微词、只考了 B+ 不太开心的人，现在不仅觉得有用，还会主动去学更多。他的目标确定得很早，但是他的探索没有停止，如此说来，他还是"'很钱班'的钱班人"，是要在航天领域不停探索的钱班人。

李京洋：从"合格的"到"从容"过渡

合格的　"从某种程度上说，李京洋是我们 4 个中最正常、最有常识的一个人。"（丘铱可）

李京洋有一种努力但不强求的自洽。如果不是内心坚定，在同辈压力较大的群体里，很容易反复横跳于"内卷"或"躺平"两种状态。钱班的课程设置是出了名的挑战度高，进入大学之前，李京洋的妈妈在家长群里得知孩子未来可能面临的学业难度，跟他说："能顺利毕业就好，不要给自己太大的压力。"李京洋回忆这一段略略笑了起来。他总结本科4年，认为自己不是最典型的也不是最优秀的，只能算是一个合格的钱班人。

在钱班，想要合格并不容易。"我平时基本上是不出去玩的，到大四才偶尔会打一点游戏。"聊到刚来钱班的第一学期就学那么难的数学课，李京洋说他也很不适应。后面逐渐适应的方式就是投入时间，没有捷径。"我记得当时郑老师说过，真想学好单科，那课后可能要加上三倍于课上的时间。"但每个人的时间是有限的，所以钱班每学期的必修学分有上限，李京洋也逐渐摸索把握自己必须投入时间的"基础"是什么。

很有意思的一点是，李京洋特意给自己留了提升思维、深入思考的时间。他提到钱班荣誉学位的设计人之一——白峰杉老师的两门课程"学术之道""数学、科学与哲学沉思"给他带来的启迪。看他一本正经的样子，记者忍不住问这是不是为采访准备的。"这是心里话。前两天我翻了一下当时的课程作业，我的天，以我现在的角度审视自己，我已经没法再现上课时那种思维的跳跃性、活跃性了。"

"从容过渡" "我相信，京洋能够在自己规划的道路上走得特别好。"（陈常青老师）

高中时李京洋的动手能力就很强，他跟记者详细地描述了当年参加清华工科营时如何巧妙地实现泡沫塑料飞机的飞行挑战。刚开始 SRT 选题的时候，李京洋决定践行钱班的理念——多尝试，他选择了去郑老师组里参与最前沿的自超滑领域的研究，"计算、实验、理论这3个最主要的研究模式，我先锻炼一下第一个"。相比技能，这段科研训练留给李京洋印象最深的是郑老师对问题的关注，"我之后的研究也是类似于摩擦、磨损、黏附这方面的界面之间的物理相互作用，在郑老师这里相当于一个起始。"大三 ORIC 的时候，李京洋加入了机械系田煜老师课题组继续表界面方面的研究。不同于之前的计算，这一次他选择了实验，"ORIC 期间发现自己真的很喜欢做实验，就一直做下来了"。他跟这位喜欢细致地指导学生，甚至自己动手做实验的田老师很合拍，于是决定继续留在田老师课题组读博。

从本科生到博士生，李京洋表示是从容的过渡。因为自己大三的生活已经提前锻炼了抗压和平衡能力——一面是高强度的力学专业课程，一面是紧张的研究进展。那时候，他每周 4 天学习、3 天科研，几乎不休息。记者问他有没有后悔来钱班要过得这么"辛苦"，他说："我觉得坚持下来，收获更大。"尽管现在压力不小，但他很快适应了研究生的节奏，也不会感到迷茫或胆怯。或许在钱班，他习惯了接受挑战。他跟记者分享了最喜欢的单科课程——张雄老师开设的"有限元法基础"。李京洋觉得这是最能代表钱班的单科，不仅因为"张老师讲得很基础也很细致"，而且这是一门科研取向的课程，需要同学们"阅读文献、查阅资料，然后不断地摸索、尝试"，李京洋喜欢这种探索和挑战。钱班是他学术研究生涯的起点，不仅给了他科研训练的机会，还有视野。"四年里对我帮助最大的是郑老师一直在做的'今日与未来'，现在改成了 X-Idea，每次都会请不同领域的大咖老师来给我们讲前沿研究，我觉得打开视野非常重要，尤其是在不知道以后自己会从事什么的时候更重要。"在钱班学习很像爬山，有陡坡、有峭壁，可以选择的路途各不相同，但每个人都有自己的风景。

丘铱可：大神"不着急"

大神　"丘铱可的智商是碾压级的，他搞什么都能搞得好。"（方政清）

丘铱可是 4 个人中最早加入钱班的。2017 年冬天，清华大学举办了工科营，表现优异的学生可以获得相应的降分录取优惠，当年有学生才高二就来了，他就是丘铱可。"那次工科营体验非常好，所有一切都是我想象中大学应该有的样子。"丘铱可签约钱班不同程度地影响到了其他 3 个人：高三寒假，方政清和李京洋也报名参加了 2018 年冬天的工科营，并签约钱班；马竟泽也提到，高考之后是在丘铱可的宣传之下，才了解到钱班这个"不一样的地方"。不少同学是不确定要选什么专业所以来了钱班，而丘铱可是被钱班的培养理念吸引而来。他一直希望"用定量科学做面向未来的交叉研究"，2017 年的钱班向他展示出了实现理想的最佳可能——"一个以定量科学为基础的、让我们去探索不同科学方向的试验性本科项目"。

总有人能以一种明亮且温润的方式保持着优秀出挑。在同学们时常晕头胀脑的数分课上，丘铱可是为数不多能跟上郑建华老师思路还保持互动的。不过丘铱可没有觉得是自己有多聪明，"我就是在比较感兴趣的学科上可能会比别人想得更多一些"，"也并不是我投入的时间不多，而是我可以很简单、很享受地投入时间，比如下午 3 点 15 分下课，连着 6 个小时不吃饭，一直在图书馆坐到闭馆，就在那学数学。"力 8 在 4 年里有两任班长，大一是方政清，后 3 年是丘铱可。陈老师说起力 8 和这两名班长非常骄傲："我们班的氛围特别好，而且把学校几乎所有的荣誉都拿遍了，我是第一次当班主任，两个班长功不可没。"提到老师和同学们都很喜欢他，丘铱可还有点害羞："我希望通过一些班级活动、付出一些努力，用开心正面的态度享受人生中难得的 4 年。"

"不着急" "每次丘铱可换方向，我都无法预测他会转去哪一个方向。"（马竟泽）

在日益完善的钱班培养体系中，一方面是精深的课程学习，另一方面是进阶的科研训练。大多数钱班同学在几段不同的科研训练中会逐步找到自己的热爱和擅长，上文中的 3 人皆是如此，有人早些，有人晚些。丘铱可显得不太一样，4 年间不停转换着具体的方向，在旁人看来，其脚步变幻难以琢磨，似凌波微步，自成一派。

做什么样的科研？ "钱班老师认为科研这件事能给大家带来很好的提升，

我也很同意，但只有极幸运的少数人能在本科和对自己有重大意义的选题相遇，更多人或许只是在培养学习提出问题的能力，这是我对自己科研经历的反思。"丘铱可在本科期间先后涉足的科研领域包括：医疗机器人、6G 通信、量子技术和 AI。它们的唯一共同点也是丘铱可进入钱班时就定下的目标——"用定量科学做面向未来的交叉研究"——具体的不同，抽象的一致。探索这些赫赫有名的前沿科技领域极大拓宽了他的眼界，可他也意识到自己逐渐形成的研究兴趣与这些热点话题并不完全一致，他只好不断转身继续寻找。

为什么做科研？在体验不同研究方向的过程中，丘铱可本无意却有幸"体验到了钱班本科生科研的教育意义"，他发现钱班的老师们关注的是科研的过程有没有给学生们带来成长，"这种成长一方面是科研技能——如何去科研、如何去创新；另一方面是科研意义——想明白，到底为什么科研"。并且，丘铱可认为，去苏世民这样看似有些偏离传统的决定，"只有钱班老师会支持我"。事实上，在读本科以前，丘铱可没有对大学老师有太高的期待，遇到钱班这些能让他真切感觉到教育关怀的老师，对他而言是意外的惊喜。他告诉记者，首席郑老师的言传身教，潜移默化地教给他学者的定义与责任；与徐芦平老师就科学与技术的讨论，让他追问自己向往研究的缘由；班主任陈老师对生活与学业的指点，带他走向了更成熟的生活方式；与项目主任何枫老师办公室中的长谈，使他在快速成长的同时坚定初心；白老师课上对思考的鼓励，开启了他对创新的系统探索；与心理系孙沛老师的咖啡咨询，让他以人生作为尺度积极地度过每一天。因此，钱班的老师们让他有一种被期待的勇气——敢于"逃离"大部分清华优秀本科生的读博惯性，在一个更多元、"偏人文社科"的场域里去关注并审视这个前所未有的时代中科学与研究的社会意义——这是他心目中"比较现实的理想主义"。丘铱可非常崇拜作为战略科学家的钱学森，钱老本科毕业出国留学之前就在国内考察了一年。"钱老是人类贯通科学到产业的先驱者之一，这离不开他对时代与科技的深刻认识。"

丘铱可坦承，自己这4年走出来的是非典型本科生科研路径。"并不是所有本科生都需要像我一样为了一个抽象的目标努力。"丘铱可是特殊的，也是坚定的。很多人可能并不理解他的选择，但是他并不着急，他说："熟悉我的人都知道我其实是一个急性子，显得'不着急'全靠钱班老师有耐心，他们从来就不是以短期或者功利的目的去看待我们的科研、成长，我很幸运。"2017年冬天，一个怀抱梦想的高二学生与钱班相遇，希望在这个本科试验项目里获得滋养自己的养分。现在的丘铱可对自己少年时的愿景依旧坚定，这或许是他所谓幸运的原因。愿理想主义之花盛放。

几砚昔年游，于今成十秋。从钱班毕业的那一年，是这4名同学人生轨迹并行的第十年。从清华附中到清华钱班，他们鲜明的性格、不同的理想、各异的选择偏好都被近乎完整地保留。"我感觉我们每个人，都没怎么变。"（马竟泽）"就算有人4年不见我们，依旧可以很快认出来。"（李京洋）"我们性格还跟刚上大学的时候一样，是4个大小孩。"（方政清）"相当于是到现在为止还没有被迫因为生活的压力而被动地改变自己的行为准则，我们只是主动地探索一下自己到底是什么样。"（丘铱可）人海如宇宙浩瀚，可能并行也可能渐远。但远隔万里依旧会彼此挂念，宛若遥相闪耀的星星。方政清会懂得丘铱可，"其实对于自己未来想要什么，你早就做好选择了，哪怕有再多困难"。丘铱可会担心马竟泽，"我听说德国吃肉比较多，害怕小马肠胃受不了"。马竟泽会关心李京洋，"你一定能在田老师实验室做得非常好，但是要注意休息，别太劳累"。李京洋会提醒方政清，"我知道你有当总师的梦想，要尽早入手"。未来的他们不会再在同一时间骑车穿越学堂路、晚上走回同一栋宿舍楼；但是他们彼此邀约着在欧洲碰面，或者趁仍在学校的日子晚上去紫荆一起吃个饭。春草明年绿，江湖饮一杯。

访谈最后，话最少的马竟泽忍不住跟其他三人分享自己的感受，在德国更高强度的科研环境中，他发现在某一个领域做到最顶尖是非常难的，"就算有一天想离开也没有什么，不用看得太重，人生还有其他很多有趣的事"。他希望大家用平常心、纯粹的好奇心去对待科学，就像这4年在钱班一样。

后记

癸卯花朝，江头青柳伴东风送桡。本期故事定稿前夕，4位主人公与钱班首席教授郑泉水院士进行了一次对话交流，探讨本科岁月里的得失与反思，展望可期的未来。仅以拙笔，实录之。

郑老师：我看了你们的故事，很高兴大家能够在钱班保有自己的个性和理想。我也希望通过这个系列的学生故事，激发更多的学生寻找自己的路，不只是在钱班。这对未来的中国，特别重要。我在想，或许我们可以一起构建更广阔、开放的平台，邀请全球顶尖的老师参与到学生培养中——这个平台暂时就叫"大钱班"吧，你们觉得怎么样？

丘铱可：我非常希望继续叫"钱班"，让我们有更多优秀的学弟学妹一起奔赴理想。这次对我们4个的群像描写也让我发现我们之间的差异确实非常大，但是我们的关系又非常好。我心目中的钱班就是这样——大家都有不同的方向，同时也有共同的经历，并且受到真正关心我们教育的老师的指导，使得我们可以在毕业之后仍保持着很好的联系。以我个人来说，我很感谢郑老师愿意推荐我来苏世民书院读1年硕士，这段时间我思想上有很多触动和变化。我发现苏世民书院的同学有一个很明显的特征：在大学毕业前后，对自己的职业发展进行了非常坚定的抉择。在坚定的抉择之后，他们会整合、利用身边的资源来发展自己的所需、所想。最重要的是，匹配到一个适合的导师可以帮助自己在三四个月的时间里就走到一个新的阶段。所以，郑老师说"大钱班"这件事确实让我非常兴奋，如果真的可以在高中阶段或者大学阶段，跨越国境、学校，让学生得到最好的指导，那么是有巨大意义的。我真的非常期待。

郑老师：铱可本科期间在科研上做了很多的尝试，我感觉你还没有找到让自己心动得不得了的事情，所以我支持你去苏世民继续寻找。钱班的教育，就是不限制大家，我们虽然是力学基础，但是竟泽一样可以"跑到外星"去；京洋在我组里探究了很长一段时间之后，也可以换一个地方、换一种路径再探索。我希望同学们尝试研究，可是如果找不到感觉，也很正常。钱班期待学生能够成为创新人才，创新人才就要有所突破。突破有两种，一种是盯着一个问题把它无限钻研下去，像竟泽一样；一种是迅速把很多知识整合在一起，使其效率最大化。我就不属于第二种人，每个人天赋不一样嘛。但是我们聚在一起，钱班的生态就很多样化，同学们在这样的生态里可以更好地成长。

李京洋：钱班的生态确实是我特别喜欢的，郑老师想把钱班的模式扩大，我觉得是很大胆的想法，我相信如果成功了对于更多的学生来说是一件极其有益的事情。我自己读博之后，体会最深的一点是——并不是所有的课程都像钱班的课程一样由那么负责的老师用心去打磨。我在想，如果我们构建一个惠及更多人的开放的平台，是不是也可以把钱班的课程体系作为一个基础，辐射更多的大学生。另一方面，如何把我们钱班的模式进行推广——用我们的这套人才培养体系的逻辑，让全国各种各样大学的学生都能够放飞理想和潜能。

郑老师：我理解京洋说的课程体系其实不是知识本身，是老师，对不对？钱班的课程设计理念是减少总学分、加大挑战度——实现精深学习，这一理念在清华现在已经逐步形成了共识。但是，面向未来，更大的挑战不在于课程体系，而在于好的老师。好的老师不仅传授知识，更能够帮助学生打开视野。京洋提到的"今日与未来"系列就是在打开大家的视野，希望你们能够有心胸、有志向、有担当。

方政清：在好的老师和视野这一方面我有一个很重要的经历要分享。我在附中念书的时候，有一次听诺贝尔奖获得者和薛其坤老师的一个讲座，当时薛老师用非常通俗易懂的方式给我们讲了高温超导，令我印象深刻。我觉得一个人创造力、好奇心最旺盛的时候就是中学的时候，这个时候如果遇到很好的问题、很好的导师就能够影响人生的规划和方向。我认为一个好的老师，不仅要让学生能够明白、理解知识，而且不会减损学生的想象力。我当辅导员以后，发现很多刚进大学的学生想法会更天马行空，我认为好的老师要尊重这些可能不成熟、很天真的想法，不能让学生丧失这种能力。

郑老师：我同意政清的想法，一个人知道得越多，可以想象的空间就越小。想要始终保持在"无知"的状态，是很难的。我们希望能够培养学生的创造力，其实这需要学生保持一种"无知"、一种好奇。如果自以为知道了，就会不自觉地忽略，从而失去了探讨和发现的机会。未来，我们说不定可以多邀请一些诺奖获得者，来分享他们研究发现的经过。或者邀请诺奖获得者和我们的小朋友们一起"玩"，在感兴趣的领域一起"探险"。

方政清：我觉得这个想法很好，听起来非常有意思，我很期待参与一次这种活动。

郑老师：如果有机会你就第一个来参加，好吧？

方政清：好啊！

马竟泽：刚才说了很多课程和老师，我再说说其他方面的想法吧。我可能是不太喜欢上课，我比较喜欢做科研。所以对我而言，课程体系不是最重要的东西，最重要的是我怎么样能找到一个自己真正喜欢去做的东西。钱班这么多年，并没有人去天文领域，很大程度上是因为我们平常讲座一类的活动还是偏向于工科，并没有一个人或者一个非常好的老师来讲天文相关的东西去激发大家的兴趣。其实胡脊梁学长是一个很好的例子（本系列之二故事人物），他带动了好多老师来给钱班学生讲课、好多钱班学生去做生物力学方向。所以我毕业之后也在想，能不能建立天文系与钱班的联系。或者在更大的层面上来看，有一些钱班学生去做了跟工科不太相关的东西，他们都可以跟学弟学妹们讲一讲自己的领域。未来能不能发动一下钱班在各个领域的毕业生，去找一些他们领域里有兴趣、有志向教育学生而且有能力的老师，邀请他们来给钱班或者更大范围的学生分享他们的研究方向，从而激发大家的兴趣、拓展视野的宽度。

郑老师：我觉得四位同学说得都特别好，竟泽所说尤其给了我很大启发。希望我们钱班每一位同学都成为"下一个胡脊梁""下一个马竟泽"。之前我提出了最前沿、可交叉的三大领域：纳米与界面、生物与医药、信息与智能，现在我认为还应该加上：深空与深海。探索宇宙可能是最容易引起小孩好奇心的，而且还可以把钱学森先生空天探索的遗志继承下来。竟泽的想法跟我不谋而合，给我带来更多的维度，我们以后一起来把这个想法落实。

附件 6

从星星之火到燎原之势：拔尖创新人才培养的范式探索

前注｜本附件同名原文① 线上发表于 2021 年 5 月 26 日，记载了零一学院初创者们的基本想法和理念。

1 产业革命——"两个大局"实现破局的关键抓手

在过去200年间，中国的历史走出了"U形转折"的轨迹。由于接连错过两次产业革命的机会，中国国内生产总值（GDP）占世界总量比重，由1820年的1/3下降至1950年的不足1/20，这使得中国近代饱受屈辱欺凌。新中国成立之后，在极低起点奋起直追，接连完成了前两次产业革命的"补课"，并抓住机遇，在第三次产业革命赶上了"末班车"。

过去3次产业革命都具有时空不均衡性的共性规律。

在空间上，产业革命往往在某个国家的特定地区首先爆发，然后再逐渐向外扩散，导致地区乃至国家力量对比发生显著变化。第一次产业革命首先爆发于英国曼彻斯特，几十年后才扩散到欧美各国，这导致英国一跃成为世界霸主。第二次产业革命首先爆发于美国五大湖区和德国西部的鲁尔工业区，这导致美国、德国、英国之间力量对比发生深刻改变。第三次产业革命爆发

---

① 郑泉水、徐芦平、白峰杉、张林、王民盛：《从星星之火到燎原之势：拔尖创新人才培养的范式探索》，《中国科学院院刊》专刊"建设世界科技强国"2021 年第 36 卷。

于美国西部的硅谷，这导致美国的加利福尼亚州如果可以算作一个独立经济体的话，将成为继美国、中国、日本、德国之后世界第五大经济体。

在时间上，在较长时间低速发展之后，多个关联产业突然在短时间内出现爆发式发展，新技术和新商业模式大量涌现，呈现出"技术爆炸"的态势。例如，在1905年合成材料首次取得突破后，上千种塑料在很短时间内被快速发明出来，但在此之前，人们对于有机高分子材料没有任何概念。

当前，在"两个大局"的背景下，复杂的国际博弈正处于微妙的战略平衡点，第四次产业革命的到来将必然打破这种平衡，成为历史的"分水岭"。中国能否在宝贵的时间窗口内，实现关键技术"从0到1"的突破，抢占第四次产业革命制高点，将成为实现中华民族伟大复兴，在世界百年未有之大变局中掌握主动权的关键。

2 范式突破——产业革命对科技创新人才的要求

产业革命，意味着对现有产业范式的突破。所谓产业范式，是指一旦取得"从0到1"的关键技术突破后，人们围绕现有技术不断探索最佳实践，形成相互依赖、彼此加强的技术－经济－组织范式，成为行业人员熟练掌握的公知常识。人们的思维往往陷入如何对现有范式系统进行改进的惯性当中。而且，已经获得的成果越丰硕，人们的思维惯性也越大，也就越难取得突破，并导致相当长时间内技术进展十分缓慢。一旦下一次新的"从0到1"的关键技术突破实现之后，大量研发人员又找到了突破方向，取得创新技术成果就变成显而易见的事了。

在20世纪70年代之前，电子和半导体产业已经发展了相当长的时间，很少有人想过利用这些产业基础去进一步研发用于家庭的个人电脑。原因在于，业内已经形成了一个根深蒂固的"公知常识"：计算机的作用是提升对海量数据的计算效率，只有大型专业机构才有这样的需求。美国西部硅谷的史蒂夫·乔布斯、比尔·盖茨等打破这一"常识"，探索出软硬件分离、界面图形化等全新技术方向，从而引爆第三次产业革命。美国东部研发中心"128高科技公路"（128 High-tech Road）坐拥麻省理工学院、哈佛大学等传统优势科教资源，仍然沿着旧范式发展，因此使得美国由原来的东西并立的科技"双子星"变成西部硅谷一家独大。与此同时，苏联由于未能实现范式突破，虽然同样投入了大量研发资源，最终在国家级的科技较量中落败。

上述事实告诉我们，产业革命的爆发一方面依赖特定地区相对丰富的产业要素，即一组相互依赖的产业链和配套基础设施；另一方面，又必须远离上一次产业革命的成熟地区，尽管后者的产业要素可能更加丰富。产业革命的上述特征还导致如下结果：尚未引爆产业革命的国家与已经引爆产业革命的国家相比，虽然同样投入了大量研发资源，但是创新成果产出却存在数量级的差异。

历史经验表明，能够实现"从0到1"范式突破的科技创新人才，是引爆产业革命的关键。他们普遍具备3个特征：

（1）与当时的前沿产业密切接触，能够面向前沿"无人区"提出重大技术问题；

（2）能够创造性地突破原有技术－经济－组织范式，构建创新的解决方案；

（3）在作出重大突破时大多处于20~35岁的"黄金年龄"，既具有必要的经验和知识积累，思想上又没有被现有范式所束缚，敢于异想天开，挑战权威。

3 "钱李之问"——实现范式突破的关键矛盾

产业革命呼唤能够实现"从0到1"范式突破的创新人才。但是，我国现行的教育和科研体制却与上述要求严重脱节。虽然在该教育和科研体制下产生过少量国际公认的顶尖科学家，如陈景润、屠呦呦等，但始终无法成批地涌现顶尖创新人才梯队。其根源在于：该教育和科研体制是在我国作为后发国家追赶国际先进水平的历史条件中形成，运用标准化教学来解决教育效率与公平兼顾的问题，导致我国培养的人才更擅长在现有范式下解决已知问题，而不是实现范式突破。

16年前振聋发聩的"钱学森之问"，直指现行的教育和科研体制的缺陷：教育方面，以应试为核心的升学体系，不断强化学生的思维定式和成长过程中的短期激励，从而压制了年轻人的长期兴趣和突破既有框架的勇气。科研方面，研发资源向"功成名就"者倾斜，"功成名就"者通常不喜欢风险，更愿意研究与他们当前专业知识相关的主题，这限制了他们创新的潜力；科研基金需要确定性研究成果，因此原有范式下的细微改进更容易获得资助，而真正可能产生"从0到1"的范式突破则鲜有关注，甚至遭到抑制和扼杀。教育和科研体系的分块管理，导致最需要相互配合的拔尖创新人才培养与"从0到1"范式突破式创新之间脱节，未形成相互促进、教研相长的格局；还导致人才成熟期过长，当人才真正投入科技前沿研究时，已经错过了可能实现范式突破的"黄金年龄"。

除此之外，中国尊重权威、服从体制的文化传统也更倾向于在现有范式下的改进，抑制范式突破的发生。中国虽然在农业时代长期保持全球范围的技术和经济领先，从宋代开始就已经具备触发第一次产业革命所需的棉纺、熟铁加工、煤炭等产业条件，以及运河等基础设施，但是中国却迟迟未能实现范式突破，错失了重大历史发展机遇，由此引发著名的"李约瑟之问"。

从"李约瑟之问"到"钱学森之问"，实质是同一个核心问题：如何培养能够实现"从0到1"范式突破的创新人才，并建立高质量创新人才培养的长效机制。这不仅是关系到"两个大局"如何破局的关键问题，更是关系到中华民族百年大计甚至千年大计的重大命题！

为回答上述命题，笔者经过长期的理论摸索和实践总结，认为需要做到如下3个方面。

"问题－天赋－教练"三要素长周期高水平的汇聚

拔尖创新人才的涌现与产业革命的爆发之间存在高度相关性，笔者从中归纳出创新人才培养模式："问题－天赋－教练"三要素的长期高水平聚合。

所谓问题，是指时代前沿产生的、看上去"不可能"解决的巨大"痛点"，以及青少年头脑中冒出来的超越时代、异想天开的"点子"，两者相互共振，形成面向关键前沿产业的"无人区"的重大技术问题。

所谓天赋，是青少年对该类问题抱有极大的探索激情，以及具备必要的创新潜质（包括开放性、智力、坚毅力、专注力、领导力等）。

所谓教练，即在"从0到1"创新上富有经验和示范作用，发自内心地支持青少年探索"不可能问题"，并能够持续提供指导和帮助的杰出导师。

相较于现行教育和科研体制，上述人才培养模式实现了范式突破：

（1）打破了产学研之间的藩篱，在面向产业需求的重大科研命题中培养创新人才，让青年人才在实战中成长；用精神和物质双重激励，激发青年人才内心最强烈的探索激情。

（2）打破了现有科研体制中，导师确定研究方向，学生进行课题研究的固有范式；由敢于冒险、勇于挑战"无人区"的青年人才提出问题，富有经验的导师提供经验和知识指导，由此打破范式创新中既需要丰富经验和知识支持，又需要突破思维惯性的"两难"悖论。

有助于引爆产业革命的产业环境

创新人才培养的地点选择对于推动产业革命至关重要。该地点必须拥有较好的产业基础，又不能被已有的技术－经济－组织范式影响太深，具备比较强的创新文化氛围。青年人才能够既与产业创新实践密切互动，了解产业创新发展动态，从中获得启发，形成牵引"从0到1"创新的挑战性问题；当孕育出可落地的技术项目时，又能便利地打通从研发到商业化的完整链路。

有利于实现范式突破的政策环境

若想实现范式突破，营造鼓励探索与尝试的配套政策环境极为关键。40年前，深圳经济特区正是通过解放思想、实事求是，在原有范式之外闯出了一条新路，带动了中国改革开放并取得了光辉成就。因此，应充分发挥深圳作为创新先锋的光荣传统，继续坚持解放思想和实事求是相统一，积极探索有利于实现"从0到1"范式突破的创新人才成长的良好环境，让深圳成为第四次产业革命爆发的起点。

4 十年探索——清华钱班的突破、启示和面临的挑战

创建于2009年的清华钱班，是"清华学堂人才培养计划"暨教育部"基础学科拔尖学生培养试验计划"（又称"珠峰计划"）唯一定位在工科基础的实验班，其使命是发掘和培养有志于通过技术改变世界、造福人类的创新人才，探索回答"钱学森之问"。

1）突破

经过10余年的实践和探索，清华钱班归纳总结出"三要素汇聚"（问题 – 天赋 – 教练）为核心抓手，辅以进阶研究 – 精深学习体系的人才培养模式。经过10余年的不懈坚持，清华钱班创建的大工科创新人才培养体系颠覆了传统的本科教育模式，取得了拔尖创新人才培养范式"从0到1"的突破。清华钱班的毕业生在清华大学、美国麻省理工学院等世界顶尖高校和华为技术有限公司等顶尖高科技企业中赢得了声誉；同时，清华钱班模式还带动了国内一流高校和中学构建创新时代的培养体系。

清华钱班模式，本质上是一个基于重大挑战性问题的全球开放式拔尖创新人才培养体系。清华钱班师生通过10年不断迭代演进，创建了"进阶式研

究学习系统"。借助这个系统，绝大部分学生都可以找到对之充满激情或为之痴迷的重大挑战性问题，实现自主精深学习。全球顶尖高校或科技企业内杰出的、有经验的导师也主动聚集，帮助学生破解问题、实现共赢，从而取得拔尖人才培养模式的重大突破。

2）启示与经验

清华钱班的10年实践，沉淀下来两个重要启示：

（1）只有高度自主，才能持续推进教育模式底层创新。清华大学坚定地赋予清华钱班首席教授高度的自主权，保障清华钱班得以快速试错，成就颠覆性创新；"珠峰计划"持续稳定的资金支持，保障了清华钱班得以基本独立的运作。

（2）只有充分开放，才能极大汇聚拔尖培养核心要素。通过纵向打通基础教育与高等教育壁垒，横向汇聚国内国际高校、科技产业顶尖培养资源，在激发、鉴别和培养拔尖人才的能力上实现了质的飞跃。

清华钱班的10年实践，总结出4条可以推广复制的经验：

（1）创新人才培养需要突破分科限制，特别是不要过早走上专科培养的道路，让学生具备多学科交叉、文理综合的背景和视野。

（2）千方百计让学生接触产学研前沿的重大问题，引导其将个人的人生追求与重大问题相互共振，进一步激发其探索欲望。

（3）导师与学生不是师傅带徒弟的关系，而是导师以顾问和研究伙伴的角色出现，鼓励学生大胆探索前沿未知领域；为防止导师自身的研究视野限制，可以由不同背景的导师组成导师团，创造跨学科讨论研究的学术氛围。

（4）建立面向创新能力提升的正反馈激励机制，弱化原有的考试检验机制，代之以中长周期评价。

清华钱班模式具有很强的可推广性和可增强性，若能发展壮大，甚至可以在不远的未来牵引全社会从应试教育向创新人才培养的转型，最终实现普遍性创新人才培养（"青藏高原"）到顶尖创新人才涌现（"8000米以上高峰"）的联动。从2020年9月起，继续保持清华钱班原有建制的同时，在清华大学校内进行钱班模式的推广，已经在约1/3的本科新生中推广试行"三要素汇聚"陪长模式，扩大拔尖创新人才培养的规模。2020年12月起，清华大学筹建零一实验室，统筹校内创新人才培养相关工作。这是拔尖创新人才培养范式从"1到10"的拓展。

3）面临的挑战

尽管已经取得一些初步的成绩，若将拔尖创新人才培养范式持续推进，真正建立高质量创新人才培养的长效机制，仍然面临四大挑战：

（1）相当一部分最具创新潜质的学生（未来的"爱因斯坦""钱学森""马斯克"们）高考分数不够进不了高水平大学，这会极大影响拔尖创新人才的选拔视野，也难以牵引中小学基础教育向创新人才培养倾斜。

（2）目前的教育和科研评价机制偏重于现有范式下的短期考核，缺少范式突破所需的长线评价和开放性思维，更缺乏"从0到1"创新早期成长所需的正向反馈，使得范式突破的"星星之火"，难以形成改变产业格局的"燎原之势"。

（3）创新人才的培养依赖面向产业前沿的重大问题，校内环境与产业实践距离太远，难以实现产业需求与学生探索激情之间的协同共振。

（4）需要首席教授和多学科优秀年轻教师团队高强度、长周期的投入，但我国目前教育和科研体制很难形成有效的制度支撑。

5　全新机制——深圳零一学院创新人才培养生态

支持深圳建设中国特色社会主义先行示范区，是习近平总书记亲自谋划、亲自部署、亲自推动的重大国家战略。深圳作为一座年轻的城市，一方面具有极好的创新氛围和完备的先进高科技产业基础，深圳本地涌现了一批如华为、腾讯、大疆、华大基因等世界顶尖公司，这些公司为实现持续的技术引领正不断地探索世界级的尖端问题；另一方面，深圳在高等教育领域所具有的后发优势，使得这座城市较少历史包袱，有望轻装上阵，成为我国拔尖创新人才培养体系的先行先试之地。

经过近 1 年的研讨，深圳市党政主要领导于 2020 年 8 月底决定，大力支持中国科学院院士、清华钱班首席教授郑泉水教授及其团队创建深圳零一学院，并与香港科技大学李泽湘教授一道，探索科技创新与创业的协同发展，旨在孕育一个全新的创新创业拔尖人才培养机制。"零一"，不仅意涵着"从 0 到 1"的创新，也代表着人类文明从物质时代到数字（信息与智能）时代的历史性转折。

深圳零一学院可以看作与清华大学零一实验室并行且互补的、拔尖创新人才培养范式"从 1 到 10"的拓展基地。清华大学零一实验室作为高校体制下拔尖创新人才培养范式探索的试验田，零一学院作为深圳这一科技创新高地与高校体制之间的桥梁，在更广阔的空间孕育多方共建、相互促进、相互补充的拔尖创新人才培养生态。

所述拔尖创新人才培养生态在制度设计上的突破点包括：

（1）通过长期过程性综合测评，每年选拔最具创新潜质的 200~300 名高中毕业生，获得深圳零一学院的学生研究员（student fellow）资格。

（2）这些学生研究员同时通过现有高等教育招生体系进入各个高校，成为现有高校体制下的学历 – 学位学生；由深圳零一学院牵头与其学籍所在高校一起，对他们实现"基于重大挑战性问题的开放式拔尖创新人才培养"，吸引全世界最顶尖的科学家、教育家加入培养过程。

（3）实现逐年淘汰 – 补充，最终约 50%（100~150 名）的学生研究员在获得所在高校的学历 – 学位证书的同时被授予深圳零一学院荣誉毕业证书。

深圳零一学院不是传统意义上的大学，而是一个纵横开放的网络平台。

纵向上看，深圳零一学院上接顶尖企业，下设零一学校向中小学延伸，打通创新能力养成、创新人才选拔和培养、创新项目落地转化的全链条。横向上看，从各地高校统一选拔出的深圳零一学院学生研究员，保留在所属高校的学历和大部分培养环节，通过深圳零一学院统一的进阶式研究学习系统，实现最强的"三要素汇聚"。

深圳零一学院构想一经提出，就得到了社会各界的热烈响应，已经与多所高校和企业合作，启动试点，包括美国麻省理工学院等全球顶尖高校，国内10余所一流大学、几十所顶尖中学，以及华为、大疆、华大基因等具有优秀创新基因的公司。

然而，尽管社会各界积极响应和支持，但是在推动执行过程中，无论是清华大学零一实验室，还是深圳零一学院，仍然无法完全依靠基层组织"自发"推动；诸如与产学研各界的合作，在所能调动的资源范围和造成影响的深度和广度上，都难以真正达到建立高质量创新人才培养长效机制的要求，更难以适应我国实现抢占第四次产业革命制高点这一历史任务，以及对拔尖创新人才培养的迫切需求。深圳零一学院的事业如果要真正产生机制性的突破，需要国家在战略全局的高度上给予规划和指导。

6 纲举目张——拔尖创新人才培养机制的具体建议

要形成拔尖创新人才培养机制"纲举目张"新格局，我们认为需要做到"一坚持、二构建、三牵引"。

"一坚持"，即充分利用我国的制度优势实现"纲举"，将拔尖创新人才的培养纳入国家人才培育体系。在中央层面成立拔尖创新人才战略委员会，打通人事、教学、科研、产业方面的领导职能，建立绿色通道和政策特区，从"两个大局"的战略高度，以面向第四次产业革命的全局视野，加强拔尖创新人才培养和"从0到1"创新必需的长周期政策与资金支持，在预先给定的边界内授予充分的自主权，持续推进清华大学零一实验室与深圳零一学院不断试错和机制创新，实现快速迭代。

"二构建"，指构建面向"从0到1"创新的生源选拔机制和培养机制。

（1）构建以创新潜质为主要指标、兼容现有高等教育招生体系的全新选拔机制。由深圳零一学院主导在中学期间选拔培养拔尖创新人才苗子，避免应试教育对其发展的压制。在高考节点上，通过全体加盟大学所形成的高考录取分数"宽开口"，避免高考对于拔尖苗子的错误筛除。给予深圳零一学院一定的硕/博研究生名额（100名/年）及配套支持，而深圳零一学院可以根据实际情况在国内外选择最合适的导师。

（2）构建以学生挑战创新问题为主要抓手、吸引全球顶尖高校和企业导师深度参与的颠覆式培养模式。在国家重大基础研究和重大攻关项目中，增加与拔尖创新人才培养相关的专项或子项。在教育部、科学技术部、国家自然科学基金委员会等部门，调拨或增列拔尖创新人才培养与"从0到1"创新深度融合的重点和重大实验室体系。以清华大学为代表的各个高校重点实验室和以华为技术有限公司为代表的创新企业的研发实验室，可以率先纳入这一实验室体系，成为深圳零一学院的拔尖创新人才培养基地，以吸纳全球顶尖的教授及其团队。

"三牵引"，是指通过重构评价体系，实现对深圳零一学院顶尖教授及其团队的公允考核。给予长周期（如10年）稳定的国家和地方财政支持；每5年作一次综合评估；资金按年度一次性划拨，深圳零一学院自主实施，取消中间多次的审批、检查、评估等环节。主要考量拔尖创新人才培养"三要素"的聚合效能，以开放性、长周期产业价值为导向，评价其对教学、育人和创新的投入。以此牵引基础教育向创新人才培养转型，牵引研究生和青年学者从现有范式下获得确定性研究成果向挑战"从0到1"创新转型，以及牵引顶尖科技企业和卓越创投等社会资源共同参与拔尖创新人才培养。

深圳零一学院不是一座"孤岛"式的高校，而是一个长周期、跨地域的拔尖人才培养网络的初始节点，目的是与各个高校、企业、创投基金和国家重点实验室共同建立拔尖创新人才培养生态。在中央的支持下，深圳零一学院可望具有高起点，并在较短时间内进入一个螺旋式上升的循环，迅速成长；在全国范围内增建若干个紧靠当地产业资源、面向重大产业问题的深圳零一学院镜像节点，同时形成示范性的"鲶鱼效应"，牵引整个教育体系的目标逐步向创新人才培养转变。坚持10年，可望形成一个引领全球的拔尖创新人才培养新范式，极大有利于我国培养众多科学大家和杰出人才，为源源不断地产生"从0到1"创新提供制度保障和优秀实践，从而为应对世界百年未有之大变局，以及实现中华民族的伟大复兴提供强大创新动力！

启示和思考总录

第一部分

启思 1　激情，是开启潜力爆发和茁壮成长的金钥匙，是第一关键要素

启思 2　生态，是呵护创新型学生生存和鼓励创新型学生爆发的第二关键要素

启思 3　找到激情很不容易，需要宽容和从容

启思 4　要让人才脱颖而出，破格是必要的和可能的

启思 5　科技企业的大问题，往往更能点燃创新的激情

启思 6　培养人才的普遍方程式：发掘—破格—放飞—榜样—支持

启思 7　真正好的教育，是爱与善意的传承，让我们行动起来吧

启思 8　"短板"出"长板"，家贫也能出英才

启思 9　"好老师"遍地有，就看你是否会问问题

启思 10　千里马常有，伯乐难做到

第二部分

启思 11　初心与使命的力量是无穷的

启思 12　颠覆性创新要从志同道合者"小众"开始，不要期盼大家都支持

启思 13　几乎所有取得杰出成果的人都具备三要素：非常聪明，非常努力工作，非常幸运

启思 14　从学习到研究是一个"化蛹成蝶"的过程，需要经过长时间的思维蜕变

启思 15　复杂体系中，创新往往源自不同背景的思想碰撞和涌现

启思 16　千里马 – 伯乐"反问题":聪明且充满激情的学生,遍天下有好导师

启思 17　对充满激情的学生,鼓励自主学习和学少学精

启思 18　以创新牵引成长的教育,颠覆了许多传统的认知和做法

启思 19　创新常常发端于简单的实验室和"意外",来自"界面"

启思 20　教育的成效,特别是教育创新生态和文化的孕育,是急不来的

启思 21　中西方文化融合的生态,是可以形成,并成效显著的

启思 22　在创生教育下,人人可以避免"内卷""痛快"地冒长

启思 23　观念的改变或思维的破界,往往需要经历"惊讶"的体验

第三部分

启思 24　为什么应试教育对思维成长会造成深远的伤害

启思 25　让一部分人先"创新成长"起来吧

启思 26　创建零一学院的最大幸运,是恰逢最好的天时、地利和人和

启思 27　唯有具备坚韧不拔的精神,方能实现零一学院的使命与愿景

启思 28　A 通道与 X 通道——高原与高峰的有机结合

启思 29　榜样的力量是无穷的——再看让一部分人先"创新成长"起来

启思 30　融合东西方文化精髓,为了全人类命运共同体的可持续发展

后 记

2018 年年底，在筹备将于 2019 年 7 月举办的钱班 10 周年庆典时，清华大学副校长兼教务长杨斌向我和钱班核心团队提出了一个问题："钱班的实践是否能够总结出一个可推广的模式？如果可以，这个模式适合在多大的范围推广？"面对这一充满挑战且深具意义的问题，我在为《求索创新教育，筑梦共赢未来——清华学堂人才培养计划钱学森力学班十周年纪念文集》撰写序言时，详细阐述了我的思考与回答，文中标题为"十年寻心，任重道远"。

自 2020 年秋季学期起，在时任清华大学党委书记陈旭和校长邱勇等领导的推动下，钱班模式的核心要素，如进阶研究、精深学习以及大幅度降低学分要求等，开始在清华大学得到广泛借鉴和推广。这一探索不仅赢得了认可，还推动了全国另外十多所"双一流"高校的力学学科进入了国家"拔尖计划 2.0"阶段。

2021 年 5 月 26 日，《中国科学院院刊》在其"建设世界科技强国"专刊中发表了我们撰写的文章《从星星之火到燎原之势：拔尖创新人才培养的范式探索》（见附件 6）。该文记录了零一学院初创团队的基本想法和理念。为了促进这篇文章的写作，包括 20 多位中外院士在内的科技界和教育界知名人士参与了近一年的多次研讨，这些讨论为文章提供了重要的理论支持和实践经验。

2023 年 3 月 29 日，教育部部长怀进鹏专门听取了我代表团队所做的清华钱班和零一学院的情况汇报，并鼓励我们系统总结这些成功经验。随后，清华大学党委书记邱勇老师等校领导建议我们利用即将到来的钱班 15 周年庆之际，对钱班模式、实践及推广情况进行深入系统的研究，并形成详细文件。在这些鼓励和建议的指导下，本作品从 2024 年 2 月开始写作，历时近一年完成，主要面向关心如何将教育、科技、人才"三位一体"国家战略有效落地的各级领导、教育家和科技界人士。同时，我们还规划了其他多部著作或文集的出版，重点关注具体的培养方案、成效案例及第三方视角的研究等。

致　谢

为了迎接清华钱班即将到来的 15 周年纪念，这本书从 2023 年 9 月开始构思、2024 年 2 月启动撰写。回首往昔，清华钱班和深圳零一学院的初创和发展，创生教育理念、思想与方法的渐成，受益于很多人的默默耕耘和无私奉献。借这本书的出版，我谨向他们致以最诚挚的谢意。下面列举的姓名，仅是他们的代表，创生教育凝聚着我们大家的心血，只是因种种原因恐难列全。

首先要特别感谢那些为了共同的教育理想，与我一起甘冒风险、投入宝贵年华、长期坚持不懈的共创者们。在这份名单中，尤其要提到那些在钱班的创建、管理和教学过程中，持续贡献超过十年的功臣教师们。他们是：陈常青、徐芦平、何枫、白峰杉、陈民、任建勋、刘英依、李俊峰、张雄、段远源、刘彬、许春晓、郑建华、李强、张锡文、赵治华、张贺春、牟鹏、黄忠亿、郑钢铁、周青、任玉新等。我还要特别提到共创共建南昌大学本硕实验班 10 年以上功臣老师余淑娴、邹文楠、王红明等。创业维艰，与我一起初创钱班的，主要还有首任钱班项目主任朱克勤，工程力学系黄克智、余寿文、陈常青和冯西桥，航天航空学院梁新刚和庄苗，机械工程系曾攀，能源与动力工程系姚强，精密仪器系尤政，车辆与运载学院李克强，土木水利学院陈永灿等；与我一起初创深圳零一学院的，主要有徐芦平、白峰杉、张林、陶永欣、陈秋明、相韶华等。

特别值得一说的是，清华钱班和创生教育思想的共创者们还包括那些充满激情和梦想的钱班学生，尤其是最受"折腾"的"长子"们——钱班 2009级的所有学生。历届学生都有各自的贡献，限于篇幅无法一一列出，在这里仅再次感谢他们前十届毕业生的代表——在本书中提到并直接影响我对创生教育思考的学生们：2009 级杨锦、张程、倪彦硕、周嘉炜、瞿苍宇、娄晶、刘佳鹏，2010 级厉侃、艾力强，2011 级张泽、薛楠，2012 级袁博、杨权三、何长耕、辛昉，2013 级胡脊梁、李逸良、张子彤、巩浩然，2014 级李腾飞、郝育昆、杨昊光，2015 级崔森、陈一彤、黄云帆，2016 级黄轩宇、毕恺峰、吉首瑞，2017 级蒋琪、杨馥玮、谭子裴、张淞源、贾子尧、肖智文、孟祥迪，2018 级丘铱可、朱笑寒、方政清、马竟泽、李京洋等，他们为创生教育的创立与发展作出了不可磨灭的贡献。

　　同样要感谢清华大学多届校领导，他们为支持我牵头进行教育改革试点和多学科交叉研究试点等方面，作出了一系列政策性的突破，对我始终坚定信任和大力支持：陈希、顾秉林、陈吉宁、胡和平、陈旭、邱勇、李路明、余寿文、杨家庆、袁驷、谢维和、史宗恺、杨斌、郑力、彭刚、薛其坤、尤政、曾嵘等。在深圳零一学院的创建过程中，我也要特别感谢深圳市市委市政府领导，尤其是王伟中、孟凡利、覃伟中、高自民、程步一、陶永欣、王立新、聂新平、郑红波等，他们展现了让我感动的远见、魄力、信任与坚持。

　　清华钱班教育模式的成功，还离不开钱班顾问委员会成员们在关键时刻的指导与支持。特别感谢顾问会共同主席：黄克智和 Rohan Abeyaratne（第一届）、姚期智和高华健（第二届），高华健和胡海岩（第三届），以及其他顾问会成员（按姓氏拼音排序）：K Bhattacharya、Gang Chen、陈十一、段慧玲、NA Fleck、郭东明、过增元、何国威、JK Hsia、Yonggang Huang、JW Hutchinson、冷劲松、李家春、马蔚华、钱永刚、Zhigang Suo、Wen Wang、王永志、JR Willis、谢维和、杨卫、NC Yeh、余寿文、郑晓静、郑哲敏、周建平、周哲玮、祝学军等。钱班工作组在 10 周年庆典之际，对黄克智、余寿文和 NC Yeh 三位顾问，还专门授予了卓越十年贡献奖。在此，也向黄克智、王永志、郑哲敏三位已故顾问先生致以崇高的敬意和深切的怀念。

　　零一学院作为教育、科技、人才"一体化"的试点和创举，除了上列顾问中的十多位院士，还得到了另外更多中外院士的指教和支持，包括（按姓氏拼音排序）：Gabriel Aeppli、包信和、陈晓东、陈晔光、成会明、程耿东、丁汉、丁文华、高文、郭东明、郭旭、韩杰才、何满潮、贺福初、姜澜、冷劲松、林间、刘清侠、刘胜、陆建华、彭寿、申长雨、汪卫华、王光谦、王曦、王中林、魏悦广、谢和平、薛其坤、杨军、尤政、于起峰、袁亚湘、张楚汉、张统一、张晓平、张学记、张亚勤、赵振堂、郑晓静、周忠和、朱美芳等。其中，陈晓东、高华健、郭东明、贺福初、杨军、张晓平、张学记等院士正深度参加零一学院的建设。

此外，我要感谢那些使得创生教育思想得以汇聚的各界人士。在过去十余年中，钱班和零一受到了许多特别关注教育的专家、教育学和心理学专家的持续关注、研究反馈与思想启迪，特别感谢辜胜阻、邵鸿、徐冠华、陈存根、于幼军、瞿振元、王嘉毅、吴岩、陆明、束为、宋军、王进展、唐杰、刘应力等有政府背景的专家，陈㼧、陈一丹、邓锋、田源、王田苗、王石、汪建、吴向东、徐航等产业和创投界的领袖人物，Joself Klafter、任友群、刘骏、贾振元、张希、叶玉如、黄如、宋永华等中外大学的校长，汤敏、薛澜、刘彭芝、刘远立、王殿军、李翀、左小蕾、刘坚、郑永和、戴耘等著名人士、教育家和心理学家，Michael Urbakh、Francois Grey、David Quéré、Francois Taddi、Jeff Gore、M. Endo、Shelley Harrison、David Weiz、David Sroloviz、欧阳证、康飞宇、刘伟强、李伯重、吴恒安、仲政等著名教授，以及郭樑、王颐、苏芃、闫长明、杨俊、彭尧、徐阳、赵永庆、黄荔城、申兴、吴远亮、朱岩梅、于盈、杨柳春、郑作时、刘扬云、于永达、邓国胜等高级顾问和大力支持者们。其中不少人在本书出版前给予了宝贵的修改意见。

其中特别需要专门提到的是，史静寰、孙沛和李曼丽三位教授，他们曾分别带着博士生陆一、郭双双和王金羽，从首届清华钱班开始，以钱班为主要研究对象，接续进行了我国首批拔尖创新人才培养的博士学位论文研究。他们的系列研究为将钱班的实践上升到思维和理论的高度，作出了重大贡献。王金羽提供的系列素材从学生的视角，大大丰富了本书的附件内涵。

感谢我的团队伙伴们的不懈努力，自 2 月以来为我提供了更多时间投入写作，特别是深圳零一学院的徐芦平、陈民、任建勋、李茵、孙勇、姜海洋、车滨杰、刘健、李季、饶军民、张文增、陈邦臣、许子馨、施卓彬等，深圳清华大学研究院超滑技术研究所的储俊、陈朝晖、彭德利、黄轩宇、向小健、吴章辉、聂锦辉、潘旭捷等，清华（北京、深圳）的徐志平、马明、吕存景、雷钰、董恺琛、汪鸿章、王潇雄、李瑶等，以及黄鑫和施卓彬的记录与整理工作。感谢清华大学党委常务副书记向波涛代表学校对出版此书的大力推动，感谢清华大学出版社副社长庄红权和他的团队对本作品的精心编辑，感谢刘扬云代表零一团队出版策划和积极推动，郑添元和李嘉宝的创意插图。

特别感谢多位知名人士为本书撰写了智慧深邃的序言，并给予了热情洋溢的推荐。特别感谢王金羽博士，她与我合作，倾注心力对本书全文反复审读并修改。

最后，我最要感谢的是我的家人：妻子骆淑萍与我风雨同舟四十年，始终是我最坚实的后盾。她以果断和坚韧，扛起了家庭内外的各种琐事，为我筑起了一方潜心治学的静好天地。刚刚离世的母亲，给予我铭刻于心的仁厚品性和坚毅人格，赋予我支撑漫漫学术长路的健康体魄，还有那永远的微笑。爱女郑沙白和郑岸青自幼聪慧懂事，如今都怀揣着各自的梦想奋力前行，让我心中满是欣慰与骄傲。岳母徐旺英多年来用体贴细心，为我们守护着家的温暖。这些我生命中最亲近的人，用最朴实的爱照亮了我求索的征途，托起了我的人生。

清华钱班与深圳零一学院即将迈入一个新阶段。现在回顾我们的实践历程，记录我的思考和反思，希望能为未来留下有益的注脚，立德立言，无问西东。